U0534519

高速铁路安全
立法问题研究

亏道远　冯兆蕙　等◎著

中国社会科学出版社

图书在版编目(CIP)数据

高速铁路安全立法问题研究 / 亏道远等著 . —北京：中国社会科学出版社，2021.1

ISBN 978-7-5203-7950-2

Ⅰ.①高… Ⅱ.①亏… Ⅲ.①高速铁路—铁路法—立法—研究—中国 Ⅳ.①D922.296.4

中国版本图书馆 CIP 数据核字（2021）第 034169 号

出 版 人	赵剑英
责任编辑	周慧敏　任　明
特约编辑	芮　信
责任校对	李　剑
责任印制	郝美娜

出　　版	中国社会科学出版社
社　　址	北京鼓楼西大街甲 158 号
邮　　编	100720
网　　址	http://www.csspw.cn
发 行 部	010-84083685
门 市 部	010-84029450
经　　销	新华书店及其他书店

印刷装订	北京君升印刷有限公司
版　　次	2021 年 1 月第 1 版
印　　次	2021 年 1 月第 1 次印刷

开　　本	710×1000　1/16
印　　张	15.75
插　　页	2
字　　数	258 千字
定　　价	85.00 元

凡购买中国社会科学出版社图书，如有质量问题请与本社营销中心联系调换
电话：010-84083683
版权所有　侵权必究

目 录

导论 以法治思维和法治方式维护高速铁路安全 …………… (1)

第一章 概述 …………………………………………………… (5)

  第一节 研究的实践背景 ………………………………………… (5)

    一 国外高速铁路安全立法实践现状 ………………………… (5)

    二 国内高速铁路安全立法实践现状 ………………………… (6)

  第二节 研究的理论背景 ………………………………………… (7)

    一 高速铁路人员安全 ………………………………………… (7)

    二 高速铁路车站安全 ………………………………………… (8)

    三 高速铁路列车安全 ………………………………………… (9)

    四 高速铁路环境安全 ………………………………………… (9)

    五 高速铁路安全管理 ………………………………………… (10)

    六 高速铁路技术防范安全 …………………………………… (12)

    七 高速铁路安全文化 ………………………………………… (13)

    八 高速铁路应急救援 ………………………………………… (14)

    九 高速铁路安全反恐 ………………………………………… (15)

    十 国外铁路安全法律制度 …………………………………… (16)

    十一 专门针对高速铁路安全的法律问题 …………………… (17)

    十二 高速铁路安全理论 ……………………………………… (17)

  第三节 研究的主要内容 ………………………………………… (18)

    一 高速铁路安全的主要影响因素 …………………………… (18)

    二 高速铁路与普速铁路的主要差异研究 …………………… (19)

    三 高速铁路安全立法梳理及比较分析 ……………………… (19)

    四 国外高速铁路安全立法的比较分析 ……………………… (19)

    五 高速铁路安全立法的主要内容 …………………………… (19)

  六　高速铁路安全的社会公共责任 …………………………（20）
  七　高速铁路安全共建共治共享的治理路径 ………………（20）
  八　高速铁路安全的文化建设 ………………………………（21）
 第四节　研究的创新点 …………………………………………（21）
  一　总结了高速铁路安全的主要影响因素 …………………（21）
  二　厘清了高速铁路与普速铁路的主要差异 ………………（21）
  三　提出了高速铁路安全的社会公共责任 …………………（22）
  四　提出了高速铁路安全共建共治共享的治理路径 ………（22）
  五　提出了治理高速铁路安全的积淀是安全文化建设 ……（22）
 第五节　研究的主要方法 ………………………………………（23）

第二章　高速铁路安全典型事故梳理及影响因素分析 ……………（24）
 第一节　国外高速铁路安全典型事故分析 ……………………（24）
  一　德国艾雪德列车脱轨事故 ………………………………（24）
  二　欧洲之星脱轨事故 ………………………………………（25）
  三　日本新干线脱轨事故 ……………………………………（26）
  四　日本尼崎 JR 城际列车脱轨事故 ………………………（26）
  五　2011 年韩国高铁脱轨事故 ……………………………（27）
  六　西班牙列车脱轨事故 ……………………………………（27）
  七　"11·14" 法国高铁出轨事件 …………………………（28）
  八　德国 945 号 ICE 高铁列车脱轨事故 …………………（28）
  九　美国新高铁首航脱轨事故 ………………………………（29）
  十　德国高铁恐怖袭击未遂事件 ……………………………（29）
 第二节　国内高速铁路安全典型事故分析 ……………………（33）
  一　哈尔滨到北京 D26 次动车组抛锚事件 ………………（33）
  二　D59 次动车撞人事故 …………………………………（33）
  三　"4·28" 胶济铁路重大交通事故 ………………………（34）
  四　"7·23" 甬温线特别重大铁路交通事故 ………………（35）
  五　高铁遭飞鸟撞裂玻璃 ……………………………………（35）
  六　济南工厂爆炸逼停高铁事故 ……………………………（36）
  七　南京南站动车卡人事件 …………………………………（36）
  八　沪昆高速铁路贵州段工程质量问题 ……………………（37）

九　"1·25" G281次列车火灾事故 …………………………（37）
　　十　"10·21" 台湾列车脱轨事故 …………………………（38）
　第三节　影响高速铁路安全的因素分析 ………………………（42）
　　一　人员对高速铁路安全的影响 …………………………（42）
　　二　物对高速铁路安全的影响 ……………………………（44）
　　三　技术对高速铁路安全的影响 …………………………（45）
　　四　环境对高速铁路安全的影响 …………………………（47）

第三章　高速铁路与普速铁路的区别 ……………………………（49）
　第一节　速度差异 ………………………………………………（49）
　第二节　行车密度差异 …………………………………………（50）
　第三节　技术标准差异 …………………………………………（51）
　　一　线路差异 ………………………………………………（51）
　　二　牵引动力差异 …………………………………………（52）
　　三　牵引供电系统差异 ……………………………………（53）
　　四　车辆差异 ………………………………………………（54）
　　五　信号与控制系统差异 …………………………………（55）
　　六　通信系统差异 …………………………………………（55）
　第四节　管理系统差异 …………………………………………（56）
　第五节　危害后果差异 …………………………………………（57）
　第六节　安全风险差异 …………………………………………（60）
　第七节　承担责任差异 …………………………………………（61）

第四章　高速铁路安全立法梳理及比较分析 ……………………（63）
　第一节　铁路运输安全立法梳理 ………………………………（63）
　第二节　道路运输安全立法梳理 ………………………………（71）
　第三节　航空运输安全法律法规梳理 …………………………（84）
　第四节　水路运输安全法律法规梳理 …………………………（87）
　第五节　高速铁路安全法律法规梳理及问题比较分析 ………（89）
　　一　高速铁路安全法律法规梳理 …………………………（89）
　　二　高速铁路安全立法存在的问题 ………………………（94）

第五章 国外高速铁路安全立法比较 …… (97)
第一节 日本高速铁路安全立法 …… (97)
一 日本高速铁路安全立法概况 …… (97)
二 日本高速铁路安全立法的主要内容 …… (99)
三 日本高速铁路安全立法的主要特色 …… (101)
第二节 德国高速铁路安全立法 …… (102)
一 德国高速铁路安全立法概况 …… (102)
二 德国高速铁路安全立法的主要内容 …… (104)
三 德国高速铁路安全立法的主要特色 …… (107)
第三节 法国高速铁路安全立法 …… (109)
一 法国高速铁路安全立法概况 …… (109)
二 法国高速铁路安全立法的主要特色 …… (111)
第四节 欧盟高速铁路安全立法 …… (113)
一 欧盟高速铁路安全立法概况 …… (113)
二 欧盟高速铁路安全立法特色 …… (116)
第五节 西班牙高速铁路安全立法 …… (116)
第六节 美国铁路安全立法 …… (118)
一 美国铁路安全立法概况 …… (118)
二 美国铁路安全立法的特色 …… (120)
第七节 国外高速铁路安全立法对我国的启示 …… (121)
一 持续改善立法,以法治思维和法治方式维护高速铁路安全 …… (121)
二 强化事故原因分析,以制度持续建设和完善确保高速铁路安全 …… (122)
三 重视改革先导,以市场化发展要求明确高速铁路安全立法方向 …… (122)
四 强调协调合作,构建多方合力共同维护高速铁路安全的法律制度 …… (123)
五 注重行为规范,构建高效有序的高速铁路安全救援和事故调查处理法律制度 …… (124)

  六　强化刚性约束，构建科学合理的高速铁路安全标准规范制度 …………………………………………………………（126）
  七　严格准入条件，构建系统规范的高速铁路安全人才培养机制 ………………………………………………………………（127）

第六章　高速铁路安全立法的主要内容 …………………………（129）
第一节　高速铁路建设质量安全立法 …………………………（129）
  一　高速铁路建设质量安全的重要性 ……………………（129）
  二　高速铁路建设质量安全把控的主要阶段 ……………（130）
  三　高速铁路建设质量安全存在的问题 …………………（131）
  四　高速铁路建设质量安全的立法建议 …………………（132）
第二节　高速铁路专用设备安全立法 …………………………（136）
  一　高速铁路专用设备的安全风险 ………………………（136）
  二　高速铁路专用设备安全风险产生的主要原因 ………（138）
  三　高速铁路专用设备安全的立法对策 …………………（140）
第三节　高速铁路线路安全立法 ………………………………（142）
  一　高速铁路线路安全概述 ………………………………（142）
  二　高速铁路线路安全存在的问题 ………………………（143）
  三　高速铁路线路安全的立法建议 ………………………（145）
第四节　高速铁路运营安全立法 ………………………………（147）
  一　高速铁路运营的特点 …………………………………（147）
  二　高速铁路运营存在的安全问题 ………………………（148）
  三　高速铁路运营安全的立法对策 ………………………（149）
第五节　高速铁路安全监督管理立法 …………………………（151）
  一　我国高速铁路安全监督管理的现状 …………………（151）
  二　高速铁路安全监督管理立法存在的问题 ……………（153）
  三　高速铁路安全监督管理立法建议 ……………………（154）
第六节　高速铁路安全应急救援机制立法 ……………………（156）
  一　高速铁路安全应急救援存在的问题 …………………（156）
  二　高速铁路安全应急救援问题产生的原因 ……………（161）
  三　完善高速铁路安全应急救援的立法对策 ……………（163）
第七节　高速铁路安全反恐立法 ………………………………（166）

一　国内外铁路暴恐案件特点 ………………………………（166）
　　二　恐怖主义青睐铁路行业的原因 …………………………（169）
　　三　我国铁路安全反恐存在的问题 …………………………（170）
　　四　完善铁路安全反恐机制的对策 …………………………（172）

第七章　高速铁路安全治理责任：强化社会公共责任 …………（176）

第一节　高速铁路安全社会公共责任的内涵界定 ……………（178）
　　一　高速铁路安全社会公共责任是除铁路系统之外主体应
　　　　承担的责任 …………………………………………………（178）
　　二　铁路系统之外主体承担高速铁路安全社会公共责任的
　　　　理由 …………………………………………………………（179）
　　三　高速铁路安全社会公共责任不排斥铁路企业的主体
　　　　责任 …………………………………………………………（181）

第二节　高速铁路安全社会公共责任的内容细分 ……………（181）
　　一　高速铁路沿线地方政府的社会公共责任 ………………（182）
　　二　高速铁路沿线企业和居民的社会公共责任 ……………（186）
　　三　乘客维护高速铁路安全的社会公共责任 ………………（187）
　　四　社会公众维护高速铁路安全的社会公共责任 …………（189）

第三节　高速铁路安全社会公共责任的属性定位 ……………（190）
　　一　道德责任属性 ……………………………………………（190）
　　二　政治责任属性 ……………………………………………（192）
　　三　法律责任属性 ……………………………………………（193）

第四节　高速铁路安全社会公共责任的实现途径 ……………（194）
　　一　强化高速铁路安全立法，明示各类主体的社会公共
　　　　责任 …………………………………………………………（194）
　　二　探索路长制，以综合治理方式层层落实高速铁路安全
　　　　社会公共责任 ………………………………………………（195）
　　三　建设高速铁路安全文化，培育各类主体主动履行社会
　　　　公共责任意识 ………………………………………………（197）
　　四　坚持适度原则，将高速铁路安全社会公共责任限制在
　　　　合理范围 ……………………………………………………（198）

第八章 高速铁路安全治理路径：共建共治共享的法治化路径 …… (200)
  第一节 法治背景下高速铁路安全治理的现实需求 ………… (201)
    一 交通强国建设的现实需求 ………………………… (201)
    二 全面贯彻总体国家安全观的现实需求 …………… (201)
    三 全面依法治国战略实施的现实需求 ……………… (202)
  第二节 高速铁路安全治理的现实困难 ……………………… (203)
    一 高速铁路安全隐患频现，安全事故难以彻底根除 ……… (203)
    二 高速铁路安全因素复杂，安全运营规律难以准确把握 …… (205)
    三 高速铁路安全立法滞后，难以满足维护高速铁路安全
      需求 …………………………………………………… (206)
  第三节 高速铁路安全传统治理路径反思 …………………… (206)
    一 行政规制治理路径反思 …………………………… (206)
    二 铁路系统单一治理路径反思 ……………………… (208)
  第四节 共建共治共享：高速铁路安全治理的新路径 ……… (209)
    一 高速铁路安全共建共治共享法治化治理路径的内容 …… (209)
    二 高速铁路安全共建共治共享法治化治理路径实现保障
      措施 …………………………………………………… (214)

第九章 高速铁路安全治理的积淀：安全文化建设 ………… (220)
  第一节 高速铁路安全文化的功能 …………………………… (220)
  第二节 高速铁路安全文化的主要内容 ……………………… (221)
    一 安全文化理念 ……………………………………… (222)
    二 安全行为文化 ……………………………………… (222)
    三 安全教育文化 ……………………………………… (223)
  第三节 高速铁路安全文化建设存在的问题 ………………… (224)
    一 "以人为本"的理念没有完全确立 ……………… (224)
    二 未形成系统完善的安全文化体系 ………………… (225)
    三 认识行动方式上的误区 …………………………… (225)
    四 安全教育程度不够 ………………………………… (226)
  第四节 高速铁路安全文化建设的法治对策 ………………… (226)
    一 牢固树立以人为本的高速铁路安全发展理念 …… (226)
    二 创新安全宣传形式使高速铁路安全理念深入人心 ……… (227)

三　通过违法行为及时适当惩处建立高速铁路安全规则的
　　　　威慑效力 ………………………………………………（228）
　　四　构建全方位的高速铁路安全文化体系 ………………（228）
参考文献 ……………………………………………………（229）
后记 …………………………………………………………（241）

导论　以法治思维和法治方式维护高速铁路安全

近年来，我国高速铁路经历了从无到有，从引进、消化、吸收、创新、集成创新到成为中国产业转型升级的典范，驰骋于中国广袤大地，成为人们快速、便捷、安全、环保和受天气影响较小的重要交通工具。截至2019年底，我国高速铁路营业里程达到3.5万千米以上，所占比例超过世界高速铁路的65%以上，规模之大稳居世界首位。不仅如此，随着"一带一路"倡议的深入推进，中国高铁走出去作为"一带一路"倡议率先突破的重要领域，已经成为国家外交的靓丽名片。但是，在如此耀眼的光环背后，高速铁路安全的隐患却难以根除，如近期发生的"高铁列车设备故障导致冒烟事件""沪昆高铁贵州段出现质量问题事件""京沪高铁周围路段脏乱差和私搭乱建被央视曝光事件"以及"安徽女子高铁扒门事件"等，无不危及高速铁路安全。因此，时刻警醒如何保证高速度、高密度、长距离、大规模的中国高速铁路运营安全，这是新时代对我们提出的重大挑战，也是我们必须作答的考卷，而且不能有任何闪失，因为安全是高速铁路发展的生命力，是中国高铁领跑世界的前提。

党的十八大以来，以习近平同志为核心的党中央对安全生产工作空前重视，审时度势，睿智洞察，针对安全生产存在的突出问题，习近平总书记多次指示并发表系列重要讲话，从理念、体制和制度等方面提出了系统理论，切实指导安全生产风险防范工作，并且明确提出必须强化依法治理，用法治思维和法治手段解决安全生产问题。党的十九大报告更为简练地提出要树立安全发展理念，弘扬生命至上、安全第一的思想，要健全公共安全体系，完善安全生产责任制度，坚决遏制重特大安全事故，提升防灾减灾救灾能力。这是新时代对安全生产工作的精确总结，是对以后开展安全生产工作的最高指示。高速铁路安全是安全生产的重点防范领域，近年来我国在维护高速铁路安全方面取得了突出成绩，但是，目前维护高速铁路安全的手段与其他领域安全生产风险防范手段一样，仍然主要依靠审批、核准、检查、督查等行政手段，这与全面依法治国、全面依法行政的法治精神不相适应，也难以满足中国大规模高速铁路运营的持久安全需求。因此，针对高速铁路运输速度快、密度大、点多线长面广，涉及主体众多以及影响安全因素复杂等现实困难，必须以习近平新时代中国特色社会主义安全思想为指导，深入贯彻党的十九大精神，切实转变观念，强化依法治理，运用法治思维和法治方式维护高速铁路安全。必须坚信，只有依靠法治，运用法治思维和法治方式，才能建立健全科学规范的高速铁路安全防范体系，亦才能持久地维护高速铁路运营安全。

强化科学立法编制严密的高速铁路安全法律网

法律是治国之重器，良法是善治之前提。要想拥有高速铁路安全保障的良好秩序，确保高速铁路持久安全，必须先有科学规范的高速铁路安全法律体系，科学严密的法律网是保障高速铁路安全的前提条件。所以应该加快高速铁路安全立法的进程，在党的十九大精神的指引下，通过科学立法、民主立法、依法立法，以高速铁路安全的良法促进高速铁路安全发展，实现高速铁路安全领域的善治。具体为：一要树立高速铁路安全发展的理念。理念是本，是源头。在高速铁路发展中，应该以人为本，以人民对安全运输的美好需要为本，树立安全第一，生命至上的理念。在高速铁路发展的任何利益冲突中，必须以安全为前提，实行安全否决制，以安全的红线意识正确处理安全与发展的辩证关系。二要明确高速铁路安全的权责义务。明确职权、义务和责任是让各个主体充分发挥作用的前提，所以在高速铁路安全的法治化路径建设中必须以立法的形式明确各个主体的职权、义务和责任，对相关主体形成引导、制约和威慑，让其名正言顺地行使职权，履行义务，自觉维护高速铁路安全。三要建立高速铁路安全各环节的规范制度。包括高速铁路建设、运营、专用设施设备制造维修和事故预防救援等环节中的技术标准制度、行为规范制度等，需要在立法中充分调研，按照安全保护的实际需求，从实体法的层面进行制度设计，切实做到有法可依。

强化严格执法使高速铁路安全的法律法规落到实处

法律的生命力在于实施，法律的权威也在于实施，在高速铁路安全领域，法律的实施主要体现为行政执法。严格的行政执法是保证高速铁路安全的关键，也是保证高速铁路安全法律法规落地生根的重要途径，因此，应该切实贯彻党的十九大精神，强化高速铁路安全领域的行政执法，以建设铁路行业法治政府，推进铁路行业依法行政为目标，通过严格规范公正文明执法维护高速铁路安全。具体为：一要强化铁路行业监管部门严格执法。铁路行业监管部门安全监管执法是高速铁路安全监管的核心，它需要深入高速铁路建设、设备制造维修和运营的各个环节，通过过程监管、动态监管，严格执法，从高速铁路内部监管保障高速铁路安全。二要强化铁路公安严格执法。铁路公安执法是维护高速铁路治安安全的关键，高速铁路车站、运行中的列车和漫长的高速铁路线路都需要铁路公安严格执法，打击破坏高速铁路安全的行为，以法律的强制力和法治的威严维护高速铁路安全。三要强化高速铁路沿线地方政府严格执法。地方政府是维护高速铁路安全的重要力量，高速铁路周边复杂的安全环境治理需要地方政府严格执法，以护路联防、协调沟通、划定公告和宣传教育等手段维护高速铁路安全。四要强化各部门联动执法。复杂的高速铁路安全不能仅靠一个部门努力实现，需要各部门之间精诚协作，各负其责，联动执法，需要将高速铁路安全纳入地方综合治理体系，作为社会治理的重要组成部分，协调推进，共同治理。

强化公正司法使高速铁路安全的法律制度形成正面引导和反面威慑

公正是法治的生命线，是法治的精髓，公正司法是实现法治公正的重要途径。目前铁路行业设有专门的铁路运输法院和铁路运输检察院行使司法职能，受理铁路案件。在维护高速铁路安全的过程中，有大量破坏高速铁路安全的案件需要进入司法程序，通过司法途径解决。这些案件的公正审判，可以培育高速铁路安全的良好法治环境，既可以打击犯罪分子破坏高速铁路安全的嚣张气焰，对潜在破坏分子形成威慑；又可以对社会公众进行正面教育引导，营造大家共同遵纪守法维护高速铁路安全的良好氛围。因此，在具体的司法实践中，处理破坏高速铁路安全案件应该充分考虑到高速铁路安全的高风险性和高危害性，必须体现高速铁路安全管理的严格性，既要充分保护犯罪嫌疑人的权利，依法审判；同时在具体的定罪量刑中，又要体现"严"的特征，对破坏高速铁路安全行为的定罪量刑要严于破坏普速铁路安全行为的定罪量刑。要从规范程序、保障权利以及严惩破坏行为等方面实现公正司法，通过公正司法使高速铁路安全法律制度形成正面引导和反面威慑。

强化遵纪守法以安全文化建设促进高速铁路安全共建共治共享

法律的权威源自人民的内心拥护和真诚信仰。只有内心拥护和真诚信仰才会主动实施具体行为，在维护高速铁路安全的实践中，涉及主体众多，唯有培育各类主体的内心拥护和真诚信仰，相关主体才会主动寻找高速铁路安全存在的问题，才会主动思考维护高速铁路安全的具体方案，提出改善措施，变被动防范为主动防范，持续改进高速铁路安全防范机制，确保高速铁路持久安全。培育高速铁路安全内心拥护和真诚信仰的途径是建设高速铁路安全文化，通过对高速铁路安全案件严格执法、公正司法，并将其积极宣传教育，营造以遵纪守法并积极维护高速铁路安全为荣、以破坏高速铁路安全为耻的文化氛围。通过文化氛围的熏陶，使其产生维护高速铁路安全的内心欲望，形成主动防范的意识和观念。在意识和理念的支配下，形成高速铁路安全的共建共治共享格局。高速铁路安全涉及人、物、技术和环境等因素，影响因素十分复杂，仅靠铁路企业自身无法确保高速铁路安全，需要铁路建设企业、铁路设备制造维修企业、铁路运输企业、铁路行业监管部门、铁路公安、地方政府、沿线企业和居民、乘客以及社会公众等相关主体的共同努力，从高速铁路安全的实体上共同建设、行动上共同治理、成果上共同分享，才能确保高速铁路安全。只有通过共建共治共享的法治途径，才能长期确保高速铁路安全，为中国高速铁路发展打下坚实基础，为中国高铁走出去提供强有力的法治保障。

第一章 概述

第一节 研究的实践背景

一 国外高速铁路安全立法实践现状

近年来,我国的高速铁路不断迅猛发展,而安全问题始终是高速铁路发展的重中之重。与我国相比,西方发达国家的高速铁路发展起步较早。日本早在20世纪60年代就建成了世界上第一条高速铁路,为了加强新干线的建设与管理,日本以全方位的法律体系为新干线安全保驾护航。1970年日本政府专门制定了一部单行法律《全国新干线铁路建设法》。此后,日本针对新干线安全制定了多部法律和省令,包括《新干线运行规则》《新干线铁道构造规则》《新干线运转办理细则》等。此外,新干线与普速铁路也共用许多法律和省令,包括《铁道事业法》《铁路营业法》《铁路运输规程》等。德国作为传统铁路强国,其铁路立法特点是以原有的一部行业基础性、综合性法律规范为基础,配套以其他相关法规。20世纪90年代,德国国会和政府修订了《联邦德国基本法》并制定了《铁路新秩序法》。《铁路新秩序法》是一系列法律的总称,主要包括《联邦铁路合并与重组法》《德国铁路股份公司组建法》《德国通用铁路法》《联邦铁路运输管理法》等。除此之外,德国联邦交通部和德国铁路股份公司还针对高速铁路的具体安全标准制定了技术管理规章。法国的高速铁路采用"建运分离"模式。1982年,法国颁布了《法国国内运输指导法》,组建了法国国营铁路公司,实行集中管理体制。1997年,法国颁布了《改革铁路运输业,成立"法国铁路网公司"公共机构的政令》,组建了法国铁路网公司,使法国国营铁路公司原承担的国家铁路网建设责任分离出来。法国同时修改了《法国国内运输指导法》，进一步明确了政府与法国国营铁路公司各自的职能。法国国家铁路公司和法国铁路网公司在符合国家和行业技术管理法规的前提下，负责制定专业领域的技术管理规章。美国的铁路安全管理法律法规由国家法律和铁路行业规章构成，美国国会从宏观角度制定大量涉及安全的运输法以及铁路法，总体把握铁路安全要求；行业规章由美国政府运输主管部门及其所属机构根据国会颁布的相关法律制定。其中，1970年美国国会颁布的《联邦铁路安全法》，对铁路安全管理机构和人员、联邦政府的安全职责、铁路行车事故的处理等进行了规定，此后颁布的有关铁路安全的法律或规章均以此法为依据。作为欧洲地区的政治经济一体化组织，欧盟的高速铁路具有综合性、地区性的特征，是基于欧盟成员共同标准下相互兼容的铁路系统。为确保欧盟铁路安全的发展与完善，欧盟于2004年发布了《铁路安全指令》，力图为欧盟铁路安全建立一个统一的安全监管架构。

二 国内高速铁路安全立法实践现状

安全是铁路运输永恒的需求。相对于一般铁路，高速铁路技术要求更高，标准更严，责任也更重，同时从立法的角度要求更为明确具体的安全责任，更为严格的监管措施，更为严密的技术标准制定和审查程序等来保障高速铁路运输的安全。但是，相对于国外高速铁路安全立法实践，我国高速铁路安全立法相对滞后。从行政法规层面分析，只有《铁路安全管理条例》中的个别条文专门规制高速铁路安全。从部门规章层面分析，《高速铁路安全防护管理办法》和《高速铁路基础设施运用状态检测管理办法》是目前国家部委层面规制高速铁路安全的部门规章。另外，《铁路运输企业准入许可办法》个别条文涉及高速铁路安全规制。从地方立法层面看，一些地方政府专门制定了高速铁路安全管理规定，如云南省政府制定了《云南省高速铁路安全管理规定》、贵州省政府制定了《贵州省高速铁路安全管理规定》、福建省政府制定了《福建省高速铁路安全管理规定》、江西省政府制定了《江西省高速铁路安全管理规定》。

综上所述，虽然部分地方政府开始了高速铁路安全治理、立法实践，交通运输部也从部门规章层面专门制定了《高速铁路安全防护管理办法》，但是，由于立法的层次和深度有限，仍然难以满足目前大规模、高密度、长距离的高速铁路安全运营需求。因此，深入开展高速铁路安全立法问题研究，从具体的高速铁路安全事件中总结经验教训，从国外高速铁路安全立法实践以及其他运输方式安全立法实践中汲取营养，进行理论升华，具有重要现实意义。

第二节 研究的理论背景

一 高速铁路人员安全

随着我国高速铁路的快速发展，高速铁路的建设和运营越来越多，对高速铁路相关人员的要求相应的也越来越高。尽管高速铁路的技术日趋完善，极大地降低了高铁事故发生的概率，但任何精细的技术设备都离不开人的操作和掌握。2010年12月7日，时任中共中央政治局委员、国务院副总理张德江在出席第七届世界高速铁路大会开幕式时强调：要把保障高速铁路运营安全放在第一位，提高铁路职工安全素质，科学管理、严格管理，确保高速铁路安全运营。因此，人员安全至关重要。对此，国内学者多从我国现阶段人员培训存在的问题出发来寻求完善的运营方案。其中，赵俐丽在《铁路企业员工培训中的问题及对策》一文中从铁路行业内人才配置不均衡、多数人员职业技能水平偏低的现状为出发点，探讨铁路企业员工培训工作中普遍存在的问题及其解决措施。裴瑞江等在《动车组列车客运服务人员培训项目探究》一文中，从列车客运乘务人员应该具备的素质、如何进行系统化培训、如何细化培训及如何做好培训的辅助工作几个方面进行了探究。李月霞则在《高速铁路运营人员培训管理系统设计与实现》一文中以高速铁路的发展对铁路企业员工培训提出更高要求为背景，分析了高速铁路运营人员培训管理系统的需求、设计思想和目标，并对该系统进行了设计与实现，力求高速铁路运营人员培训工作的网络化和信息化管理。也有部分学者从实例出发，探索完善人员培训的对策。林清远的《高速铁路车站人员培训的对策与建议》通过对杭深线高铁开通前后高铁车站人员培训方面存在问题的分析，提出高铁车站管理人员、行车人员和客运人员岗前培训和后续跟进培训的对策，以及进一步加强高铁车站人员培训工作的建议。蒋亮亮在《高速铁路电务技能人员培训的实践与思考》一文中，结合上海铁路局高铁技能人员岗前资格性和岗中适应性培训的现状，查找高铁电务技能人员培训存在的困难和问题，并提出针对性的对策和措施，力求规范电务技能人员高铁培训组织，增强培训效果。楚巍在《基于德尔菲法的铁路企业专业技术人员培训体系设计》一文中采用德尔菲法分析铁路企业专业技术人员培训体系的框架要素，并设计体系内容。将培训体系分为管理、运行、制度、保障、方式方法和评估六个方面，为铁路企业专业技术人员培训工作提供理论和实际支持。王培冰等在《高速铁路司机职业倦怠和压力管理分析》一文中，采取问卷调查、跟车调研和访谈形式对高速铁路司机职业倦怠情况和相关影响因素进行调查，并基于调查结果，提出高速铁路司机职业倦怠和压力管理的建议。

二　高速铁路车站安全

高速铁路的迅猛发展必然带来了一批高铁客运站的建设和运营。近年来，我国相继发生的高铁恐怖袭击案，大多发生在高铁站，给车站安全工作带来了巨大的压力。肖礼谆等在《高速铁路客运站风险分析研究》一文中，分析了高速铁路车站主要存在的安全风险事件包括拥挤踩踏事故、火灾事故、爆炸事故和大量旅客滞留车站，通过采用故障树分析法对高速铁路客运站进行危险源的辨识，构建高速铁路客运站危险源辨识表，最后通过构建耦合度模型对高速铁路客运站进行风险耦合分析，并以成都东站为例进行风险分析。程学庆等在《基于蝴蝶结模型的高速铁路车站安全风险管理》一文中，在概述蝴蝶结模型结构和特点的基础上，对现有高速铁路车站旅客进出站顺序和空间架构进行分析，提出恐怖袭击、拥挤踩踏、火灾爆炸及疾病卫生四个风险事件。通过安全屏障中控制措施分析构建高速铁路车站安全风险蝴蝶结模型，阐释了模型的应用领域和实际运用方法，以及在高速铁路风险管理中的适用性。王睿等在《高速铁路车站安全管理的系统动力学仿真研究》一文中，运用系统动力学（SD）相关理论，构建高铁车站安全管理系统因果关系图和流程图模型，并将高铁车站安全管理总系统分为员工行为、技术设备设施、日常环境和安全管理等四个子系统，分别提取了子系统的安全影响因素，研究如何协调各个因素的投入比例，以达到安全效益最优。张英奇在《铁路车站行车安全重点问题与处置》中，对铁路车务站段安全管理存在的重点问题进行了分析，并结合车务站段安全管理特点，进一步探索如何提高铁路安全生产管理质量。

三 高速铁路列车安全

高铁列车在运行过程中会遇到诸多方面的安全问题，往往"牵一发而动全身"，国内学者也从不同的角度来阐述高铁列车的安全问题。胡远宁、齐亚娜、马维纲、张亚东从列车运行控制系统出发，提出了加强高铁列车安全的对策。其中，齐亚娜在《我国高速铁路列车运行控制系统安全相关标准分析》一文中阐述了我国高速铁路列车控制系统标准安全相关的通用条款、功能安全、设备结构安全、信息安全、人员安全、灾害防护等内容；从RAMS规范等效性、故障—安全原则、安全信息传输规范及高速铁路不设置平交道口的规定等方面，对比分析我国CTCS标准安全性与国际安全标准的一致性。胡安华等从鸟击防范的角度出发，在《高速铁路列车鸟击及防范研究》一文中，率先提出了针对高速铁路列车鸟击及防范的研究。文章阐述高速铁路列车鸟击的危害，分析鸟击的危害并提出了理论计算模型及公式，论述鸟击的成因及防范鸟击的重要性，并从高速铁路工程、沿线环境、生态及物种适应能力等方面系统性地提出了防范高速铁路列车鸟击的方法。文超、彭其渊、陈芊宏从高速铁路列车运行冲突的角度出发，提出了提高高速铁路行车调度水平，保障行车安全的对策。并根据高速铁路列车运行冲突的判定依据，运用时间拓扑矩阵理论，建立了事件时间与时态关系的计算准则，实现了列车事件的时间逻辑判断。将高速铁路列车运行冲突判定分为到发线运用冲突判定和其他类型冲突判定，提出了冲突判定的思路和步骤。

四 高速铁路环境安全

与普速铁路相比，高速铁路更易受到外界环境的影响，高铁运营的安全往往要考虑到其所面临的特殊环境。环境安全包括内部环境安全和外部环境安全，内部环境安全是指高铁在建设运营过程中对周边环境的影响；外部环境安全是指自然灾害、地形地貌、外部行为等对高铁运营带来的安全隐患。在内部环境安全上，王明慧在《高速铁路对生态环境的影响与环保贡献分析》一文中分析影响沿线生态环境的诸多因素，同时提出高速铁路建设的环保措施对生态环境的促进作用。王玉红等在《高速铁路建设的环境影响分析及环保策略建议》一文中，以沪宁城际高速铁路为研究案例，分析了高速铁路建设对沿线自然及生态环境影响的调查内容、方法和过程，论述了铁路噪声、振动电磁辐射、污水及固体废弃物对沿线环境的影响，并论述各类污染的生态防护措施。在此基础上，对沪宁城际铁路环保经验进行了总结归纳，最后提炼形成中国高速铁路建设发展的环保策略建议。周君等在《高速铁路发展对环境的影响分析》一文中，通过对高速铁路与普速铁路、公路、航空三种交通运输方式在能源消耗方面进行比较，提出构建可持续发展综合交通运输体系，促进高速铁路的发展，以适应我国能源利用的要求和环保要求。在外部环境安全上，石锐华等在《高速铁路的灾害防护设计》中对可能造成铁路灾害的种类进行了分析，并阐述可采取的防护措施。在参照国外高速铁路灾害防护技术的基础上，探讨适合我国高速铁路应用的灾害防护技术。江汶乡等在《高速铁路地震预警系统构架设计》中阐述了地震预警系统对保证高铁运营安全的重要性，讨论了高速铁路地震预警系统中所需要的硬件和软件模块及其相互关系，为高速铁路地震预警系统的建设提供参考和依据。孙阳在《浅谈高速铁路外部环境治理难点及对策》中指出，高铁设施置身公共场合，不可避免地会受到社会环境的影响，但由于铁路企业自身职能所限，部分社会群众维护高铁运输安全意识淡薄等原因，高铁外部环境治理工作困难较多。文章结合管理实例，分析常见的高铁外部环境治理工作中难点的成因并提出了相应的解决对策。赵方霞等在《高速铁路灾害监测系统大数据分析》一文中，基于高速铁路灾害监测系统的大数据分析研究，通过分布式文件系统存储、MapReduce/ Spark 计算框架、数据挖掘等技术，对高速铁路灾害监测系统的灾害规律分析、灾害预测、运用规则优化、监测点布设优化、设备选型、设备状态分析等进行研究，以解决目前灾害监测系统运用和维护中遇到的问题，为灾害监测数据综合分析与应用研究提供技术支持。

五　高速铁路安全管理

加强高速铁路安全管理是确保人民群众生命财产安全、铁路运输安全经营、我国铁路现代化建设顺利进行的需要。2017年1月3日，中国铁路总公司工作会议在北京召开。当时的总公司党组书记、总经理陆东福做《强基达标提质增效奋力开创铁路改革发展新局面》的报告，他强调要预防为主，标本兼治，构建"三位一体"安全保障体系。孙林在《中国高速铁路安全管理立法思考》一文中认为，人在高铁安全管理立法中始终处于核心地位，高铁安全立法主要涉及管理主体规范、安全行为规范、技术规范、监管规范四大类，并对完善高铁安全立法提出了建议。范鸿云在《关于高速铁路安全管理的研究与思考》中，通过对确保高速铁路安全的"人—机—环"三种基本特点的分析，探讨如何有效消除危及高速铁路安全的主要因素。程学庆等在《高速铁路运营安全风险管理研究》一文中，从人、设备、环境、管理四个方面对高铁运营安全风险因素进行辨识分析，明确高速铁路安全运营的根本在于管理。运用风险概率/后果评价方法，结合高铁运营安全工作特性，建立了概率/后果综合评估表，以此对危险源展开评价并根据不同的风险等级制定不同的控制措施。张忠浩等在《对加强高速铁路安全管理的思考》一文中，全面分析高速铁路安全管理的标准和要求，系统阐述高速铁路安全管理中存在的缺陷和不足，并提出加强高速铁路安全管理工作的对策。王鹏在《高速铁路安全管理加强的相关思考》一文中，通过对高速铁路的安全管理工作认真分析和研究，把握高速铁路安全管理的要素，并对各种安全影响因素进行反复斟酌，力求真正有效果地解除安全危机和提高高速铁路安全管理。马坤在《创新安全管理实现铁路转型突破》一文中指出，创新铁路企业安全管理必须界定好专业管理干部的职责，必须以"干部专业履职"牵动"职工作业落标"为根本保证，必须以实现"管理规范化、作业标准化"为总体目标，并提出了铁路企业安全管理落地实施过程中可能存在的问题以及关于更好推进安全管理工作落实的思考。曾锟在《从组织管理层面论铁路工务安全管理策略》一文中，从建立安全管理长效机制、安全生产检查监督体系、自控型班组建设、落实人员安全培训等层面分析了铁路工务安全管理的方法和策略。李刚在《高速铁路运营安全风险管理研究》一文中，从环境、人、管理、设备四个方面对高铁运营存在的安全风险因素进行认知和分析，并从危险源识别、风险评估、风险管理等入手，探究高速铁路运营安全风险管理工作的重要性。

六　高速铁路技术防范安全

高铁技术的发展状况是衡量一国高铁发展水平的重要标准。随着高铁影响力的日趋扩大，各国高铁技术设备越来越成熟。但是随时可能出现的各种状况又会给高铁运营安全带来新的挑战，高铁技术需要持续完善。高铁安全技术包含方方面面，如供电安全、列控安全、机务安全、调度安全，等等。谢刚强在《现代通信技术在高速铁路中的应用》一文中分析了高速铁路中加强通信技术运用的重要意义，指出了高速铁路中现代通信技术的具体应用，如列车调度系统中 GSM-R 技术的应用、高铁安检中通信技术的应用、高铁在线监测系统中通信智能化的应用以及高速铁路智能运输系统的应用。通信技术的应用为高速铁路运行的安全性、精准性和高速性提供了有力的保障。李淮在《高速铁路供电系统安全性评估》中阐述安全性评估的意义、标准及方法，并对高速铁路供电系统的安全性评估指标进行了细致的分析，旨在提高高速铁路供电系统安全性。吴海洪在《对高速铁路运营机务安全管理的探讨》一文中从机务运营安全管理的角度，针对高速铁路运营初期存在的不足，分析强化机务安全管理的立足点，对高速铁路运营机务安全管理提出了有益的思路与强化管理对策。石先明等在《高速铁路列控系统安全性分析与改进》一文中介绍 CTCS-2、CTCS-3 级列控系统的构成、工作原理、控车模式及其功能，并结合工程实际，运用故障假设法和定量分析法，从信号专业的角度，着重分析研究了列控系统各种控车模式在高速铁路客运专线区间运行、车站侧向接发车、调车等作业的安全性，并针对性地提出了改进措施。李曲波在《高速铁路行车调度指挥安全探讨》一文中分析了高铁调度的指挥特点，总结了目前调度集中指挥的经验，思考存在的问题并提出建议。程国宁在《高速铁路固定设备安全技术监测管理策略探究》一文中探讨了高速铁路固定设备安全技术监测管理策略及其意义，以此为高速铁路固定设备安全监测管理的落实和推进提供参考，为我国高速铁路监测管理的科学发展提供帮助。刘海靓在《高速铁路列控车载设备安全技术分析》一文中介绍了列控车载设备的基本组成以及高铁列控车载设备的安全技术，包括高铁列控车载设备软件生命周期的质量管理与控制及车载设备的安全性设计。

七 高速铁路安全文化

文化是一种精神力量，影响着人们的实践活动、认识活动和思维方式。而铁路安全文化是铁路文化的核心内容和显著特征，是确保安全生产的重要保证。程学庆等在《高速铁路的安全风险文化建设与管理》一文中指出，安全文化建设是进行有效安全管理工作的重要保障。文章基于亚当斯理论分析了事故发生机理，深入剖析安全文化建设的主要方面和注意事项，结合风险管理流程提出改进的安全文化建设管理模式，并将改进的模式运用到高铁安全文化建设中，提高高铁安全风险文化建设与管理水平。罗文海在《对高铁安全文化建设的反思》一文中提出要借鉴德国针对高铁事故的层层挖根行动，在行业里全面树立和贯彻安全第一、珍爱生命的价值观念，与时俱进地不断完善严格的安全管理规章制度，始终保持"安不忘危，存不忘亡，治不忘乱"的忧患意识和高度的警惕性，认真做好防患于未然的安全管理工作。宋国伟在《加强安全文化建设努力打造一流运行品质的京沪高速铁路》一文中，论述安全文化建设与安全风险管理的关系，提出在京沪高速铁路加强安全文化建设的重要意义、基本思路、方法途径，探讨了如何通过建立安全文化建设长效机制，推进安全文化建设不断深化发展。高岩在《论"文化自觉"与铁路安全文化建设》一文中着重阐述了目前我国铁路安全文化建设的"困惑"，在构建铁路安全文化过程中，加强全员"文化自觉"的内涵及其途径。陆承宇在《安全文化建设是铁路车站保持安全稳定的防线》一文中提出，铁路车站要保持安全持续稳定，必须加强安全文化建设，树立"安全第一、预防为主"的理念，建立以道德自律和心理疏导为主要内容的安全预防体系，引导职工自觉遵守，才能确保车站安全持续稳定。覃红在《对新形势下加强铁路企业文化建设的思考》一文中，对铁路企业文化建设如何适应新形势、实现新目标、担当新使命、展示新作为，更好地发挥其凝聚人心、引领发展的作用进行了分析。北京铁路局集团公司高度重视安全文化建设，按照中国铁路总公司和北京市安监局的部署要求，紧密结合实际，着力打造理念、制度、素质、典型、环境"五位一体"的京铁安全文化体系，提高安全管理水平，实现了第六个安全年。

八　高速铁路应急救援

当高铁发生事故后，有效的应急救援机制将最大限度地减少人员伤亡和财产损失，降低事故的危害程度。全国人大代表、中国产学研合作促进会副会长李健也曾建议：要未雨绸缪，周密制定应对高铁安全突发事件的预案，防患于未然，这样才能保证一旦出现高铁运营重大安全事故，能及时科学救援。国内学者针对不同的事故对相应的应急救援提出了各自的对策。陶鹏在《高速列车交通事故应急救援对策研究》一文中结合近年来国内外发生的主要高速列车事故，分析此类事故发生的主要原因，并指出此类事故的特点，同时归纳总结了此类事故应急救援中存在的不利因素和各类问题，具体提出了消防部队应对高速列车交通事故应急救援的处置对策和方法，促进消防部队更高效、更科学地完成此类任务。王涛在《加强高速铁路应急管理确保高速铁路事业科学、安全、可持续发展》一文中从经济社会发展的角度，综合分析了现阶段高速铁路应急工作存在的主要问题，并针对我国高速铁路特点，提出了加强高速铁路应急能力建设的具体方法。孙兴国在《做好高速铁路交通事故救援准备刻不容缓》一文中介绍了我国高速铁路发展的现状，分析了高速铁路交通事故的原因，提出了高速铁路交通事故的应急救援对策。部分学者针对事故发生的特殊原因提出了相应的应急救援对策。如王彤等在《高速铁路地震灾害紧急处置方案的研究》一文中，根据地震发生后铁路紧急处置方案的研究目标及其遵循原则，对设置紧急处置方案组织机构、建立防灾安全监控系统、制定紧急处置应采取的措施和制订应急救援方案，以及灾后恢复等问题进行了探讨。钱生校等在《铁路隧道防灾安全监控与应急救援保障信息系统研究》一文中分析影响隧道安全的主要因素，根据隧道运营环境、设备部署、结构特点，构建由防灾安全保障设施、监控报警子系统和安全控制子系统组成的铁路隧道防灾安全监控与应急救援保障信息系统。有些学者从应急救援优化的角度出发提出了对策。如田志强等在《铁路突发事件应急救援设备调度优化研究》一文中指出应急救援资源的调度优化对救援工作的重要性，并根据铁路突发事件种类及其应急救援资源需求进行分析，提出静态应急救援能力需求条件下的设备调度问题，建立最小化应急救援结束时间和调度费用的双目标优化模型。李斯等在《基于多智能体的运营高速铁路救援仿真研究》一文中，将多智能体救援理论和技术引入运营高速铁路重大事故灾后救援领域，基于多智能体救援仿真平台，构建用于高铁运营过程重大事故救援的灾难空间仿真模型；剖析高铁应急救援过程中同类智能体间和异类智能体间协作救援模式；以假设的高铁车站突发灾难和高铁线路发生的重大事故为例进行灾后救援案例分析，提出具体建议和措施，进一步论证高铁救援方针的高效性和科学性。

九 高速铁路安全反恐

由于高速铁路行业自身的特点以及高速铁路反恐机制的不健全，近年来，国内外高速铁路恐怖袭击事件时常发生，给高速铁路的发展带来极大的隐患。梁帅在《高铁反恐防控工作机制的构建》一文中从我国目前高速铁路反恐工作的现状出发，分析了我国高速铁路反恐工作面临着许多问题，例如：恐怖袭击的难以防范性、人员短缺反恐力量薄弱、高铁物防技防相对薄弱等，最后提出了高速铁路反恐防范应对的策略。朱江明在《高铁反恐有多难》一文中，首先列举了2015年8月21日在高速铁路列车上发生的一起枪击事件，即在一列由荷兰阿姆斯特丹开往法国巴黎的高铁上突发的枪击事件，并从该事件中分析高速铁路反恐防范的难度。张修远在《高铁时代铁路反恐工作问题与对策研究》一文中指出，当前我国高速铁路的反恐工作存在防线不严密、领导体制不顺畅、铁路公安缺乏实战能力等一系列问题。只有明确恐怖活动的特点和规律，及时弥补工作中的漏洞，并以实战化、机制化、信息化为发展方向，才能确保高速铁路的安全运行。高峰在《新常态下加强高铁反恐防范工作的思考》一文中从铁路公安机关的角度出发，分析了高速铁路反恐怖工作面临的新挑战、新课题、新任务，并提出铁路公安机关必须立足新常态，谋求新作为，坚持"以防为主、以打为要、防打结合、牢固阵地"的原则，积极推进反恐防控体系建设，进一步固化主动防范、科技防范、立体防范和实战防范的反恐格局，努力实现高速铁路反恐怖工作由"被动防御向主动防范、由初级阶段向高级水平"跨越升级。胡晓辉等在《中国铁路反恐防范工作的现状、问题与对策》一文中提出目前铁路反恐存在缺乏专职组织、管理体制不畅、相关立法不够完善等问题。应根据铁路运输生产特点及恐怖活动的规律，本着预防为主、安全至上的主导思想，构建完备的铁路反恐防范体系。这对于高速铁路反恐防范也具有借鉴意义。兰立宏在《铁路反恐怖的研究现状及对策建议》一文中，从国内外铁路反恐怖研究现状出发，运用理论联系实际的方法综合运用多学科，将宏观战略构建与微观对策研究相结合，提出了加强我国铁路反恐研究的建议。王学在《中国铁路反恐防范工作的问题与研究》一文中，结合铁路自身特点和中国国情，指出了现阶段中国铁路反恐现状和不足，并提出了相应的铁路反恐防范对策。

十　国外铁路安全法律制度

我国高速铁路建设起步较晚，如今正处于黄金发展阶段，而部分发达国家如日本、德国等，其高速铁路已经发展了几十年，在高速铁路安全法律制度上有很多值得我们学习借鉴的地方。国内学者也从各发达国家高速铁路的法律制度上寻找启示，以便完善我国高速铁路安全法律制度。赵华在《发达国家高铁安全管理之鉴》一文中详细介绍了日本、法国和德国在各自高速铁路安全建设上采取的策略。比如，日本政府颁布的《新干线特例法》，对于各种妨碍新干线运行的行为做出了严厉的处罚规定。为应对随时可能发生的地震，日本的新干线都装备了紧急地震监测报警系统。法国的高铁通常会进行六至九个月的试运营，通过磨合期暴露问题来完善高铁系统，从而确保磨合期结束后的安全平稳运营。德国铁路安全则依靠德国《通用铁路法》的相关规定，即铁路公司负有安全运营、安全建设基础设施、车辆和配套设施的义务，并负责维护使其在安全的状态下运转。贾光智在《欧盟铁路改革的法律框架体系及发展启示》一文中系统梳理了指导欧盟铁路改革的法律框架体系及其主要内容，分析了欧盟铁路改革立法重点解决的关键问题，并总结了欧盟铁路改革立法方式及其核心改革思想对世界其他国家铁路发展的启示意义。文中提出要高度重视铁路安全，全面加强铁路安全管理。欧盟的安全管理体系不仅为铁路相关企业规定了细致的安全管理目标、方法，还对政府提出了加强政府安全监管体系建设、规范开展事故调查的要求，明确了企业、政府各自对于铁路安全管理的职责和方法体系，构建了企业和政府两方面的协力互动，共同促进铁路安全水平不断提升的管理模式。

十一 专门针对高速铁路安全的法律问题

高速铁路的未来发展离不开安全的保障，可以说高速铁路安全保障是高速铁路发展的基础。而高速铁路安全的实现则离不开高速铁路安全法律的制定，通过立法的形式来保障高速铁路的安全，是高速铁路未来发展的重中之重。2016年5月9日，国家铁路局发布了《关于贯彻中央领导批示精神进一步强化高铁安全质量监管工作的意见》，其中指出要积极推进法规制度建设，为高铁安全提供法治保障。对此，关宁宁、张长青、孙林、李艳等学者从不同的角度专门针对高速铁路安全法律问题提出了自己的见解。关宁宁、张长青在其《国外高速铁路安全立法及其启示》一文中，从国外高速铁路立法的角度入手，分别介绍了日本、德国、美国、西班牙等国高速铁路立法情况，分析国外高速铁路安全立法的主要内容，并结合我国高速铁路的实际情况，最后从如何建立高效合理的安全管理体制，完善技术规范，完善高铁事故预防及处置措施三个角度来提出立法建议。孙林等在《中国高速铁路安全管理立法思考》一文中则从回顾我国铁路运输安全立法入手，探讨高速铁路安全立法的核心和具体内容，文章认为人在高速铁路安全管理立法中始终处于核心地位，并将高速铁路安全立法分为管理主体规范、安全行为规范、技术规范、监管规范四大类，对完善高速铁路安全立法提出了建议。李艳等在《我国高铁安全管理存在的法律问题及对策》一文中分析了我国高速铁路安全管理中还存在法律滞后、监管缺位、应急管理不能满足高铁安全性的要求等问题，认为应当制定专门法律、构建"第三方"监管机构、加强应急演练、完善事故调查制度，以实现高速铁路的安全运营和可持续发展。

十二 高速铁路安全理论

高速铁路安全理论是对高速铁路安全本质和规律的反映，它对于指导高速铁路安全实践具有重要的意义，通过高速铁路安全理论的学习，还可以更好地规划高速铁路安全的实施工作。高速铁路安全理论涉及广泛，国内学者也多有研究。张忠浩在《对加强高速铁路安全管理的思考》一文中提到要重视高速铁路安全管理的价值，只有先明确价值，才能有正确的发展方向。王兆善在《落实科学发展观，确保高速铁路安全》一文中提出,要确保高速铁路可持续安全,需要始终坚持以人为本、安全发展的核心理念,需要探索一流的安全保障体系,需要掌握统筹兼顾的根本方法。李学伟等在《高速铁路普适安全理论及其实践研究》一文中认为,随着我国高速铁路建设与运营的快速发展,高速铁路安全理论与实践保障重要性凸显。因此要以高速铁路运营系统为研究对象,构建以"人"为核心、以"装备"为基础、以"环境"为条件、以"管理"为纽带的高速铁路普适安全理论体系,在铁路局基层实践调研的基础上,搭建一套具有实用指导意义的基于普适安全理论的高速铁路员工培训体系以及确保高速铁路安全运营的切实可行的培训保障体系。王俊峰在《建设现代安全管理文化,提升铁路安全管理水平》一文中,针对铁路快速发展的新形势,提出运用现代安全管理文化提升铁路安全管理水平,并具体分析了如何把系统安全管理理论、安全管理控制理论、安全心理学理论、安全管理权变理论和安全激励理论运用到铁路安全管理的实际工作中。王洪德等在《基于普适安全理论的高速铁路员工培训体系研究》一文中以太原铁路局为研究对象,基于普适安全理论来研究高速铁路员工培训体系构建问题,为高速铁路员工人才培养提出了建议。王海龙在《铁路运输安全理论与技术体系》一文中,分析了我国铁路运输现状,阐述了铁路运输安全理论,探究我国铁路运输安全理论与技术体系策略。杨传勇在《铁路运输安全理论及其体系构建分析》一文中指出铁路运输安全理论体系建构环节中潜在的问题,并对铁路运输安全问题进行全方位分析。

第三节 研究的主要内容

一 高速铁路安全的主要影响因素

该部分主要通过梳理国内外典型的高速铁路安全事件分析影响高铁安全的主要因素,包括人的因素、物的因素、技术因素和环境因素。人的因素主要包括人员的心理、行为和素质,等等;物的因素包括基础设施、设备及其维修保养,等等;技术因素包括安全技术创新、运用及其风险评估,等等;环境因素主要包括高速铁路路外因素和路内因素,这些因素都会对高速铁路安全产生影响。通过本部分的实践案例梳理及影响因素理论分析，为寻找高铁安全问题做铺垫。

二 高速铁路与普速铁路的主要差异研究

该部分主要从寻找高速铁路与普速铁路的差异性入手，分析比对高速铁路与普速铁路在安全管理上的差异，深入认识高速铁路安全管理的特殊性。经过系统研究后，认为高速铁路与普速铁路主要存在七个方面的差异，即速度差异、行车密度差异、技术标准差异、管理系统差异、危害后果差异、安全风险差异以及承担责任差异。

三 高速铁路安全立法梳理及比较分析

该部分对铁路运输安全、道路运输安全、民用航空运输安全以及水路运输安全的相关法律法规进行了全面梳理，并与高速铁路安全目前的立法状况进行比较，通过比较深入地分析高速铁路安全立法存在的问题，为高速铁路安全立法把脉问诊，做好铺垫工作。

四 国外高速铁路安全立法的比较分析

该部分对日本和德国的高速铁路安全立法进行了系统研究，重点分析了它们的立法概况、主要内容和主要特色。同时，也根据所掌握的资料对法国、西班牙和欧盟的高速铁路安全立法以及美国的铁路安全立法进行了深入研究。通过学习先进国家和地区的高速铁路安全立法，为我国高速铁路安全立法提供借鉴。

五 高速铁路安全立法的主要内容

该部分在前四部分立法必要性探讨的基础上对高速铁路安全立法的主要内容进行了系统研究，解决如何立法的问题，主要包括：

其一，高速铁路建设质量安全立法。本部分主要对高速铁路建设质量安全的重要性、高速铁路建设质量安全把控的主要阶段、存在的主要问题及其立法建议进行了研究，并将部分立法建议直接转化为立法条文。

其二，高速铁路专用设备质量安全立法问题。本部分对高速铁路专用设备质量安全的主要内容、安全风险、风险产生原因以及立法建议进行了研究，并将部分立法建议直接转化为立法条文。

其三，高速铁路线路安全立法问题。本部分主要对高速铁路线路安全的重要性、存在的问题以及立法建议进行了研究，重点研究了高速铁路安全保护区制度、线路周边设施安全制度和线路周边安全环境保护制度，并将部分立法建议直接转化为立法条文。

其四，高速铁路运营管理安全立法问题。本部分主要对高速铁路运营的特点、存在的安全问题及安全立法对策进行了研究，重点研究了运营人员安全、运营管理安全和运营环境安全制度，并将部分立法建议直接转化为立法条文。

其五，高速铁路安全监督管理立法。本部分主要对高速铁路安全监督管理的现状、存在的问题及立法建议进行了研究。提出要从制定明确的高速铁路安全标准，健全高速铁路安全风险监测和评估机制，以及完善高速铁路安全举报制度等方面加强监督管理。

其六，高速铁路安全应急救援立法问题。本部分主要对高速铁路安全应急救援存在的问题、问题产生的原因及立法对策进行了研究，重点研究了应急救援理念、应急救援队伍建设、应急救援机制完善、应急救援调度指挥系统完善等问题，并将部分立法对策直接转化为立法条文内容。

其七，高速铁路安全反恐立法。本部分主要对高速铁路安全反恐面临的形势、存在的问题、域外经验及立法对策进行了研究。重点研究了高速铁路安全反恐机构、反恐队伍、反恐设备及反恐预警等制度，并将部分立法对策直接转化为立法条文内容。

六　高速铁路安全的社会公共责任

该部分界定了高速铁路安全社会公共责任的内涵，并对高速铁路社会公共责任内容进行了细分，包括沿线地方政府维护高速铁路安全的责任、沿线企业和居民维护高速铁路安全的责任、乘客维护高速铁路安全的责任以及社会公众维护高速铁路安全的责任。紧接着对高速铁路安全社会公共责任的属性进行了定位，最后提出高速铁路安全社会公共责任的实现途径。

七　高速铁路安全共建共治共享的治理路径

该部分从法治背景下高速铁路安全治理的现实需求出发，详细分析了高速铁路安全治理的现实困难，并对高速铁路安全传统治理路径进行了反思。最后提出从共建安全管理体制、安全责任体系和安全文化氛围，共治安全行为和安全环境，共享治理信息和治理成果几个方面进行高速铁路安全共建共治共享法治化路径建设，同时提出该路径的实现需要建立安全风险监测与评估、考核评价、诚信惩戒和安全举报等制度做保障。

八 高速铁路安全的文化建设

该部分从高速铁路安全文化建设的功能分析入手，详细分析了高速铁路安全文化建设的内容，以及高速铁路安全文化建设存在的问题。最后提出要牢固树立以人为本的高速铁路安全发展理念，要创新安全宣传形式使高速铁路安全理念深入人心，要开展多元化教育方式培养高速铁路安全的自救能力，要建构全方位的高速铁路安全文化体系培育安全氛围。

第四节 研究的创新点

一 总结了高速铁路安全的主要影响因素

通过选取10个国外高速铁路安全典型事故和10个国内高速铁路安全典型事故，对具体案例的事故经过、产生原因、经验及启示进行认真分析，最后根据这20个典型案例，分析总结提炼出影响高速铁路安全的主要因素为人的因素、物的因素、技术因素和环境因素。人的因素主要包括人员的心理、行为和素质等；物的因素包括基础设施、设备及其维修保养等；技术因素包括安全技术创新、运用及其风险评估等；环境因素主要包括路外因素和路内因素。

二 厘清了高速铁路与普速铁路的主要差异

为了充分论证高速铁路安全立法的必要性，切实把握高速铁路安全运行规律，我们对高速铁路与普速铁路安全需求的差异进行了详细分析。总结提炼出七个方面的差异，即速度差异、行车密度差异、技术标准差异、管理系统差异、危害后果差异、安全风险差异和承担责任差异。

三 提出了高速铁路安全的社会公共责任

目前社会认识存在普遍误区，认为高速铁路安全是铁路系统内部的事，与自己关系不大，但是高速铁路安全点多线长，影响安全的因素又极其复杂，仅靠高速铁路系统内部很难实现安全需求，所以需要强化高速铁路安全的社会公共责任，借助外部力量共同维护高速铁路安全。基于此，我们对高速铁路安全社会公共责任进行了深入研究，界定了其内涵，细分了其内容，并从道德责任属性、政治责任属性和法律责任属性进行了属性定位，而且从四个方面提出实现高速铁路安全社会公共责任的途径，即强化高速铁路安全立法，明确各类主体的社会公共责任；探索路长制，以综合治理方式层层落实高速铁路安全社会公共责任；建设高速铁路安全文化，培育各类主体主动履行社会公共责任意识；坚持适度原则，将高速铁路安全社会公共责任限制在合理范围。

四 提出了高速铁路安全共建共治共享的治理路径

从分析高速铁路安全治理的现实需求和现实困难入手，反思目前维护高速铁路安全的传统治理路径，认为行政规制路径和铁路系统内部单一治理路径皆难以满足维护高速铁路安全的现实需求，需要探索新的治理路径。共建共治共享法治化治理路径是集全社会力量共治高速铁路安全的规范路径，其主要内容是共建安全管理体制、安全责任体系和安全文化氛围，共治安全行为和安全环境，共享治理信息和治理成果，该路径的实现需要建立安全风险监测与评估、考核评价、诚信惩戒和安全举报等制度做保障。

五 提出了治理高速铁路安全的积淀是安全文化建设

高速铁路安全治理既需要治标更需要治本。安全文化建设是高速铁路安全治本之源，是高速铁路安全治理的积淀，具有涵养之功能，是"要我防范"到"我要防范"转变的关键策略。基于此认识，我们从高速铁路安全文化建设的功能分析入手，详细分析了高速铁路安全文化建设的内容及存在的问题。最后提出要牢固树立以人为本的高速铁路安全发展理念，要创新安全宣传形式使高速铁路安全理念深入人心，要开展多元化教育培养高速铁路安全的自救能力，要建构全方位的高速铁路安全文化体系培育安全氛围。

第五节　研究的主要方法

本课题结合高速铁路遇到的实际法律问题，运用历史分析、比较分析、价值分析以及社会分析等方法进行研究。具体如下：其一，历史分析方法。本课题通过梳理高速铁路安全事件及其以前高速铁路安全运营中遇到的现实安全问题，归纳总结当时处理的实践经验，汲取优点总结不足，并从具体的历史事件中提炼出具体解决方案，将其上升为立法建议。其二，比较分析方法。本课题的研究通过比较日本、德国、法国、西班牙等国家及欧盟遇到高速铁路安全类似问题的处理方法以及实践经验，进行归纳总结，借鉴他国的教训和实践经验，为我国高速铁路安全立法提供建议。其三，价值分析方法。本课题通过价值分析方法判断高速铁路安全保障具体法律制度设计的合理性，以及判断高速铁路安全立法理论的正当性和合理性。其四，社会分析方法。本课题运用社会分析法对高速铁路安全面临的具体社会环境进行分析，进而针对具体的社会环境进行高速铁路安全社会公共责任制度设计，以保证所设计制度的可行性。

第二章　高速铁路安全典型事故梳理及影响因素分析

避免事故发生是高速铁路安全防范的直接目的，也是各类主体维护高速铁路安全的直接追求。因此，要想充分防范安全事故，最好的方法就是从事故中吸取教训、积累经验，通过分析安全事故发生的原因，探寻影响高速铁路安全的主要因素，进而有针对性地进行制度设计，以便有效开展安全防范。鉴于此，我们选择了国内外各十个高速铁路（包括准高速铁路）安全事故，梳理案例，分析事故原因，并找出影响高速铁路安全的主要因素。

第一节　国外高速铁路安全典型事故分析

一　德国艾雪德列车脱轨事故

1998年6月3日，德国一辆具有动力车头的ICE-1动车组列车从汉诺威驶往下一站汉堡时，第一节拖车中的旅客听到了很大的"嘎嘎"响声，车厢开始左右摇晃，但是列车仍继续运行了5.5千米。忽然左面车轮脱轨，大约运行了120米之后撞在了远方道岔的辙轨上。前面的动力车头与其后的车厢分离，继续向车站北方行驶了两千米后由于强制制动而停车，这种冲撞的动能使道岔组移向右方，并使后面车厢相继脱轨，第三节拖车横在桥下，并猛烈撞击桥墩；第四节车厢冲下边坡，横在防护墙前；第五节车厢撞到了路线附近的桥墩，冲过倒塌桥梁的前半部，后半部被倒塌的桥梁砸坏；第六节车厢被混凝土块掩埋；其余七到十二节车厢，由于尾部动力车头未来得及切除以及巨大惯性的推动，就像一个折尺彼此错位挤压在一起。[①] 此次事故中列车脱

---

① 王春华：《1998年历史上第一例高铁出轨事故》，《生命与灾害》2017年第3期。

轨的原因是车辆轮毂的金属疲劳，导致轮毂突然断裂。事故后，车辆车轮的选材、橡胶弹性车轮受到质疑。因为车轮轮毂断裂的原因除轮毂表面有裂纹之外，还可能由轮毂内表面裂纹引起。这些车轮装上橡胶套后会使车轮刚度下降，在线路上滚动时总会被压扁，产生对薄材料的高负荷，造成轮毂内表面折损，产生裂纹。这起事故也有人为原因，在对车轮进行探伤时工作人员没有采用超声检验，而是简单用工人手电筒观察和小榔头敲击的方法来鉴定轮毂是否有裂纹，但这样的检查方法无法准确鉴别车轮内部是否有损伤。[①]

艾雪德列车脱轨事故的发生，给我国在保障高铁安全方面起到警示作用。在我国，动车的制造及零件损伤更换虽然有着严格的要求，但是将这些要求落实在法律或规章层面亦十分必要。新技术、新设备和新工艺不断刷新着高铁速度，也要求着我们不断提高高铁安全保障水平。其一，针对高铁列车关键部位所采用的先进技术，一定要事先通过模拟运营等方式确保先进技术的安全性。其二，维修工作是确保高铁安全运营的重要环节，维修人员的维修工作一定要严格执行相应规章制度，重视维修细节。

二 欧洲之星脱轨事故

"欧洲之星"是一条连接英国、法国和比利时的高速铁路。在2000年6月，欧洲之星列车从巴黎开往伦敦的途中在法国地区发生脱轨事故，两对车轮脱离铁轨，事故造成14人受伤。调查结果显示，事故发生时车速达到近300千米/小时，虽然速度很快但并无超速，但由于事发地路基经过长时间高压作用变得高低不平，又没有及时检修和更换，因此列车经过此处才会因为速度快导致颠簸脱轨。此次事故是由于基础设施损坏而导致的高速列车脱轨事故。

高速铁路配套的基础设施至关重要，基础设施对于高速铁路的安全运营起着重要的保障作用。此次脱轨事故是由于路基不平，列车在运行过程中颠簸，加之列车运行速度快而导致的。高速铁路的路基等基础设施在长时间高压作用下会逐渐破损变形，因此路基材料必须坚固和稳定。此外，工作人员应当及时、谨慎、细心检查高铁基础设施，及时发现问题，并及时修理或者更换。

---

① 杨冰：《德国艾雪德列车出轨事故——德国史上最严重的高铁事故本可轻易避免》，《现代班组》2016年第10期。

三 日本新干线脱轨事故

2004年10月23日下午，朱鹮325号列车从东京出发沿着上越新干线驶向长冈站，下午5点56分日本忽然发生6.8级地震，列车开始不受控制发生震动并最终脱轨。脱轨后的列车在惯性作用下仍然向前行驶1.6千米。全车一共八节车厢脱轨，但没有发生翻车，车上151名旅客安然无恙。这次事故发生的直接原因是日本突然发生的地震，但没有人员伤亡应归功于日本为了防御地震而使用的新技术。为防御地震，日本的高架桥采用了卷铁板，增强了高架桥的耐震性。雪国模式车朱鹮号有包裹车轮的遮雪罩作为全车支撑，从而避免了倾倒。轨道方面有雪融化的水沟，对车身也起着支撑的作用。日本在此次事故后采用了紧急接地开关EGS，当列车发生紧急情况时，司机只需要按下按钮就可以使高架桥和铁轨断路，不仅该车辆会自动刹车，同一区域内的所有车辆也会自动刹车，可以避免列车相撞。日本还采取了列车防护开关设施，该设施在新干线道路两旁，主干线上每250米，月台上每50米都会设置一个，铁路的工作人员一旦发现危险就可以按下按钮，使前后车辆停止运行。

我国幅员辽阔，地形多样，面对特殊的地形或自然条件时，应当充分运用先进技术，减轻自然环境造成的危害，保障乘客生命安全。技术保障是高速铁路安全的核心，借鉴日本经验，我国高速铁路在预防自然灾害等安全事故上应该向日本学习，采用更先进的技术，使用更结实的材料。这样，当高铁列车遇到危急情况时可以通过一键式紧急刹车装置紧急制动，避免事故发生，减少事故损失。同时，这种刹车装置应当是区域性的，防止列车之间相撞或追尾。

四 日本尼崎JR城际列车脱轨事故

2005年4月25日上午9点18分，从大阪府宝冢驶往同志社大学车站的JR城际列车，在经过尼崎市时路遇一个弯道，列车司机并没有减速至70千米/小时，而是以170千米的时速前行，最终导致列车脱轨抛飞事故，两节车厢直接飞入附近的一栋公寓楼，造成107人死亡、562人受伤。此次事故主要原因是列车超速。另外，列车没有装置监控超速行驶的自动刹车系统，这也是事故发生的主要原因。此次事故导致日本政府和国会修改了《铁道事业法》，法律规定各个铁路公司必须在铁路沿线安装速度监测装置和超速自动刹车系统。

我国高速铁路时空跨度大，地形复杂，经常经过特殊地形，因此，高铁列车的速度应当随着地形地貌的变化而变化，这样才能使高铁平稳安全行驶。如果只有驾驶员才能控制高铁列车的速度变化，那么高铁的速度就无法完全掌控。安装速度监测装置和超速自动刹车系统后，高铁列车的速度便有了双重保障，将大大减少此类事故的发生。此外，对驾驶员的严格培训也十分重要。驾驶员在上岗前应当通过考试取得资质，在驾驶室也应当安装监控设备，24小时督促驾驶员，规范驾驶行为。

五　2011年韩国高铁脱轨事故

2011年2月11日，韩国一辆由釜山开往首尔的KTX高铁列车在京畿道光明站附近发生脱轨事故。当天凌晨检修人员在检修路线时，没有拧紧线路转换电箱内的一颗螺丝钉，导致信号灯不停地闪烁。其后，工作人员又进行检查，但没有发现这一问题，而是把行车路线调整为只能直行。但工作人员并没有把这一调整告诉调度公司，不知情的调度公司向列车发出向右行驶的信号，导致列车发生脱轨事故。

这一事故被媒体称为"由一颗螺丝钉引发的高铁出轨事故"。从这一事故可以看出微小的差错就可能导致一场高铁事故，每一个环节都不能出现任何差错，这就要求检修工作人员在工作时必须保证检查结果符合规定。此外，各个部门应该相互配合，信息共享，保证信息交流顺畅，行车路线一经调整务必告知所有部门，各部门配合才能做到万无一失。

六　西班牙列车脱轨事故

2013年7月24日，西班牙一辆客运快速列车发生脱轨事故。这辆列车是在当地时间24日晚8点42分左右，从马德里开往北部城市费罗尔的途中行驶至距车站3千米处发生脱轨事故的。车上当时有200多名乘客，此次事故造成至少80人死亡，170余人受伤。经过初步调查，发现导致此次事故发生的直接原因很可能是超速行驶。当时车辆正行驶至一处弯道，此处限速80千米/小时，而列车当时车速高达192千米/小时。根据车载"黑匣子"的录音显示当时司机正在翻阅文件和地图，没有专注驾驶列车，因此事故发生也有部分人为原因。同时还发现列车的制动系统在出轨的前一刻才被启动，因此，也存在列车制动不及时等原因。

在高铁列车行驶中，各个区段限速标准都会提前规定，并将信息写入机车速度控制系统的芯片中。只要录入正确，司机就不能超速。一旦司机强制超速，系统就会切断动力，强制将列车停下。但是我们不能只依靠技术和机器，司机是高速铁路运行安全的最后一道屏障。一旦列车速度控制系统出现问题，司机也未完全专注于驾驶，则容易酿成大祸。因此，在确保完善技术的同时，对司机的资质要求和实时监控也必不可少。

七 "11·14"法国高铁出轨事件

2015年11月14日，在法国东部埃克韦尔桑，一辆高铁列车在进行技术测试时脱轨并坠入附近的河内，当时车内只有测试工作人员及工作人员家属和试乘乘客，事故造成10人死亡、5人失踪、32人受伤。巧合的是，在11月13日巴黎发生恐怖袭击，死伤惨重，最初该起事故的原因疑似是恐怖袭击，但经过调查发现，此次事故起因是车速过快，与恐怖主义并没有关系。

此次法国高铁出轨事故发生的背景是高铁列车在进行技术测试。但当时的车内人员不仅包括技术人员，还包括一些乘客。仔细分析可以发现，高铁进行技术测试就表明当时还不能达到运营的条件，所以车内不应该出现除了测试人员以外的其他成员。因为高铁测试本来就是一件存在风险的工作，参加的人员应该加以限制，一旦出现问题可以避免不必要的伤亡。此次事故发生的时间点非常敏感，虽然事故并不是由于恐怖袭击造成的，但是也为我们敲响了警钟，在高铁运营过程中一定要做好反恐工作。

八 德国945号ICE高铁列车脱轨事故

德国当地时间2017年5月1日晚18点47分，一辆945号ICE高铁列车在多特蒙德火车站附近铁路拐弯处脱轨。脱轨列车上一共有152名人员，共有七节车厢发生脱轨，其中有三节车厢完全脱轨。脱轨的列车和铁轨道床大大受损。经过调查，事故的发生排除了列车自身的原因，是因为列车轨道损伤而导致脱轨，该段轨道曾经被检查出有破损，但是修复后继续使用，因此埋下了安全隐患。

高速铁路安全必须谨慎对待。无论是列车还是车轨都必须保证无损伤，这样才能确保列车安全高速行驶。如果修复之后的铁轨仍然不能达到安全标准，就应该更换新的铁轨，以免造成高铁事故。制定严格的技术标准是保证高铁运营安全的前提，但要真正做到保障安全，就需要严格地执行技术标准。

九 美国新高铁首航脱轨事故

美国当地时间 2017 年 12 月 18 日上午七点半左右，由西雅图至波特兰的高铁路线在提速后首次运行。这辆准高铁列车运行至华盛顿州皮尔斯县 5 号洲际公路南段时发生脱轨事故。列车的部分车厢滚落在五号公路上，并导致公路上一些车辆受到撞击。事故造成了至少三人死亡，近百人受伤。该事故发生的路段为弯道，事故原因为列车超速导致冲出轨道。经调查，列车在行驶过程中并未开启安全速度控制系统，存在严重的安全隐患。同时高铁基础设施已经陈旧，工程进度缓慢，这也是此次事故的原因。

高速铁路不仅需要速度更需要安全，国家对基础设施建设的重视程度决定了一个国家高速铁路的发展进程，也决定了高铁安全程度。美国在未使用速度安全系统的情况下，将速度提高到普通列车的两倍以上，速度虽然达到了高铁的标准，但这对民众的生命是极度不负责任的。另外，高铁基础设施已经陈旧，政府机关在这方面投入力度不够，因为美国国情特殊，工程难以展开，基础设施也不够完善。此次事故再次提醒我们，高铁的安全是高铁发展的前提，一味地追求速度而忽视安全将酿成大祸。要将安全第一的理念深入人心，高速铁路安全文化建设至关重要。

十 德国高铁恐怖袭击未遂事件

2018 年 10 月，德国南部一列高铁列车曾遭遇一次恐怖袭击事件，恐怖分子将钢缆横放于铁轨处固定，企图制造列车颠覆。幸运的是钢缆过细，列车撞断了钢缆，但挡风玻璃破裂，事故没有造成人员伤亡。警察在事故现场附近发现来自极端组织"伊斯兰国"的两封威胁信件和一些零件碎片，此次事故确定是恐怖袭击。

高速铁路时空跨度大，安全防范难度大，一旦受到恐怖袭击后果不堪设想。恐怖分子正是由于高速铁路的这些特性，试图寻找机会制造破坏。我国应当重视高速铁路反恐工作，通过在车站加强警卫巡防，铁路线上增固防护网并加强检查巡逻等方式，加强"人防""物防""技防"，严厉打击恐怖主义，使高铁免于恐怖主义破坏。

以上国外典型高速铁路安全事故分析简况见表 1。

表 1　国外高速铁路安全事故梳理简况

序号	事故名称	事故经过	事故损失及危害	事故原因	改善措施
1	德国艾雪德列车脱轨事故	1998年6月3日，一列编号为884号的德国ICE列车前往汉堡。在途中，一截金属条从车厢地板下贯穿而出，随后，列车突然出轨，急速冲向艾雪德镇路桥，撞塌路桥，多节车厢均遭到不同程度的损坏。	人员伤亡：101人死亡，88人重伤，106人轻伤；财物：车辆毁损严重。	1. 直接原因：车辆轮毂因金属疲劳导致轮毂的突然断裂；2. 技术原因：采用橡胶弹性车轮，车轮受损；3. 人为原因：没有进行轮对超声探伤。	1. 整体车轮代替橡胶弹性车轮；2. ICE交通应急计划；3. 轮对超声检验及故障诊断
2	欧洲之星脱轨事故	在2000年6月，欧洲之星列车从巴黎开往伦敦教的途中，在法国脱轨	造成14人受伤	此次脱轨事故是由于路基不平而引发的脱轨机	
3	日本新干线脱轨事故	2004年10月23日，从东京长冈站出发的末班"325号"开至长冈站约7000米距离时，十节车厢中八节车厢脱轨，列车仍前行约1.6千米。虽然铁轨弯曲变形，车身倾斜30度，但没有翻车，车上151名旅客安然无恙。	人员伤亡：无；车身有损伤	1. 直接原因：自然灾害6.8级地震；2. 减少损害原因采用的卷铁板，加强了高架桥的耐震性，雪国模式车鹬般的遮雪罩，其包覆车轮的遮挡，成为车身的支撑，而避免了整个颠倒，再加上轨道方面也有装设当融化成水时用的水沟，车身正靠着此水沟而被支撑住。	1. 采用紧急接地开关EGS；2. 采用列车防护开关；3. 采用列车防护无线装置
4	日本尼崎JR城际列车脱轨事故	2005年4月25日，在兵库县尼崎市，一列从大阪府宝冢驶向同志社大学车站的JR城际列车，因为脱轨撞击路旁公寓大楼而造成107人死亡，562人受伤的重大铁路事故	人员伤亡：107人死亡，562人受伤；财物：建筑物，列车受损严重	1. 人为原因：列车驶入这个弯道时，应该减速至70千米/小时，但是列车司机却没有按照规定限速，依然超速前行，最终导致脱轨抛飞；2. 技术原因：沿线没有安装监控超速行驶的自动刹车系统	日本政府和国会修改了《铁道事业法》规定，各铁路公司必须在铁路沿线安装自动列车停止装置，以防止此类事故的再次发生

续表

序号	事故名称	事故经过	事故损失及危害	事故原因	改善措施
5	2011年韩国高铁脱轨事故	2011年2月11日，韩国一辆由釜山开往首尔的KTX高铁列车在京畿道光明站附近发生了脱轨事故	无人员伤亡	在当天凌晨检修人员检修路线时，有拧紧线路转换电箱内的一颗螺丝钉，工作人员又致信号灯不停地闪烁。其后，没有发现这一问题，而是把行车路线调整为只能直行。调度公司，不知情的调度员又向列车发出向右行驶的信号，人为原因导致发生此次事故	
6	西班牙列车脱轨事故	当地时间2013年7月24日，西班牙一辆客运快速列车在从马德里开往西北部城市费罗尔的途中发生了脱轨事故	人员伤亡：至少80人死亡，170余人受伤	1. 脱轨直接原因是超速。发生车祸的路段是一个急转弯，限速80千米/小时，但当时的车速是190千米/小时。"黑匣子"数据显示，出事弯道入限速为时速80千米的弯道时，车速竟然一度高达时速192千米。2. 列车制动系统启动不及时，在出轨前一刻才被启动	
7	"11·14"法国高铁出轨事件	2015年11月14日，一辆正在进行技术测试的高速列车在法国埃舍克韦尔索姆脱轨并坠入附近的河内	10人死亡，32人受伤	在高铁技术测试阶段，车内人员进行严格限制，除测试人员外还有部分乘客，因此扩大了伤亡人数	

续表

序号	事故名称	事故经过	事故损失及危害	事故原因	改善措施
8	德国945号ICE高铁列车脱轨事故	德国当地时间2017年5月1日晚18点47分，一辆上载有152名人员的945号ICE（高铁）列车在驶入人多的豪顿斯特蒙德火车站附近铁路道岔拐弯处时脱轨	两人轻伤，脱轨的火车和铁轨、道床大大受损	事故原因被认定为车轨故障，该段铁轨曾被发现过受损，但修复后继续使用，并未更换	
9	美国新高铁首航脱轨事故	2017年12月18日上午七点半左右，由西雅图至波特兰高铁列车在首次运行至华盛顿州皮尔斯县5号洲际公路南段行驶时发生脱轨事故	至少3人死亡，近百人受伤。列车的部分车厢滚落在公路上，导致公路上一些车辆受到了撞击	列车超速导致冲出轨道；列车未开启安全速度控制系统，美国高铁基础设施已经陈旧，工程进度缓慢	
10	德国高铁恐怖袭击未遂事件	2018年10月，德国南部一列高铁列车曾遭遇一次恐怖袭击事件，恐怖分子将钢缆横放于铁轨处固定，企图制造列车颠覆。幸运的是钢缆过细，列车撞断了钢缆，但挡风玻璃破裂，事故没有造成人员伤亡	列车挡风玻璃破裂	此次事故确定是恐怖袭击，警察在事故现场附近发现发自称来自极端组织"伊斯兰国"的两封威胁信件和一些零件碎片	

第二节 国内高速铁路安全典型事故分析

一 哈尔滨到北京 D26 次动车组抛锚事件

2007年5月13日，哈尔滨开往北京的 D26 次列车行至吉林四平时列车忽然抛锚。由于列车故障，车窗和车门无法打开，车内空气无法流通，十分闷热，乘客们都汗流浃背并出现不同程度的不适。最终列车晚点近五个小时到达北京。这趟列车是 CRH5 车型，由长春客车股份公司制造，没有全程参加铁道部门数万千米的试运行。因此，相比于其他列车，这辆列车在运行前试验不够充分，缺乏耐久性试验。问题在运行的时候便暴露出来，而其他试运营时间较长的列车在上线之后就没有出现类似情况。

此次事故是因高铁列车正式运营前没有充分进行试验便投入运营而导致，因此，高速铁路列车在正式运营前一定要进行充分试验，才能保证运行安全。长期试验会将问题暴露在试验过程中，能够大大减少失误的发生，并减轻对社会造成的不良影响。

二 D59 次动车撞人事故

2008年1月23日20点48分，由北京开往四方（青岛）的 D59 次动车组列车运行到胶济线安丘至昌邑区间时，撞向正在铁路上施工的施工队伍，造成18人死亡，9人受伤。此次事故是由于施工队违规施工而造成。当时施工工人提前施工时间，并擅自强行进入了施工区域，造成正常行驶的动车组列车撞向了该处的施工作业人员，导致人员伤亡。在正常情况下，施工时两边都会有防护员进行防护，如遇火车驶来，就要吹喇叭以提醒工人迅速躲避。但当时两个防护人员并没有尽到应尽的职责，没有吹响喇叭，这是造成此次事故的第二个原因。

此次事故是由于施工队伍违规施工造成。在高速铁路轨道上施工是一项非常危险的工作，必须严格遵守施工时间规定，在施工过程中应该小心谨慎，时刻注意有无列车驶来。同时，防护员是保护施工人员安全的最后一道防线，应当认真负责。此外，运用技术手段可以弥补人员的疏忽，应当在关键区域安装监控装置，及时发现异常情况，保证高铁线路的畅通。

三 "4·28" 胶济铁路重大交通事故

2008年4月28日4时41分，T195次列车由北京开往青岛的路途中在山东内周村至王村间脱轨，第9节至第17节车厢冲向上行线路基外侧。此时，正常运行的列车5043次客车刹车不及，最终相撞。当时列车时速为70千米/小时，机车和1至5节车厢脱轨。事故造成72人死亡，416人受伤。此次事故是一起典型的责任事故，其中有两个突出问题，一是用文件代替限速调度指令，二是漏发临时限速指令，导致事发列车在限速路段超速行驶，每小时超速51千米。济南铁路局2008年4月23日印发了包括事故地段的限速通知，但是此通知仅在网上发布，且并没有确认相关单位是否收到。在2008年4月26日，济南铁路局又发布了取消多处限速的通知，包括事故发生路段。济南局列车调度员在收到相关列车司机的反映后，又补发了限制速度的命令，但是该命令并没有发送给T195次列车机组人员，也没有进行确认。① 最后机车乘务员没有认真瞭望，没有起到最后的防范作用。

这次事故暴露了铁路运输企业存在安全生产认识不足，管理混乱，监督不到位等严重问题。在规章制度上，铁路部门都应该按照规定传达上级指令并及时回复。在列车提速方面，应该建立起提速分析，安全责任划分，考核制度等一系列确保列车安全提速的管理办法，基层人员在发现问题后应该及时向上级部门反馈，及早建立应急预案，确保事故发生后具有灵活机动性以减少损失。② 在监测监控方面，可以采取人机结合的方式，以确保在提速路段的安全监测。我国铁路在不断发展，列车提速是必然趋势，但是不能一味追求速度而忽视安全，应该在确保安全的基础上提升速度。

---

① 龙齐阳：《力求及时准确保密做好公文办理工作——"4·28"胶济铁路特别重大交通事故的反思》，《办公室业务》2008年第9期。

② 袁正兵：《131千米时速悲剧的背后——"4·28"胶济铁路特别重大交通事故调查》，《法制与经济》2008年第6期。

四 "7·23"甬温线特别重大铁路交通事故

2011年7月23日20时30分05秒，D301次列车与D3115次列车发生追尾。事故造成D3115次列车第15、16位车辆脱轨，D301次列车第1至5位车辆脱轨（其中第2、3位车辆坠落瓯江特大桥下，第4位车辆悬空，第1位车辆除走行部之外车头及车体散落桥下；第1位车辆走行部压在D3115次列车第16位车辆前半部，第5位车辆部分压在D3115次列车第16位车辆后半部），动车组车辆报废7辆、大破2辆、中破5辆、轻微小破15辆，事故路段接触网塌网损坏、中断上下行线行车32小时35分钟，造成40人死亡、172人受伤。此次事故由多重因素共同作用造成，有技术原因、管理原因、自然原因和人为原因。技术原因是通号集团所属通号设计院在LKD2—T1型列控中心设备研发中管理混乱，通号集团作为总承包商没有尽力履行自己的职责，致使设备存在重大的安全隐患。此外，事故反映了管理上也存在重大问题。铁路部门在招投标过程中检查不规范，使有问题的设备投入使用，使有问题的列车流向市场，而雷击造成了通信设备故障，导致前后列车接收信号故障，造成追尾事件的发生。并且，工作人员安全意识不强，在设备发生故障后没有及时排除，而是放任故障列车继续行驶，工作人员未尽监督管理职责，也未起到最后安全防线的作用。

此次高铁安全事故是我国高铁史上最为重大的安全事故，沉痛背后更要吸取事故的教训。上述总结的事故原因有许多，但归根结底，最为关键的还是人为原因。设备研发、设备管理及设备的投入使用都是人在操控，无论是发包方还是承包方都有不可推卸的责任，而自然原因只是背后隐患显现的导火索。因此，加强对发包方和承包方的监管十分必要。此外，工作人员是高铁最后一道安全防线，应当加强对工作人员的安全教育，使工作人员每时每刻都紧抓安全不放松，只有这样才能筑牢高铁安全的最后一道防线。

五 高铁遭飞鸟撞裂玻璃

2013年6月2日中午11时55分左右，杭州至北京的G38次高铁列车被迫停在南京南站。该列车驾驶舱前挡风玻璃有一条被撞击的裂缝。原因是在驾驶的过程中有一只飞鸟撞击，强大的冲击力使玻璃开裂。

高铁动车撞鸟事故时有发生，我国高铁列车的挡风玻璃均采用高强度防弹玻璃，此次飞鸟撞击事故只有裂纹产生，并未破损。有专家表示，如果物体的重量再大一些，速度再快一些，有可能导致列车玻璃破碎。因此，此次事故警示高铁列车驾驶舱挡风玻璃材料应该加强，而且应该采用防护网等相关措施，防止飞鸟等异物侵入列车高速行驶区域。

六 济南工厂爆炸逼停高铁事故

2016年11月29日早晨5点左右，济南联华恒基经贸有限公司发生爆炸，爆炸造成的碎片落在西侧高铁线路上，划伤了正在行驶的高铁五节车厢，部分供电设备遭到不同程度损害，致使列车跳闸停电，造成京沪高铁停运2小时30多分钟。事故发生的原因是工厂生产失误以及工厂设施出现问题引发爆炸，深层原因主要是公司安全生产法治观念薄弱，不落实安全生产主体责任，在生产过程中存在严重违法行为，以及相关单位监管不到位。

此次事故因沿线工厂生产活动不遵守安全规定引发，警示高铁运营应当竭力避免沿线安全隐患，要求沿线一定距离范围内禁止高危工厂企业存在，以防工厂出现爆炸等危险情况而危及高铁安全。此外，铁路监管部门要加强对铁路沿线的巡查，及时消除安全隐患。

七 南京南站动车卡人事件

2017年3月26日15点43分，D3026/7次列车在进南京南站时，一名男子忽然从对面站台跳下，穿过股道奔向列车进站的站台，试图翻上列车进站的站台，但未成功，结果被夹在D3026/7列车与站台之间。列车紧急停车，急救人员及公安消防及时赶到现场并展开救援，但在救援过程中难以有效救援导致该男子死亡。该男子穿越股道的原因是为了赶下一趟车，该男子没有选择出站或其他安全方法，而是选择直接横跨站台换乘的危险方法，导致悲剧发生。

对这次事故负主要责任的是该男子，其不遵守禁止横跨股道的规定，直接导致事故发生。但是这类事件发生也并非偶然，铁路部门应该采取相应措施防范和减少此类事故发生，如在车站内加装类似地铁内置的安全防护屏蔽门，乘客故意或者意外跌入股道的可能性就会大大降低。避免此类事故发生不仅要依靠车站内部安全防护设施的完善，还需要乘客增强安全意识和规则意识，不可存侥幸心理，务必谨记，遵守安全管理规定既是乘客的义务所在，也是安全运行的保障。另外，车站要做好旅客安全乘车的宣传工作，提高旅客自身安全防范意识和能力，车站工作人员在站台上巡逻时也要提高警惕，避免此类事故发生。此次事故也反映出我国在高铁应急救援方面存在问题。应当尽快组建一支专业救援队伍，并配备专业救援装置，在发生此类事故时及时有效地开展救援工作。

八　沪昆高速铁路贵州段工程质量问题

2017年6月底至7月初，沪昆高铁贵州段连续发生多起高速铁路质量问题，危及行车安全，干扰运输秩序，影响运输效率和效益。总公司成立专项调查组，发现沪昆高铁部分路段存在偷工减料、弄虚作假等严重的质量问题。出现此类工程质量问题，施工单位、监理单位、设计单位、第三方检测单位和建设单位都有相应责任。调查结果显示，施工单位存在偷工减料、弄虚作假和违法分包、不按照设计要求施工、现场管理混乱、进度缓慢等一系列问题。监理单位也存在验收不认真负责、监控不到位、把关不严等问题。设计单位没有认真勘查现场，设计不到位，图纸设计拖延，也未与施工单位密切配合。

质量安全是高铁安全中一个极为重要的环节，工程质量一旦出现问题，高铁安全就无从谈起。因此，在高铁工程质量上必须严格要求各个单位坚守职责，施工单位不能弄虚作假偷工减料，更重要的是监理单位必须严格审查施工单位的工程质量，不能放过任何一个安全隐患。设计单位不能眼高手低，应该多与施工单位交流，认真勘查现场情况，做出最安全的设计。加强对高铁建设单位与参建单位的管理，使各单位各司其职，严格履行各自职责。铁路工作人员在日常巡道时应该加大巡查力度，及时发现问题，杜绝安全隐患。

九　"1·25" G281次列车火灾事故

2018年1月25日11时53分，由青岛开往杭州东的G281次列车运行至定远站停车，二号车厢开始冒烟，随后起明火，相关部门紧急疏散旅客后及时将火扑灭，事故没有造成人员伤亡，但二号车厢报废，财产损失严重。事故原因是由于二号车底部的牵引变压器故障导致起火。

高铁牵引供电系统十分庞杂，内部的电路错综复杂，有照明设备、空调设备、通风设备和控制系统等，任何环节出现问题，都有可能导致高铁火灾。幸运的是，此次事故是在列车停止的过程中发生的，如果是在列车运行时发生电路火灾，损害后果将更加严重。因此，不能存有侥幸心理，必须要采用更优质的电路元件，同时按时检查电路设备，保障高铁用电安全。高铁专用设备种类繁多，技术专业性强，安全要求高。因此，要加强对高铁专用设备的安全保障，加强对专用设备的规范管理。

十 "10·21"台湾列车脱轨事故

2018年10月21日16时50分，台铁新型的倾斜式列车普悠玛号在宜兰发生脱轨事故。普悠玛共八节车厢，其中五节翻车，列车载有约310名乘客，遇难人数为18人，受伤人数为207人。"普悠玛6432次"列车是日本制造的TEMU2000型电车，出事的TEMU2000型列车具有转弯不减速功能，且装备了倾斜式机能。事故原因初步判断是因为弯道处超速。2018年11月26日，事故调查小组认为，事故涉及人员操作、作业程序、机械设备及组织管理等层面的问题，多重因素共同作用导致事故发生。[①]

国内外许多高铁脱轨事故都是由超速引起，而针对超速问题，国内外也有许多应对措施。例如采用紧急自动制动装置，或者在列车的电脑系统里自动设置好每段路程的最高速度。但台湾这次事故的特殊情况在于，这趟列车在转弯处可以不降低速度。因此，此次事故可能还涉及人员操作作业程序、机械设备等问题。高铁安全影响因素错综复杂，必须厘清安全影响因素，保障高铁安全。

以上国内典型高速铁路安全事故分析简况见表2。

---

① 夏永波：《台铁普悠玛6432次列车脱轨事故剖析》，《消防界》（电子版）2018年第20期。

第二章 高速铁路安全典型事故梳理及影响因素分析

表2 国内高速铁路安全典型事故梳理简况

序号	事故名称	事故经过	事故损失及危害	事故原因	改善措施
1	哈尔滨到北京D26次动车组途中抛锚事故	2007年5月13日，哈尔滨开往北京的D26次列车行至吉林四平时列车忽然抛锚，车窗和车门无法打开，车内空气无法流通，十分闷热，乘客状况不适。最终列车晚点出现了五个小时的不适。最终到达北京	晚点时间长，造成不良社会影响	列车在运行前试验不够充分，缺乏耐久性试验	高速铁路车体在运行前一定要进行充分试验，才能保证运行安全
2	D59次动车撞人特别事故	2008年1月23日，由北京开往青岛的D59次动车到胶济线安丘至昌邑区间时，撞向正在铁路上施工的施工队伍，导致人员伤亡	事故造成18人死亡，9人受伤	由于施工队违规提前施工造成事故发生，并且两个防护人员没有尽到应尽的职责	严格遵守施工时间以及在施工过程中更加谨慎小心，加强防护监控
3	"4·28"胶济铁路特别重大交通事故	2008年4月28日，北京开往青岛的T195次旅客列车至王村间脱轨。此时，正常运行的烟台至徐州的5034次旅客列车刹车不及与脱轨车辆发生撞击	72人死亡，416人受伤	胶济铁路特大交通事故是一起典型的责任事故，铁路运输企业在这次事故中暴露出两点突出问题：一是有关文件代替限速调度指令；二是漏发临时限速指令	建立检测监控体系；设备维修体系；规章制度体系；应急预案体系；安全防护体系
4	"7·23"甬温线特别重大铁路交通事故	2011年7月23日，甬温线浙江温州市境内，由北京南站开往福州站的D301次列车与从杭州站开往福州南站的D3115次列车发生动车组列车追尾事故	人员伤亡：40人死亡，172人受伤。财务损失：动车组车辆报废7辆、大破2辆、中破5辆、轻微小破15辆，事故路段接触网损坏	技术原因：设备设计缺陷和重大安全隐患。管理原因：有关部门在设备招投标、技术审查、上道使用等方面违规操作，把关不严，致使其在温州南站上道使用。自然原因：雷击造成轨道电路发送器与列控中心通信故障。人为原因：有关作业人员安全意识不强	

39

续表

序号	事故名称	事故经过	事故损失及危害	事故原因	改善措施
5	高铁遭飞鸟撞裂玻璃	2013年6月2日,杭州至北京的G38次高铁列车挡风玻璃遭飞鸟撞击,导致列车驾驶舱前挡风玻璃被撞击出的裂缝,列车被迫停在南京南站	被迫停车	原因是在驾驶的过程中列车挡风玻璃遭飞鸟撞击,强大的冲击力使玻璃开裂	加强对高速铁路沿线安全环境整治,避免此类事件发生
6	济南工厂爆炸逼停高铁事件	2016年11月29日,济南联华恒基贸有限公司发生爆炸事故,爆炸产生的碎片划伤到高铁车厢,损害部分供电设备,并致使京沪高铁停运	划伤了正在行驶的高铁5节车厢,部分供电设备损坏,跳闸停电,造成京沪高铁停运2小时30多分钟,直接经济损失949.8万元,无人员伤亡	由于沿线危险化工企业安全生产观念淡薄,无视国家法律,不落实企业安全生产主体责任,存在严重违法违规行为,以及相关职能部门履行监管职责不到位发生爆炸,导致高速铁路线路设施发生损坏,逼停多趟列车	加强高速铁路沿线安全环境整治,避免此类事件发生
7	南京南站动车卡人事件	2017年3月26日,上海虹桥至汉口的D3026/7次列车到达南京南站进入21号站台时,一年轻男子突然从对面22号站台跳下,横越股道,抢在D3026/7次列车前,试图翻上21号站台未果,被夹在D3026/7次列车1号车厢与站台之间,列车立即停车	导致该男子死亡,造成较大的负面影响	该乘客为了赶上D3026次动车,持次日当次车票没有出站,而是选择直接"跨越"股道,横跨站台换乘	应该加强车站台管理,研究安装屏蔽门等保护设施,加强高铁应急救援建设

第二章 高速铁路安全典型事故梳理及影响因素分析

续表

序号	事故名称	事故经过	事故损失及危害	事故原因	改善措施
8	沪昆高速铁路贵州段工程质量问题	2017年6月底至7月初，沪昆高铁贵州段连续发生多起危及行车安全的事件，总公司组成专项检查及危险源专项调查组，对沪昆高铁贵州段部分隧道进行了调查。经查，内业资料举虚作假严重质量问题，发现个别隧道存在偷工减料，质量问题	干扰运输秩序，影响运输效率和效益，造成较大负面影响	1.监理单位存在监控不到位，隐蔽过程检查验收不认真，问题整改不闭合等问题。2.设计单位存在地质勘查工作不足，图纸提供不规范，施工中现场配合不到位、变更设计不及时，变更设计不合理等问题。3.第三方检测单位存在检测结果与事实严重不符等问题。4.建设单位存在设计和现场管理失控、泄水洞施工管理不严、验收把关不严，开通后对线路周边环境巡查保护不力等问题	加强对高速铁路质量安全监管，要求工程质量积极整改，使高铁工程质量符合国家标准。加强对高铁建设单位的管理，使各参与建设单位与各司其职
9	"1·25" G281次列车火灾次事故	2018年1月25日，由青岛开往杭州东的G281次列车运行至定远站停车，2号车厢冒烟后开始起明火，紧急疏散旅客后灭火	没有造成人员伤亡，但2号车厢报废，财产损失严重	由于2号车底部的牵引变压器故障导致起火	采用更优质的电路元件，同时按时检查电路设备，保障高铁用电安全
10	"10·21" 台湾列车脱轨事故	2018年10月21日，台湾宜兰苏澳新马车站，载有约310名乘客的台铁普悠玛号在台铁新马车站发生出轨翻覆事件。共8节车厢，其中5节翻覆，车厢翻覆呈现90度	事故遇难人数为18人，受伤人数为207人	台铁普悠玛出轨超速，因为转弯时超速。事故调查小组认认为，事故设备及人员操作、作业程序、机械设备及组织管理层面有问题，多重因素导异常等交织过每一道防护措施的漏洞，导致事故发生	台铁承诺完成安全检查，加强相关防护措施建设

第三节　影响高速铁路安全的因素分析[①]

通过对以上国内外各十个高速铁路安全事故的分析可以看出,影响高铁行车安全的因素错综复杂,最终,我们确定了四个主要因素。一是人的因素。例如在德国艾雪德高铁列车脱轨事故中检查人员没有对车轮进行超声探伤;日本尼崎JR城际列车脱轨事故中司机超速严重;山东境内的撞人事故是由于施工人员违规施工;等等。它们都是人为因素导致事故发生。二是物的因素。例如在欧洲之星脱轨事故中,就是由于路基不平的原因导致事故发生。三是技术因素。例如西班牙高速列车脱轨事故的部分原因就有列车启动自动制动系统不及时,等等。四是环境因素。例如日本新干线出轨是由于发生地震,等等。以下对各种因素进行具体分析,希望能对我国高速铁路安全立法产生借鉴意义。

一　人员对高速铁路安全的影响

根据《人民日报》大数据显示,我国高速铁路每天开行4500多辆列车,居世界首位,每天有400万旅客选择高铁出行,[②] 但是,高铁在方便人们出行的同时,人们也在深深地影响着其安全,人既是各类事故的受害者,往往也是肇事者,还是保障安全工作的主力军。

(一) 人员心理对高速铁路安全的影响

心理支配行为。人的行为直接受心理因素的支配,心理作用对人的行为有直接的、重要的影响,尤其在高速铁路安全中,人的心理作用带来的影响会被放大数倍。因此,需要分析影响高速铁路安全的心理因素,并为高速铁路安全建设提供素材。结合理论,联系实践,可知心理因素对高速铁路安全的影响主要表现为对技术、设施设备的依赖,对他人行为消极容忍以及侥幸心理三个方面。

1. 人员对高速铁路技术、设备的依赖和过度自信心理。我国高速铁

[①] 本节主要内容发表于杨丹、亏道远《高速铁路安全的影响因素及立法对策》,《中国安全科学学报》2018年第S2期。

[②] 陆娅楠:《中国高铁追风逐梦(大数据里看中国)》,《人民日报》2017年11月9日第9版。

路安全文化建设相对薄弱，在安全文化缺失的环境下，人们看到的是技术的成熟可靠性，容易对高速铁路自身安全产生依赖心理和过于自信心理，导致主体降低安全戒备，无形中留下安全隐患。

2. 人员对高速铁路安全持有消极容忍心理。"安全第一"的理论高度不断上升，但实践中人们对危及高速铁路安全的人和事却多持消极容忍态度。相关法律法规对危及高速铁路安全和公共安全行为的处罚多采用警告、罚款等方式，罚款数额亦较低。据悉，合肥女教师"高铁扒门"事件，最终对该女子处以2000元罚款，这已是铁路部门有史以来最高数额罚款。当然我们不倡导高罚重罚，但需要具体情况具体分析，显而易见，处罚力度不足是人们对高速铁路安全普遍持有消极容忍心理的主要原因。

3. 人员对高速铁路安全持有侥幸心理。在高速铁路运营过程中，相关主体多持有侥幸心理，认为事故不会在自己所在班次或所辖区域发生。侥幸心理容易使人思想麻痹，过于自信，放松对自己的要求，形成侥幸成事、不负责任的工作态度。因此，抱有侥幸心理的人员难以保障高速铁路安全甚至会引发安全事故。

(二) 人员行为对高速铁路安全的影响

人员行为直接影响高速铁路安全，对高速铁路安全具有直接作用。影响高速铁路安全的行为多种多样，但主要表现为违法违规行为。

法不可违，违法必究。在高速铁路发展过程中一些危及高速铁路安全的行为时有发生，如扒车门、吸烟、倒卖车票、横穿轨道、在禁采区非法采挖、生产作业违法违规，等等。有些违法行为看似平常，认为不会给高速列车运行造成安全问题，但都是安全隐患，事故一旦发生，损害十分惨重。而且，任何结果的发生都有着一个逐步演变、从量变到质变的过程。违法违规行为是促使从量变到质变的推手，行为人长期处于放松状态，对高速铁路安全工作松懈放任、不尽职尽责，长此以往高速铁路安全问题有突然爆发、集中爆发的可能，一旦爆发，其后果不堪设想。

(三) 人员素质对高速铁路安全的影响

人员素质高低对高速铁路安全具有重要影响，其主要通过某些行为对高速铁路安全产生间接作用，而人员素质的高低主要取决于个人受教育程度和技能高低。

1. 相关人员安全教育培训缺失对高速铁路安全的影响。目前我国高速铁路发展存在着重技术革新、轻安全文化建设等问题。由于高速铁路安全文化教育培训面窄、力度小，人们受到的安全文化教育培训不足，所以，在实践中反映出安全意识、守法意识淡薄等现象，反映在高速铁路安全管理中是不守法和不遵守安全规定等具体行为。

2. 人员技能素质对高速铁路安全的影响。技术岗位对工作人员都有基本的技能要求，高速铁路采用的是高新技术，对工作人员技能要求更高更严，这是技术革新带来的辐射影响。而且，高速铁路技术体系庞大且复杂，环节多且关联性强，每一个环节都不能出差错，一旦出现问题，后果十分严重。

二　物对高速铁路安全的影响

（一）基础设施设备质量对高速铁路安全的影响

高速铁路基础设施、设备是铁路安全的重要保障。列车高速行驶时，安全可控难度增大，因此兼顾速度和安全的高铁列车对基础设施设备质量提出更高更严的要求。

1. 路基、桥梁、轨道等基础设施稳定性与坚固性对高速铁路安全的影响。基础设施的稳定性与坚固性直接关系到列车的正常运行与安全。高铁列车高速度、高密度、大运量的运输，给基础设施带来更大的冲击力和摩擦力，使路基、桥梁、轨道持续遭受纵向冲击、压力和摩擦作用，路基、桥梁、轨道等基础设施长期受高压作用，会逐渐发生纵向位移、沉降或磨损变形。因此，高速铁路要求路基、桥梁、轨道等基础设施要有高稳定性与坚固性，具备足够的强度和弹性，避免扭曲变形；具备足够的稳定性和耐久性，抵抗变形和沉降，避免破坏。

2. 设备质量对高速铁路安全的影响。设备高精度、高质量对高速铁路列车运行安全有直接关系。高速铁路对设备有更高的要求，只有高质量的设备才能适应高速铁路安全的需要。高速铁路供电系统不仅要求弓头高质量和高刚度，还要求接触网具备高质量以保证机械强度；[1] 高速铁路对通信信号设备的质量要求也很高，因为先进的通信信号系统是保障高速铁

---

[1] 李文豪、罗健、张倩等：《高速铁路受电弓与接触网关系评价综述》，《电气化铁道》2009年第4期。

路安全的重要设备。① 因此，高速铁路设备必须具备高精度、高灵敏度，响应速度要快，以保持通信信号精准及时的特性；高速铁路车辆质量要求更高，车体必须具备高强度和高刚度，耐撞且需轻量化，以保证安全和速度。

（二）基础设施设备检修养护对高速铁路安全的影响

高速铁路安全要求基础设施设备时刻保持良好的运行状态，除了高质量之外，还要保证对基础设施设备高效及时、质量良好的检修养护。基础设施和供电设备、通信信号设备常年在露天环境下工作，遭受自然因素作用造成基础设施设备氧化、老化、损耗、变形等问题，这些问题日积月累，若不及时解决，促使量变成为质变，终将酿成灾祸。因此，必须定期定时对高速铁路基础设施设备检修养护，使基础设施设备始终处于良好的运行状态。

三 技术对高速铁路安全的影响

近10年来，中国高速铁路大力开展自主创新，取得了辉煌的成就，技术体系不断趋于完善，基本形成了由工务工程、牵引供电、运行控制、运营调度、客运服务等子系统构成的中国高速铁路技术体系。② 技术是影响高速铁路安全的最重要因素，高速铁路对各项技术均提出了更高标准的要求，必须不断进行技术创新才能满足高速铁路持续健康发展的需要，实现安全和高速双目标。

（一）技术创新对高速铁路安全的影响

高速铁路高速、快捷的性能为自身发展助力的同时也给自身带来了挑战，列车实现高速运行时其安全可控性难度随之增大，对列车安全技术提出更高的要求。安全技术创新是保障高速铁路安全，实现高速铁路持续健康发展的重要途径，因此，需要从多角度分析高速铁路安全技术创新的突破口，积极创新，不断突破，打造坚硬安全壳。

1. 工务工程技术创新对高速铁路安全的影响。高速铁路对工程施工建设、勘察设计、评估验收以及运营维护等工作提出了更高更严的技术要

---

① 佟立本：《高速铁路概论（第4版）》，中国铁道出版社2012年版，第207页。
② 王明慧：《高速铁路质量安全事故案》，西南交通大学出版社2014年版，第6页。

求。首先，要求技术创新实现高刚度。土建工程结构高刚度，以承受大重量、高密度的车身压力及其带来的纵向作用力，避免结构变形；其次，技术创新实现高平顺性。工务工程平顺，列车才能高速运行并保证安全舒适。否则，列车轻则有震动感，重则可能脱轨翻车。

2. 牵引供电技术创新对高速铁路安全的影响。持续、稳定、安全、可靠的供电才能保证高速列车的安全运行，我国经过十多年的发展，对牵引供电技术提出了更高的要求。首先，需要加快技术研发，弱化自然因素的影响。牵引变电站、接触网受天气和环境的影响较大，设备遭受风吹雨淋日晒或雷击，易发生故障；其次，需要优化动力系统，解决跳闸故障。高速铁路牵引动力系统的最常见故障就是跳闸问题，跳闸瞬间列车被迫停止，不仅给本车带来危险，还给后车带来突发性危险。

3. 运行控制技术创新对高速铁路安全的影响。首先，需要实现列车超速自动防护，确保列车运行安全。其次，需要实现连续式双向信息传输。即实现地对车、车对地超速防护安全信息传输，实时掌握列车运行状态信息。

4. 运营调度技术创新对高速铁路安全的影响。目前，调度技术正面临着安全的严峻考验，首先，现有调度系统部分功能未达到技术规范要求，子系统不能实现有效结合；其次，高速铁路调度命令发布继续套用既有线调度命令模式，现有技术与实践发展需要出现断层，已不能满足高速铁路行车组织调度工作需要。

5. 客运服务技术创新对高速铁路安全的影响。当前高速铁路车站铁路客运服务系统存在的普遍问题是：首先，列车正点信息不实。列车非正常晚点情况下，存在着将旅客放进站台后才接到列车晚点的通知，客运员既要接车，又要防护电梯，更要防护站台边，安全组织难度极大；其次，自助检票闸机对部分车票不识别，影响进出站检票组织，容易造成拥堵，引发安全问题。

(二) 技术评估对高速铁路安全的影响

技术评估是对现有技术的检测，也是实现技术突破的前提和环节之一，还是把握高速铁路列车运行安全的重要尺度。通过评估可以发现现有技术体系中存在的问题，如技术标准低、技术弊端等，要通过评估来解决，依据评估结果制定评估方案，以评促建。通过评估结果来判断技术能否使用，能否保证列车运行安全，并且评估结果具有预测性和指引性，可以根据评估结果预测技术适用时限以及指引，制订技术创新计划，使技术仍能够保证高速与安全同行，对高速铁路安全具有重要影响。

四　环境对高速铁路安全的影响

（一）路内环境对高速铁路安全的影响

高速铁路路内环境安全主要包括车站内安全和站外封锁区安全。车站内置有安检设备，并有工作人员专门负责安全检查，该工作岗位是铁路安全的第一道屏障，至关重要。但实践中仍存在安全隐患，存在车站安检设备更新换代慢，设备老化，检测准确度降低，特殊物品无法测出，无法满足安全需要等问题。而且，站外封锁区内安全工作的开展也并不顺利。

1. 沿线居民干扰、破坏行为。沿线居民对铁路安全文化了解较少，其生活行为如在沿线周围放风筝、烧荒、晾晒鲜艳物品等会误导司机做出错误操作，影响运行安全。

2. 异物侵入引发的安全问题。铁路线路分布地区气候、物种存在一定差异，异物侵入难以防范，一旦异物侵入，线路不平顺，高速运行下的列车难以平稳，列车就会有脱轨翻车的危险。

（二）路外环境对高速铁路安全的影响

高速铁路设施处于公共场合，不可避免会受到社会外部环境的影响。然而，铁路企业自身职能有限，社会群众维护高铁安全的意识淡薄，高铁外部环境安全管理工作困难较多。[①]

1. 破坏路外环境的施工行为对高速铁路安全的影响。高速铁路建设施工前期，产生了大量的建筑垃圾，破坏了周边外部环境并造成了不利影响，加上后期清理整治不到位，对周边生活环境造成不良影响，使当地居民对高速铁路带有抵触心理，加大了以后高速铁路外部环境的管理难度。

2. 路外破坏行为对高速铁路安全的影响。破坏高速铁路外部环境的违法行为具有"短时性"，如在上跨、下穿高铁的道路上通行超载、超高车辆，以及运输危化品车辆临时在高铁桥梁下泊车，等等，这些非法行为除现场蹲点外，很难被巡查发现。加之存在一些投机行为，更难以有效治

---

① 刘少飞：《浅谈高速铁路外部环境安全管理》，《山东工业技术》2014年第24期。

理违法行为，如城郊和广大农村地区，居民喜欢将稻草、麦秸等易燃农作物堆积到高铁桥梁下，铁路人员劝阻就搬出桥底，巡查空期又搬进桥底①。因此，高速铁路的路外环境工作存在诸多问题，这些安全隐患，将会危及高速铁路安全，必须提高警惕并加以解决。

---

① 孙阳：《浅谈高速铁路外部环境治理难点及对策》，《科技创新与应用》2013 年第 5 期。

第三章　高速铁路与普速铁路的区别

高速铁路作为国家重要的基础设施，在国家建设发展中占有重要地位。近年来，我国高速铁路发展迅猛，技术体系不断升级，服务质量不断提高，取得了辉煌的成就。但是，我国高速铁路发展时间短，经验积累不足，相关机制不够健全，尤其在安全领域，至今我国高速铁路安全仍没有一部专门立法，这是高速铁路建设发展过程中的重大缺口。高速铁路建设、运营过程中出现的许多安全问题主要参照普速铁路的规定来解决，虽然不能否定二者之间的紧密关联性，但是，这忽略了一个最基本的问题——高速铁路与普速铁路的差异，二者在速度、行车密度、技术标准、管理方式、安全风险、危害后果、责任承担等方面都存在着重大的差异。

第一节　速度差异

速度是高速铁路与普速铁路最直观的差异，其他所有的区别也都是由于速度的不同所致。在铁路建设初期没有普速铁路的说法，直到高铁时代开始才有普速铁路的概念，而不同国家在不同时代对普速铁路的定义亦有所不同。根据权威的国际铁路联盟的定义，时速 100—120 千米为普速铁路，在普铁时代，中国普速列车的速度标准主要为低于 120 千米/小时；而在高铁时代，中国普速列车的速度标准主要是不超过 160 千米/小时速度级别的非客运专线以及不超过 140 千米/小时速度级别的客运专线。相对于普速列车，高速铁路的速度较快，但具有相对性，时代不同标准有异，随着铁路时速的发展，高铁速度界定的标准亦随之变化。各国和地区对高速铁路的界定见表3。

表 3　　　　　　　　部分地区和国家对高速铁路界定

国家地区	高速铁路速度界定
国际铁路联盟	国际铁路联盟（UIC）认为高速铁路的定义相当广泛，包含高速铁路领域下的众多系统，高速铁路是指组成这一"系统"的所有元素的组合，包括：基础设施（新线设计速度250km/h以上，提速线路速度200km/h 甚至220km/h）、高速动车组和运营条件①
欧洲	西欧早期把旧线改造时速达到200千米、新建时速达到250—300千米定为高速铁路；1985年联合国欧洲经济委员会在日内瓦签署的国际铁路干线协议规定：新建客货列车混用（简称"客货共线"）型高速铁路时速为250千米以上，新建客运列车专用（简称"客运专线"）型高速铁路时速为350千米以上
日本	作为世界上最早开始发展高速铁路的国家，日本政府在1970年发布第71号法令，将高速铁路定义为列车在主要区间能以200km/h或以上速度运行的干线铁路
美国	美国联邦铁路管理局曾对高速铁路定义为最高营运速度高于145km/h（90mph）的铁路，但从社会大众的角度，"高速铁路"一词在美国通常会被用来指营运速度高于160km/h的铁路服务，这是因为在当地除了阿西乐快线（最高速度240km/h）以外并没有其他营运速度高于128km/h（80mph）的铁路客运服务
中国	《铁路安全管理条例》将高速铁路定义为设计开行时速250千米以上（含预留），并且初期运营时速200千米以上的客运列车专线铁路

从表3可以看出，虽然各国和各地区对高速铁路的分类各异，但除美国外，各国基本都将高速铁路定义为时速为200千米以上，并且目前中国的部分高速铁路时速已经达到350千米，而且有向更高时速攀登的趋势。在时速350千米时，列车每秒行驶速度基本达到100米，即一眨眼的工夫，列车就飞驰出100米的距离。有学者计算在350千米时速时，0.5千克的障碍物就可以产生500千克以上的撞击力，导致列车瞬间颠覆②。因此，高速度是高速铁路的运营优势，同时，也给自身建设和运营带来了更高的安全风险，导致其比普速铁路更高的技术要求和管理要求。

第二节　行车密度差异

我国高速铁路运输具有高速度、高密度等特点，并且有不断提高的趋

---

① 朱梅、杨琦、徐力等：《国际国外高速铁路技术法规及标准体系分析》，《铁道技术监督》2011年第7期。

② 李健：《必须加强我国高速铁路安全风险防范和应急管理》，《中国科技产业》2011年第3期。

势。现阶段我国铁路的行车密度已经居于世界前列，高铁列车的最小行车间距可以达到4分钟或更短，扣除维修时间，每天可开行的旅客列车约为280对。[①] 如此高的行车密度，一方面给高速铁路运营带来更多的经济收益，另一方面也带来了更大的安全挑战。与普速铁路相比，该领域的差异主要表现在：其一，维修养护差异。线路设施设备质量直接影响行车安全，高密度、大运量的运输造成设备病害数量增长过快，设备使用寿命降低。因此，要求高速铁路工务段缩小检修养护周期，加大工作量，提高工作精度，以保证高速铁路线路安全。其二，监控差异。列车之间、列车与设施设备之间的相互作用逐渐增大，列车与设施设备出现问题的可能性加大，因此，需要进行全程实时监控，一旦发生行车故障，及时发现，及时解决。其三，调度指挥系统差异。调度指挥系统是铁路运营安全体系的重中之重，高速铁路行车密度大，对调度指挥系统要求更高更严，要求高速铁路采用新技术、新设备、新工艺，保障高密度行车的调度安全。

第三节　技术标准差异

高速铁路技术体系十分庞大复杂，是从线路（含曲线、桥梁、隧道）、列车、牵引供电、车辆、信号和控制系统以及通信系统等各个环节都相互关联和匹配的整体工程。与普速铁路相比，技术标准上的差异主要体现在：

一　线路差异

为了达到安全运营要求，高速铁路的基础设施既要为高速运行的机车车辆提供高平顺性和高稳定性的轨面条件，又要保证线路各组成部分具有一定的强度和耐久性，使其在运营条件下保持良好状态。因此，高速铁路的平纵断面设计的标准要以提高线路的平顺性为主，以保证线路平顺和安全。由于高速铁路比一般线路的修建和养护标准高，且要保持

---

① 仲建华、李闽榕：《中国轨道交通行业发展报告（2017）》，社会科学文献出版社2017年版。

更严格的容许误差。因此，必须采取提高钢轨重量、使用新型弹性扣件和新型大号码的道岔等必要措施。为了适应高速运行的要求，必须加强对线路的检测、监视和维修养护工作，采用先进的设备，以保证线路的质量和行车安全。另外，高速列车运行还带来一个突出的问题，即列车运行所产生的风对线路等基础设施安全的影响。试验表明，当高速列车通过高架桥时会产生较大的列车风和列车风压。它将从生理上和心理上影响人身安全。根据国际铁路联盟规定，桥上栏杆至轨道中心线间的距离为3.3—3.6米，不足此数者，需增设避车台。当高速列车通过车站时会产生空气压力波，对站台人员造成的危险也随之增加。因此，站台需要加宽并需设置防护栏杆，以保证旅客和工作人员的安全。两列列车在双线上会车时，列车风作用在对方侧面，列车高速又相隔较近时，可能导致危险。因此，要求高速铁路双线间距应在4.2米以上，可使列车和旅客免受列车风的危害。①

二 牵引动力差异

牵引动力是实现高速行车的重要关键技术之一，同时也对其提出了更高的要求。其一，牵引装置和传动差异。与传统机车牵引方式不同，采用动车组牵引是当前高速列车牵引的主要方式。它将牵引动力分散到各个动力车上，可以提高牵引的总功率，从而提高列车运行速度。如前所述，高速度给列车带来高风险，要求高速铁路建立更安全可靠的技术体系和管理体系。其二，列车制动技术差异。制动的实质是将列车动能转移，让制动装置产生与列车运动方向相反的外力，使列车产生较大的减速度，尽快减速或停车。但由于高速列车的速度很快，动能很大，要在规定的时间和距离内将这些动能消耗或吸收，列车的单一制动方式无法达到，因此，高速列车对制动装置提出更高要求，即必须采用综合方式，多种制动协调使用，才能精准制动，确保列车运行安全。② 其三，牵引受电技术差异。高铁列车采用高速电力牵引时需要高可靠度的受电技术和装备。铁路上把受电弓从接触网获取电能的过程称为"受流"，

---

① 佟立本：《高速铁路概论（第五版）》，中国铁道出版社2017年版，第31页。
② 佟立本：《高速铁路概论（第五版）》，中国铁道出版社2017年版，第127页。

动力分散配置型的高速受流是多弓受流，多个受电弓升起会引起很大的噪声，同时多个受电弓离得很近，受电过程中会引起接触网波动，受电弓无法跟随波动的导线，导致受电弓频繁离线。这不仅会损失电能，严重时甚至使动力车无法稳定工作，对牵引受流技术提出了更高要求。综上所述，可知传统铁路动力模式不能适应高速铁路的动力需求，高速铁路对牵引动力技术、设备等方面提出更高要求，以满足高铁列车高速度、高密度运行的安全需要。

三 牵引供电系统差异

高速铁路对电力供电系统供电的可靠性要求较高。在高速铁路的运行过程中，高速铁路的供电系统起着不可忽视的重要作用，与其他电力系统相比，高速铁路的电路供电系统具有一定的差异。其一，对供电可靠性要求高。高速铁路对电力供电提出更高的可靠性要求，在有灾害情况下，应迟于行车相关系统损坏，并且先于行车相关系统恢复。[1] 虽然高速铁路的电力供电系统的接线方式比较简单，但在使用的过程中要求供电系统的供电中断时间不可超过150秒，如果超过这个时间，将会影响高速铁路的正常运行，为高速铁路的运行带来严重的影响。[2] 其二，牵引变电所差异。高速铁路牵引变电所一般设立两台变压器，要求有两回独立电源供电，一回电源故障，不能影响另一回电源工作。通常两回电源或者引自不同地方变电站或者引自同一变电站的不同母线，所以，高速铁路布置牵引供电站位置时，必须考虑外部电源条件。其三，供电线路形式差异。我国普速铁路贯通线以架空方式为主，地形困难地区辅以电缆敷设。架空线路抗击自然灾害能力较弱。高速铁路供电线路接地，设备入室，全程监控，减少人为破坏或自然损耗。其四，系统中性点接地方式[3]差异，具体表现为电力

---

[1] 刘宇：《高速铁路电力供电系统中新技术的分析与研究》，《科技创新与应用》2015年第35期。

[2] 昝斌：《高速铁路电力供电系统中新技术的分析与研究》，《中国新通信》2016年第14期。

[3] 电力系统中性点是指星形连接的变压器或发电机的中性点，电力系统的中性点接地方式是一个综合性的技术问题，它与系统的供电可靠性、人身安全、设备安全及接地装置等问题有密切的关系。

故障差异。普速铁路瞬时故障较多，高速铁路电力故障一般是永久性故障，如果不能及时迅速地切除故障点，故障点将出现多次重燃，可能引起列车火灾，危及人身和财产安全。其五，接触网差异。高速度、高密度的行车，弓网作用大且频繁，使导线产生较高频率的波动。如果高速铁路接触网不具有较大张力、高度的平顺性，难以保证质量良好的受流供电，进而影响列车平稳运行，甚至中断行车。

综合以上内容可知，高速铁路安全体系对供电系统的技术、设备、工艺、设计理念都提出了更高的要求，应力图从多方面、综合保障高速铁路供电安全，满足高速铁路的现实需要。

四　车辆差异

高速铁路为实现高速度、高安全度的目标，对高速铁路运营列车提出了更高的要求，主要表现在：其一，车体外形设计差异。与方形普速列车相比，高速列车车体呈流线形，以减小空气阻力，减弱车体与外界摩擦作用，降低车内噪音，保证旅客安全舒适。其二，车体材料差异。高速列车需轻量化，减小轮轨作用力，减少轨道磨损，保持线路平顺。其三，高速列车要具备耐撞性。传统列车的设计主要考虑车体结构不受损伤，但没有对能量吸收有特殊要求，在发生列车碰撞事故时，碰撞能量完全由车体自身消化，由于车体可能被严重挤压或被其他物体贯穿减少了乘客的生存空间，同时产生较大的加速度脉冲，使乘客遭车内其他设备或行李等打击导致的二次碰撞危险性大。高速铁路则不同，第一部分提到高速行驶的列车在惯性作用下，冲击力极大，一旦发生碰撞，损害十分严重。为了使事故损失最小化，设计车辆时将车辆的耐撞性考虑进去，当发生碰撞事故时，车体结构能在一定冲击力下发生大变形，并吸收足够的冲击动能，即将冲击动能尽可能地转化为结构的塑性变形能。其四，转向架差异。转向架是列车转弯的重要工具。它承载了车体的巨大重量，列车运行速度极快，在通过弯道时，向心力增大，列车可能倾斜，转弯比直行时的风险大得多。因此，高铁列车必须具备在高速运行条件下动力学性能良好的转向架，保证安全通过弯道。其五，列车制动系统差异。高速铁路实现高速运行的目标后，还要兼顾安全制动。列车高速运行时惯性冲击力非常大，因此，高铁列车必须具有大功率、高安全可靠性的制动系统，达到能够迅速及时制动的效果，确保高速运行的列车处于可控范围内，保证列车运行安全。其六，连接装置差异。在高铁列车的连接装置构件中，车钩是列车重要的缓冲装置，一方面车钩缓冲系统吸收了列车正常运行情况下的纵向冲击能量，助力列车平稳运行；另一方面，高铁列车车钩缓冲系统配置了大容量的能量吸收设备，用于保证意外撞击工况下旅客的安全。因此，高铁列车必须具有安全可靠的连接装置，既能保证列车运行安全，又能保证旅客的舒适度。

综上可知，高速铁路对列车质量和性能提出了更高要求，通过打造安全可靠的车辆，为旅客提供最直接、最可观的安全保护。

五　信号与控制系统差异

高速铁路信号和控制系统是现代保障行车安全、提高运行效率的核心，也是标志一个国家轨道交通技术装备现代化水准的重要组成部分。高速铁路信号、控制系统与普速铁路有较大差异，主要表现为：其一，列车控制系统等级差异。高速铁路技术系统不断升级，配套技术必须相应升级，达到协同一致，保证整体安全。其二，调度集中系统差异。早期的调度集中主要是行车控制，现在已向安全监控、运营管理综合自动化方向发展，承担更多职能。高速铁路新一代调度集中系统要求智能化、自动化，不仅面向列车作业，同时解决沿线调车作业问题，不但适应于有人车站，也要适应于无人车站，标准统一，具有高度可靠性，以此满足安全行车需要。

综上可知，高速铁路信号与控制系统采用的是高技术含量、高综合性、专业化的技术和设备，也正是因为如此，系统对配套技术和设备要求不断提高，力求打造一个统一、协调、各环节联动协作、安全可靠的信号与控制系统。

六　通信系统差异

通信主要是完成各种信息的传输，铁路运输是一个完整的大系统，它的各个部分都离不开通信。迄今为止，世界上高速铁路的安全记录为世人称道，其主要原因之一就是有先进的通信信号系统。通信系统本身的可靠性必须达到很高的水平。因此，人们总是不遗余力，采取各种方法和措施来提高通信系统的可靠性，具体表现为：一是列车运行速度的提高，对通信提出了更高要求，要求通信系统应具有高效率，与计算机、计算机网络相结合，顺应大数据时代发展要求，形成一个现代化的通信系统，保证行车运营指挥、运营管理高效率进行。二是要求通信与信号系统紧密结合，形成一个整体。以往通信与信号系统各自独立，在列车高速运行的条件下，这种分离状态已不适应，二者日渐结合，形成一个高级自动化的通信、指挥、信号和控制系统是发展趋势。三是要求多种通信方式相结合，形成统一的铁路通信网。融合多种方式和手段的通信网，将大大提高通信的可靠性和有效性，满足高速铁路提出的各种需求，充分发挥通信保证行车安全和提高运输效率的作用。

综上，可知高速铁路对通信系统提出了实现高效率、高级自动化、现代化、多元化的发展要求，最终落脚点仍是保证行车安全。

第四节　管理系统差异

高速铁路与普速铁路的管理系统相比，二者存在诸多差异。主要体现在铁路人员管理、专用设备质量管理、运营管理三个方面。首先，必须明确我国尚未形成专门的高速铁路管理模式，也没有高层次的高速铁路管理专门立法，行政法规层面仅以《铁路安全管理条例》为高速铁路安全管理依据，这忽略了高速铁路对安全需求的特殊性。高速铁路有高速度、高密度行车的特性，对工作人员业务能力培训和考核、旅客危险性行为（可能危及行车安全的行为，如在动车上吸烟等）的处置、专用设备质量、运营管理等都提出了更高的要求，以满足高速运行条件下，列车安全舒适的需要。

其一，人员管理。高速铁路大量采用新技术、新设备和新规章，作业高度自动化，列车工作人员少，作业单一。日常管理也套用既有线管理模式，工作人员面对突发事件处置能力弱，或者对旅客违反安全管理规定的行为不敏感，需要加强高速铁路工作人员培训和考核，以提高其专业敏感度，及时发现危及行车安全的状态或行为，及时汇报并解决。但是，实践中，人员管理仍拘泥于传统培训，专业培训效果有限，高速铁路安全的第一道防线有了缺口，安全难以得到保障。

其二，专用设备质量管理。高速铁路对工务工程质量提出了自己的要求，对专用设备质量更是提出了高要求。高质量专用设备是保证高速铁路安全的重要内容，若专用设备出了问题，事故发生的可能性非常高。以高速铁路车辆为例，车辆制造所用材料必须具备高强度、高刚度、高密度、高弹性、轻量化的特点，保证列车车底在轮轨高速、长时间相互摩擦作用下，仍能保持不变形，紧密贴合，以保证列车安全运行。但是，我国没有对其做出专门规定，在该方面管理上，亟须弥补管理缺陷。否则，专用设备质量没有保障，行车安全就更是天方夜谭。

其三，运营管理差异。这里主要分析车站管理与调度指挥系统管理方面存在的差异。一是车站管理不同。高铁车站实行一体化集中管理模式，但是，其尚未形成统一高效的管理模式，专业管理薄弱，管理队伍规模小、人员少。车站空间虽小但人员流动性非常强，导致管理难度增大，车站管理不善将会带来严重的安全问题。二是调度指挥系统管理不同。高速铁路调度指挥重点及关键环节与普速铁路有较大差异，车站运转部门一般不参与行车，因此，在调度指挥体系中，车站一级的指挥管理较为薄弱，主要指挥以总公司调度部和铁路局调度所为主。但是，调度总部工作量过大，负荷过重，一旦某线路出现问题，随即可能就是整个干线的调整，以及所有与之相连的高铁线路的调整，甚至可能带来半个中国高铁时刻的变化。这对于高速度、高密度、大运量的高速铁路而言，既影响效率又影响同线路列车运行安全。

综上可知，高速铁路管理系统仍存在诸多不足，亟待完善，建立安全可靠又高效的管理系统，是高速铁路安全体系建设的必需。

第五节　危害后果差异

近年来，我国高速铁路建设成就斐然，但仍然偶有事故发生，而且有些事故危害极其严重，如"7·23"甬温动车追尾事故伤亡惨重，并且其所带来的舆论风暴给中国高速铁路发展造成严重的负面影响，不仅导致高速铁路普遍降速运行，而且还导致银行限贷，造成高铁建设资金接近枯竭、大量线路停工、大批农民工被迫返乡，高铁发展几近被扼杀。相比于普速铁路，高速铁路安全事故更加具有以下特征：

其一，伤亡惨重。高速铁路列车载客量大、速度快，列车运行惯性、冲击力以及碰撞回应力极大，一旦发生事故，往往伤亡惨重。加之没有安全带以及车厢内大量行李没有固定封闭等因素，往往还会造成二次伤害。高速铁路事故造成损害的严重详情请参见表4。

其二，经济损失。高速铁路列车的机车（车头）和各车厢或车皮以及沿线各种道路和供电设备，造价都非常高而且有的设施设备难以修复，每次事故往往会造成数以万计乃至亿计的直接经济损失。同时旅客的财产损失往往也是难以估量和承受，事故间接损失更难以衡量。

其三，政治敏感。铁路运输干线是很多大国的经济动脉，它的安全高效运营时刻考验着一个国家的经济、科技和行政能力。重大高速铁路事故会影响到政府的公信力和信誉度，或引发敏感的政治问题。

其四，市场下滑。每一场重大铁路交通事故都会同时打击该国的铁路市场，主要表现为国内选择高速铁路旅行的乘客数量减少、高速铁路建设步伐减缓，国外可能会取消或减少相应的列车订单或高速铁路承包项目，等等。

其五，交通瘫痪。高速铁路网密度不像公路网这么密集，不可能像汽车这样遇到高速塞车改旧道、遇到国道塞车改支路这么自由应对。干线铁路一旦发生重大事故，就会导致整条铁路线的运输较长时间中断，对于3—5分钟一班的高铁列车，会造成多班次列车晚点，带来一系列交通问题。

其六，损害国际形象。以英国为例，2017年10月底，英国花57亿英镑买来的日本高铁首秀演砸，因技术原因，列车迟发车25分钟，晚点40多分钟到站；车内空调严重漏水，车厢俨然变成"水帘洞"；电力系统出现技术问题，最后不得不返厂维修。有学者提出此次首秀事故不断，不免会对英国国际形象造成不好的影响。[1] 以此为戒，我国高速铁路迅猛发展，取得了辉煌成就，高速铁路作为国家名片，逐渐走上国际舞台，因此，高速铁路在我国国际交往中也扮演着重要角色，一旦发生事故，对我国国际形象也将造成恶劣影响。

---

[1] 《外媒：英国57亿英镑买日本高铁首秀演砸，英国网友呼唤中国高铁》，2017年10月27日，http://world.chinadaily.com.cn/2017-10/27/content_ 33774734.htm，2019年2月10日。

表4　国内外典型高铁安全事故损失

事故	日本新干线脱轨事故	日本尼崎JR城际列车脱轨事故	德国ICE1高速动车组重大脱轨事故	西班牙列车脱轨事故	欧洲之星脱轨事故	"7·23"甬温线特别重大铁路交通事故	"4·28"胶济铁路特别重大交通事故	南京南站动车卡人事件	济南工厂爆炸逼停高铁事故	沪昆高速铁路贵州段工程质量问题
损失	人员伤亡：无。财物：车身有损伤	人员伤亡：107人死亡，562人受伤；建筑物，列车受损严重	人员伤亡：101人死亡，88人受伤。财物：车辆毁损严重	人员伤亡：80人死亡，170人受伤	人员伤亡：14人受伤	人员伤亡：40人死亡，172人受伤。财务损失：动车组车辆报废7辆，大破2辆，中破5辆，轻微小破15辆，事故接触网损段接触网损坏，中断上下行线32小时35分钟	72人死亡，416人受伤	一人死亡，高铁站台在解救时破坏	划伤了正在行驶的高铁5节车厢，部分供电设备损坏，跳闸停电，造成京沪高铁停运2小时30多分钟，直接经济损失949.8万元，无人员伤亡	干扰运输秩序，造成返工，影响运输效率和效益

第三章　高速铁路与普速铁路的区别　59

第六节　安全风险差异

近10多年来，我国高速铁路大力发展，既为人们出行带来了便捷，又促进了国民经济的快速发展。但是，我国高速铁路因建成时间短、新技术多、新装备多、系统复杂性增大、相关管理经验不足、配套管理培训体系还不完善等原因，相对于普速铁路，仍然面临较大的安全风险，具体表现为：

其一，人员不安全行为带来的安全风险。一是乘客不规范行为带来的安全风险。目前高速铁路运营实践中，不文明乘车行为常见多发，如在无烟车厢仍有旅客吸烟，烟雾引发列车预警系统报警并自动停车，如果正在高速行驶的列车被逼停，而后车仍在行驶中，两车或可能发生碰撞，后果难以预估。又如"高铁扒门"事件，该行为不仅耽误列车运行还给高铁运营带来严重的安全隐患，高铁调度指挥系统具有很强的计划性，几分钟的延误，可能导致整条线路及相关线路调度变更，列车、车站、旅客都需要紧急从原定计划变更或者转移，不仅给车站管理带来极大的干扰，还会给旅客带来较大的安全隐患。二是高铁列车工作人员疏忽懈怠、违规违章等行为带来的安全风险。高速铁路列车工作人员是保障高速铁路运营安全的直接关卡，对列车安全有直接作用。高速列车采用新技术、新装备，具有高专业性，并且运用新的管理模式，列车工作人员的培训与管理仍沿用旧模式，在高速铁路安全文化教育不完善的情况下，高速铁路工作人员安全防范意识薄弱，安全风险敏感度低，依赖自动化高新技术和设备监督检查不到位，事故处置能力不足，给列车带来较大安全风险。

其二，设备不安全状态带来的安全风险。高速铁路具有高速度、高密度、高技术、高专业性的特点，高速度、高密度、大重量行车使基础设施设备磨损严重，为保证列车高速运行时的安全，高速铁路对基础设施设备的质量及检修养护提出了更高要求。当前，国家严抓安全生产，但仍存在诸多问题。高速铁路对设施设备质量要求十分严格，必须从源头严格把控设施设备质量，降低或消灭潜在的安全风险。另外，高速铁路设施设备多处于室外，常年在自然环境的作用下，易损坏。而我国专业的高速铁路检修养护队伍规模小、人员少，检修养护工作量大、时间短、难度高，有时会出现检修养护不及时、不到位现象，致使部分设施设备可能处于不安全状态，一旦多重因素重合，可能会引发高速铁路安全事故，造成社会不良影响。

其三，高速铁路环境问题带来的安全风险。我国高速铁路运营时间短，缺乏安全保障工作经验，尤其是高速铁路路外环境安全保障问题。由于高速铁路点多线长面广，路外安全环境较为复杂，防控难度大，仅靠铁路运输企业自身的努力难以确保高速铁路路外安全，需要集全社会共同力量维护高速铁路安全。但是，目前我国除铁路系统主体之外的相关主体维护高速铁路安全的社会公共责任意识薄弱，教育不到位，未能形成高速铁路安全共建共治共享的社会环境。对运营距离较长、时空跨度较大的高速铁路，路外环境安全更是难以保障，存在较大安全风险。

其四，管理不规范带来的安全风险。高速铁路的独特性要求运用新的管理模式，但是铁路系统仍沿用传统运营管理模式，工作人员对新的管理模式不熟悉、不适应，管理组织与管理模式不能较好适应高速铁路要求，难以做好高速铁路列车运营安全"第一线"工作。相反，普速铁路运营时间长，积累经验多，对人员技能、素质要求不高，设备检修养护经验足，路内路外环境保护相对容易，相关法律法规体系较为完善，管理模式和管理组织比较成熟，并且专业性、技术性要求相对较低，因此，普速铁路运营安全风险相对高速铁路较低。

第七节　承担责任差异

责任是最有效的约束，在高速铁路与普速铁路对安全需求的差异中，承担责任差异最为明显。高速铁路更为严格严厉的要求，最终都将通过法律责任体现。其差异性主要体现在：其一，更为严厉的处罚方式。处罚方式决定着处罚的严厉程度，铁路安全管理的处罚往往通过行政处罚方式实现，更为严重的则通过刑事处罚的方式实现。相比于普速铁路，高速铁路涉及刑事处罚的可能性更大，危害高速铁路安全的系列行为，当情节达到一定程度后，很有可能将通过刑事处罚的方式进行处理，要求当事人承担刑事责任。其二，更为严厉的处罚结果。在不断的立法完善中，相比于普速铁路，高速铁路安全管理涉及的处罚后果将更为严厉，相同行为其危害普速铁路安全与危害高速铁路安全的处罚结果将会出现明显差异，因为行为相同但危险性不同，可能造成的危害后果亦不同。因此，在高速铁路安全中，无论是承担刑事责任或行政责任都将会体现出更为严厉的处罚后果。其三，更为严格的处罚要求。相对于普速铁路，高速铁路安全危害性更大，影响力更大，因此，对危及高速铁路安全行为，无论采用何种处罚方式，相比于普速铁路安全，都会有更为严格的要求。包括处罚及时性要求、处罚严厉性要求，等等，都会体现出更严更高的要求。

综上所述，高速铁路安全治理是一个复杂的系统工程，其各个组成部分密切相关，任何一个环节出现问题，整个系统就可能会发生故障，继而引发交通事故，损害十分严重。因此，厘清高速铁路与普速铁路对安全需求的差异是进行高速铁路专门立法的基础，对完善高速铁路安全法律制度具有重要现实意义和理论价值。

第四章 高速铁路安全立法梳理及比较分析

安全是交通运输永恒的话题，无论是铁路运输，还是道路、民航和水路运输都将安全视为生命线，重视安全治理立法，倡导以法治思维和法治方式维护运输安全，并逐步建立起了相对健全的安全治理法律体系。高速铁路运输作为近年来快速崛起的后起之秀，安全更是其生存发展的生命线，但相对于其他运输方式，高速铁路运输发展较晚，在安全法律制度建设方面还处于摸索探寻阶段。因此，梳理其他运输方式（包括普速铁路）的法律法规，进行比较分析，寻找高速铁路安全立法存在的问题与差距，对促进和完善高速铁路安全立法有重要的理论和现实意义。

第一节 铁路运输安全立法梳理

铁路是重要的民生工程，其安全与国家发展和个人生命财产息息相关。它既是国民经济大动脉，又是社会建设的重要基础，因此，国家特别重视加强铁路运输安全立法。我国铁路安全法律体系由法律、行政法规、部门规章、地方政府规章及其他规范性文件组成。经过梳理，目前涉及铁路运输安全的法律主要有 3 部，行政法规 2 部，现行有效的部门规章 6 部，地方性法规 5 部，地方性规章 17 部，其他规范性文件较多，据不完全统计，现行有效的大约 50 多部。详情见表 5。

表5　　　　铁路运输安全有关的法律法规整理

类别	序号	名称	领域	发布部门及文号	发布时间	专门规制高速铁路安全条文
法律	1	中华人民共和国安全生产法	安全生产	全国人大常委会	2002-06-29（2014修正）	

续表

类别	序号	名称	领域	发布部门及文号	发布时间	专门规制高速铁路安全条文
法律	2	中华人民共和国国防法	应急救援	全国人大常委会	1997-03-14（2009修正）	
	3	中华人民共和国铁路法	综合	全国人大常委会	1990-09-07（2015修正）	
行政法规	1	铁路安全管理条例	综合	国务院令第639号	2013-08-17	第11条、17条、27条、35条、80条、87条
	2	铁路交通事故应急救援和调查处理条例	铁路运输救援与事故处理	国务院令第501号	2007-09-01（2012修正）	
部门规章	1	高速铁路安全防护管理办法	铁路安全	交通运输部	2020-05-06	全部
	2	高速铁路基础设施运用状态检测管理办法	铁路设备	交通运输部	2018-08-31	全部
	3	铁路运输企业准入许可办法	企业准入	交通运输部	2017-09-29	第7条
	4	铁路专用设备缺陷产品召回管理办法	铁路设备	交通运输部	2015-12-15（2018修正）	
	5	铁路危险货物运输安全监督管理规定	铁路运营	交通运输部	2015-03-12	
	6	铁路机车车辆驾驶人员资格许可办法	铁路运营	交通运输部	2013-12-16	
	7	违反《铁路安全管理条例》行政处罚实施办法	铁路安全	交通运输部	2013-12-24（2016废止）	
	8	铁路安全监督管理办公室职责规定	铁路安全	铁道部（已撤销）	2007-08-19	
	9	设置或者拓宽铁路道口人行过道审批办法	铁路线路	铁道部（已撤销）	2005-03-29	
	10	铁路建设管理办法	铁路管理	铁道部（已撤销）	2003-07-11	
	11	铁路施工单位爆炸物品安全管理办法	铁路安全	铁道部（已撤销）	2000-03-09	
	12	铁路重大职工死亡事故责任领导人行政处分办法	铁路安全	铁道部（已撤销）	1995-11-24	
	13	铁路运输物资保安看护暂行办法	铁路安全	铁道部（已撤销）	1992-08-20	
	14	铁路运输货物、行包保安押运暂行办法	铁路安全	铁道部（已撤销）	1992-08-20	
	15	铁路内部安全保卫责任制暂行规定的监督检查办法	铁路安全	铁道部（已撤销）	1989-10-23	

续表

类别	序号	名称	领域	发布部门及文号	发布时间	专门规制高速铁路安全条文
部门规章	16	基建施工确保运输安全的规定	铁路安全	铁道部（已撤销）	1988-08-15	
	17	铁路内部安全保卫责任制暂行规定	铁路安全	铁道部（已撤销）	1987-12-10	
地方性法规	1	广西壮族自治区铁路安全管理条例	铁路管理	广西壮族自治区人民代表大会常务委员会	2019-07-25	
	2	广东省铁路安全管理条例	铁路管理	广东省人民代表大会常务委员会	2018-09-30	
	3	河南省地方铁路管理条例	铁路管理	河南省人民代表大会常务委员会	1997-05-01（2016修正）	
	4	抚顺市地方铁路管理条例	铁路运营	抚顺市人民代表大会常务委员会	2007-09-26（2014修正）	
	5	鞍山市地方铁路管理条例	铁路管理	鞍山市人民代表大会常务委员会	2007-01-19	
地方政府规章	1	四川省高速铁路安全管理规定	铁路管理	四川省人民政府	2019-02-02	全部
	2	内蒙古自治区铁路安全管理规定	铁路管理	内蒙古自治区人民政府	2019-09-05	第5条、第19条、第20条
	3	江西省高速铁路安全管理规定	铁路管理	江西省人民政府	2018-08-30	全部
	4	甘肃省铁路安全管理规定	铁路安全	甘肃省人民政府	2018-06-10	
	5	重庆市铁路安全管理规定	铁路管理	重庆市人民政府	2018-11-08	
	6	贵州省高速铁路安全管理规定	综合	贵州省人民政府	2017-11-01	全部
	7	湖北省铁路安全管理办法	铁路安全	湖北省人民政府	2017-11-16	第19条
	8	云南省高速铁路安全管理规定	综合	云南省人民政府	2017-03-08	全部
	9	河北省铁路安全管理规定	铁路管理	河北省人民政府	2014-09-28	第8条、第17条
	10	浙江省铁路安全秩序管理办法	铁路安全	浙江省人民政府	1996-11-08	
	11	吉林省保护森林铁路安全的若干规定	铁路安全	吉林省人民政府	1987-01-20	
	12	锦州市地方铁路管理办法	铁路管理	锦州市人民政府	2014-10-30	
	13	贵阳市高速铁路沿线禁止高空抛物等行为管理办法	铁路安全	贵阳市人民政府	2014-12-23	全部
	14	锦州市地方铁路管理暂行规定	铁路管理	锦州市人民政府	2009-07-15	

续表

类别	序号	名称	领域	发布部门及文号	发布时间	专门规制高速铁路安全条文
地方政府规章	15	葫芦岛市地方铁路管理办法	铁路管理	葫芦岛市人民政府	2007-02-09	
	16	鞍山地区地方铁路管理办法	铁路管理	鞍山市人民政府	1999-09-13	
	17	合肥市地方铁路管理暂行办法	铁路管理	合肥市人民政府	1992-01-03	
其他规范性文件	1	国务院关于组建中国铁路总公司有关问题的批复	机构职能	国务院	2013-03-15	
	2	国务院关于坚持科学发展安全发展促进安全生产形势持续稳定好转的意见	安全生产	国务院	2011-11-26	
	3	国家突发公共事件总体应急预案	应急预案	国务院	2006-01-08	
	4	国家处置铁路行车事故应急预案	应急预案	国务院	2006-01-22	
	5	国务院关于组建青藏铁路公司有关问题的批复	机构职能	国务院	2002	
	6	国务院关于坚决制止冲击铁路确保铁路运输安全畅通的公告	铁路安全	国务院	1989-06-07	
	7	国务院关于保护铁路设施确保铁路运输安全畅通的通知	铁路安全	国务院	1982-12-20	
	8	国务院批转关于改革北京、太原铁路局管理体制的会议纪要	机构职能	国务院	1980-07-26	
	9	国务院办公厅关于印发国家铁路局主要职责内设机构和人员编制规定的通知	机构职能	国务院办公厅	2013	
	10	国务院办公厅关于保障铁路公路等交通运输设施安全的通知	铁路安全	国务院办公厅	2005	
	11	国务院办公厅转发铁道部关于对无人看守的铁路道口加强管理意见的通知	铁路安全	国务院办公厅	1994-05-17	
	12	铁路交通事故应急救援规则	应急救援	铁道部（已撤销）	2007-08-29	
	13	铁路交通事故调查处理规则	事故调查	铁道部（已撤销）	2007-08-28	
	14	铁道部关于实施铁路突发公共事件应急预案的决定	应急预案	铁道部（已撤销）	2005	
	15	铁路突发公共卫生事件应急处理办法和铁路突发公共卫生事件应急处理预案	公共卫生	铁道部（已撤销）	2003	
	16	铁路企业伤亡事故处理规则	铁路管理	铁道部（已撤销）	2002-01-31	

续表

类别	序号	名称	领域	发布部门及文号	发布时间	专门规制高速铁路安全条文
其他规范性文件	17	铁路行车事故处理规则	铁路安全	铁道部（已撤销）	2000-04-28	
	18	铁道部关于发布《铁路消防管理办法》的通知	铁路安全	铁道部（已撤销）	2000-03-13	
	19	"九五"铁路改革规划要点	铁路安全	铁道部（已撤销）	1996-11-04	
	20	关于修改《铁路行车事故处理规则》的通知	铁路安全	铁道部（已撤销）	1990-05-24	
	21	铁路机车零、部件无损探伤规则	铁路安全	铁道部（已撤销）	1987-07-11	
	22	铁路局关于印发《铁路安全生产约谈实施办法（试行）》的通知	安全生产	国家铁路局	2018-10-18	
	23	国家铁路局关于开展铁路汛期安全监督检查的通知	铁路安全	国家铁路局	2016-03-31	全部
	24	铁路安全生产违法行为公告办法	铁路安全	国家铁路局	2015-06-02	
	25	铁路牵引供电设备生产企业审批实施细则	铁路设备	国家铁路局	2014-02-21	
	26	铁路技术安全规程	技术规程	交通运输部	2017-07-26	
	27	安徽省人民政府关于保障阜六电气化铁路安全的通告	铁路安全	安徽省人民政府	2013-11-20	
	28	安徽省人民政府关于保障京沪高速电气化铁路安全的通告	铁路安全	安徽省人民政府	2011-03-23	
	29	关于维护高速铁路运营安全的通告	铁路运营	广东省人民政府	2010-05-17	全部
	30	安徽省人民政府关于保障沪汉蓉通道区段电气化铁路安全的通告	铁路安全	安徽省人民政府	2010-12-23	
	31	安徽省人民政府关于保障京九线电气化铁路安全的通告	铁路安全	安徽省人民政府	2009-12-11	
	32	西藏自治区人民政府关于确保青藏铁路安全畅通的公告	铁路安全	西藏自治区人民政府	2006-02-22	
	33	陕西省人民政府关于确保铁路设施安全的通知	铁路管理	陕西省人民政府	2002-07-05	
	34	吉林省人民政府关于修改《吉林省保护森林铁路安全的若干规定》的决定	铁路安全	吉林省人民政府	1997-12-25	
	35	自治区人民政府办公厅关于做好我区高速铁路护路联防工作的实施意见	铁路管理	宁夏回族自治区人民政府办公厅	2018-05-30	全部

续表

类别	序号	名称	领域	发布部门及文号	发布时间	专门规制高速铁路安全条文
其他规范性文件	36	河北省安全生产监督管理局关于做好铁路安全保卫工作的通知	铁路安全	河北省安全生产监督管理局	2014-05-19	
	37	江苏省政府办公厅关于及时清理铁路沿线危险树木严防发生铁路安全事故的通知	铁路安全	江苏省人民政府办公厅	2013-07-09	
	38	关于保障电气化铁路安全的通告	铁路安全	江苏省交通厅	2008-04-01	
	39	江苏省人民政府办公厅转发省铁路办等部门关于进一步加强全省合资地方铁路安全生产工作意见的通知	铁路安全	江苏省人民政府办公厅	2002-11-06	
	40	甘肃省人民政府办公厅关于维护铁路运输秩序确保铁路运输安全畅通的通知	铁路管理	甘肃省人民政府办公厅	2002-01-29	
	41	广东省人民政府办公厅关于设置广深准高速铁路安全隔离栏栅的通告	铁路安全	广东省人民政府办公厅	1994-09-27	全部
	42	大连市人民政府关于加强大连金窑复线铁路安全保护区管理的通告	铁路管理	大连市人民政府	2018-12-11	
	43	济南市人民政府关于划定辖区京沪高速铁路线路安全保护区的通告	铁路线路	济南市人民政府	2016-04-20	
	44	丹东市人民政府关于加强丹大快速铁路安全保护的通告	铁路安全	丹东市人民政府	2015-11-02	
	45	丹东市人民政府关于加强沈丹客运专线铁路安全保护的通告	铁路安全	丹东市人民政府	2015-07-20	
	46	黑河市人民政府关于进一步加强黑河市地方铁路护路和铁路道口看护工作的通知	铁路管理	黑河市人民政府	2010-04-26	
	47	昆明市人民政府关于加强路政管理维护铁路安全的通告	铁路安全	昆明市人民政府	1984-06-04	
	48	眉山市人民政府办公厅关于印发眉山市铁路沿线环境治理工作方案的通知	铁路管理	眉山市人民政府办公厅	2019-07-22	
	49	雅安市人民政府办公厅关于印发雅安市铁路沿线环境治理工作实施方案的通知	铁路管理	雅安市人民政府办公厅	2019-06-19	
	50	厦门市人民政府办公厅关于印发厦门市铁路沿线环境综合整治专项行动方案的通知	铁路管理	厦门市人民政府办公厅	2018-09-30	

续表

类别	序号	名称	领域	发布部门及文号	发布时间	专门规制高速铁路安全条文
其他规范性文件	51	莆田市涵江区人民政府办公室关于印发涵江区铁路沿线环境综合整治专项行动方案的通知	铁路管理	莆田市涵江区人民政府办公室	2018-12-13	
	52	耒阳市人民政府办公室关于印发《耒阳市铁路安全事故应急预案》的通知	铁路安全	耒阳市人民政府办公室	2013-11-05	
	53	葫芦岛市人民政府办公厅关于开展全市地方铁路安全生产综合整治工作的通知	铁路安全	葫芦岛市人民政府办公厅	2006-11-27	
	54	北京市公安局关于加强城市铁路安全的通告	铁路安全	北京市公安局	2002-09-06	

从法律层面分析，20世纪80年代初起草的《中华人民共和国铁路法》（以下简称《铁路法》）解决的重点问题就是铁路运输安全问题。1990年9月7日，全国人民代表大会常务委员会会议通过了《铁路法》，第四章就是"铁路安全"，用了近1/4的篇幅规范铁路安全行为。该法以保障铁路运输和铁路建设的顺利进行为宗旨，用两章三十条规范铁路安全行为和法律责任，其中明确了与铁路相关的重要企业和部门（包括铁路运输企业、铁路公安机关和电力主管部门）各自的重要职责，维护铁路治安秩序，确保铁路运输安全。该法对维护铁路安全的各个方面进行了综合性规定，对铁路运输安全有序进行做出了突出性贡献。

除《铁路法》之外，2002年6月29日，中华人民共和国第九届全国人民代表大会常务委员会第二十八次会议通过并公布了《中华人民共和国安全生产法》（以下简称《安全生产法》）。该法以加强安全生产工作，防止和减少生产安全事故，保障人民群众生命和财产安全为宗旨，明确规定安全生产工作应当以人为本，坚持安全发展，坚持安全第一、预防为主、综合治理的方针，做到管行业必须管安全、管业务必须管安全、管生产经营必须管安全。其中详细规定了生产经营单位以及安全生产管理机构和安全生产管理人员的具体职责；区分了从业人员的安全生产权利和义务；强调安全生产的监督管理；倡导国家为加强生产安全事故应急能力建设，在重点行业、领域建立应急救援基地和应急救援队伍；鼓励生产经营单位和其他社会力量建立应急救援队伍，配备相应的应急救援装备和物资，提高应急救援的专业化水平；规定国务院安全生产监督管理部门建立全国统一的生产安全事故应急救援信息系统，国务院有关部门建立健全相关行业、领域的生产安全事故应急救援信息系统。这些原则性的规定同样也需要在保护铁路安全方面得以有效地实现。

从行政法规的层面分析，1989年8月15日，国务院颁布了《铁路运输安全保护条例》，这是全国第一个在交通运输方面的专门性安全管理法规，对铁路线路安全、运营安全、道口安全、运输工具安全等做出了规范。2004年，国务院根据我国现实情况和铁路发展的需要，对1989年的《铁路运输安全保护条例》进行了全面修改，明确了各级人民政府、公安机关和铁路运输企业等主体负有维护铁路正常运行的义务，任何单位和个人都应当保护铁路运输设施、设备、铁路标志及铁路用地，进一步区分了铁路线路安全和铁路运营安全，明确规定社会公众维护铁路安全的义务。

为了保障铁路运输安全和畅通，及时有效处理铁路交通事故，国务院于2007年又发布了《铁路交通事故应急救援和调查处理条例》。该条例坚持以人为本，为建设和谐铁路提供法治保障。铁路交通事故的应急救援和调查处理直接关系广大人民群众的切身利益。国务院通过行政法规的形式，明确事故救援和调查处理主体，规范事故相关各方行为；要求铁路运输企业加强日常安全管理，减少或避免事故的发生，以维护国家和广大人民群众的根本利益。如条例第十八条："事故发生后，列车司机或运转车长应当立即停车，采取紧急处置措施；对无法处置的，应当立即报告临近车站、列车调度员进行处置"，将立即停车作为事故发生后列车司机和运转车长的法定职责。停车后，列车司机和运转车长应采取紧急处置措施，包括：对事故受伤人员临时包扎等紧急施救措施；立即排除设备故障或险情；尽快恢复列车运行等。又如第三十条："事故责任和有关人员应当认真吸取事故教训，落实整改和防范措施，防范事故再发生。"明确要求事故责任单位及人员要采取整改措施，防止事故的再次发生。该条例全文共41条，涉及铁路交通事故应急救援和调查处理的各方面、各环节，主要包括适用范围，对事故等级类别和分类标准做出了新的规定，规定了事故报告的法定职责，确立了事故应急救援制度，规范了铁路交通事故赔偿的有关问题。

2013年3月，国务院发布《国务院机构改革和职能转变方案》，对原铁道部进行重组，实行铁路政企分开，由交通运输部统筹规划铁路、公路、水路、民航发展，加快推进综合交通运输体系建设。在此基础上组建国家铁路局，由交通运输部管理，承担铁道部的其他行政职责，负责拟订铁路技术标准，监督管理铁路安全生产、铁路工程质量和运输服务质量等。另外还组建了中国铁路总公司，承担原铁道部的企业职责，负责铁路运输统一调度指挥，经营铁路客货运输业务，承担铁路安全生产主体责任等。

同年，国务院公布《铁路安全管理条例》并同时废止了《铁路运输安全保护条例》，为了确保铁路安全，其增加和修订补充了五个方面的重要安全制度和措施。一是新设了铁路建设质量安全制度，明确规定了铁路建设各参与方的质量安全责任，规定铁路建设工程的勘察、设计、施工、监理应当遵守法律、行政法规。关于建设工程质量和安全管理的规定，执行国家标准、行业标准和技术规范，并对勘察、设计、施工的质量负责，建设单位应当对建设工程的质量安全进行监督检查，制作检查记录留存备查；二是增加了高速铁路安全保障制度，为保证高速铁路工程地质勘查质量，规定对高速铁路建设实行工程地质勘查监理制度，为确保高速铁路运行安全，明确了高速铁路安全保护区的范围，并要求设计开行速度每小时120千米以上列车的铁路实行全封闭管理，规定高速铁路200米范围内禁止抽取地下水，在此范围外的地面沉降区域，抽取地下水危及高速铁路安全的，应当设置地下水禁止开采区域或者限制开采区；三是制定了铁路缺陷产品召回制度，规定对存在安全性缺陷的铁路机车车辆及其他专用设备实行召回制度，由设备制造者负责召回缺陷产品、消除缺陷；四是建立了电气化铁路安全保障制度，对铁路运输用电保障以及防止超标准排放大气污染物危及电力接触网安全作了专门规定；五是增加了禁止干扰铁路运营指挥调度无线电频率正常使用，保障铁路无线电指挥调度系统安全畅通的相关规定。

综上所述，经过几十年的努力，铁路运输系统基本建立了由法律、行政法规、部门规章、地方性法规、地方政府规章以及其他规范性文件组成的相对完善的普速铁路安全保护法律体系。

第二节 道路运输安全立法梳理

随着社会的不断发展，道路交通得到了快速发展，道路交通立法也逐渐完善,尤其是道路运输交通安全立法,已经建立了相对完善的法律体系。经过梳理,目前关于道路运输安全现行有效的法律主要有2部,行政法规2部,地方性法规18部,其他规范性文件上百部。自《中华人民共和国道路交通安全法》(以下简称《道路交通安全法》)实施以来,已经经过了两次修改,并逐步完善。在规制道路交通安全方面,除《道路交通安全法》之外,从国家立法层面看,还有《公路法》和《道路运输条例》,以及由交通运输部发布的各方面关于道路运输安全的通知等政策性文件。在地方立法层面,各省根据不同的背景和实际要求发布了大量地方性法规、规章以及规范性文件。各省的交通安全法规标准体系逐步构建起了以宪法为基础,以交通安全法律为龙头,交通安全行政法规和部门规章为主体,以地方性法规及政府规章、技术标准为补充的立法系统。详情参见表6。

表6　　　　　　　　　　道路运输安全立法梳理

类别	序号	标题	发布机关	发布时间	时效性
法律	1	中华人民共和国公路法	全国人民代表大会常务委员会	2017-11-04	现行有效
	2	中华人民共和国道路交通安全法	全国人民代表大会常务委员会	2011-04-22	现行有效
行政法规	1	中华人民共和国道路运输条例	国务院	2016-02-06	现行有效
	2	中华人民共和国道路交通安全法实施条例	国务院	2017-10-7	现行有效
地方性法规	1	黑龙江省道路运输条例	黑龙江省人民代表大会常务委员会	2016-06-17	现行有效
	2	四川省道路运输条例	四川省人民代表大会常务委员会	2014-07-30	现行有效
	3	云南省道路运输条例	云南省人民代表大会常务委员会	2014-07-27	现行有效
	4	广东省道路运输条例	广东省人民代表大会常务委员会	2013-11-21	现行有效
	5	江苏省道路运输条例	江苏省人民代表大会常务委员会	2012-11-29	现行有效
	6	重庆市道路运输管理条例	重庆市人民代表大会常务委员会	2013-09-25	现行有效
	7	四川省道路运输管理条例	四川省人民代表大会常务委员会	2012-07-27	现行有效

续表

类别	序号	标题	发布机关	发布时间	时效性
地方性法规	8	青海省道路运输管理条例	青海省人民代表大会常务委员会	2011-11-24	现行有效
	9	山西省道路运输条例	山西省人民代表大会常务委员会	2010-09-29	现行有效
	10	广西壮族自治区道路运输管理条例	广西壮族自治区人民代表大会常务委员会	2010-09-29	现行有效
	11	湖南省道路运输条例	湖南省人民代表大会常务委员会	2009-09-27	现行有效
	12	北京市道路运输条例	北京市人民代表大会常务委员会	2009-07-25	现行有效
	13	河南省道路运输条例	河南省人民代表大会常务委员会	2007-12-03	现行有效
	14	内蒙古自治区道路运输条例	内蒙古自治区人民代表大会常务委员会	2007-11-30	现行有效
	15	广西壮族自治区道路运输管理条例	广西壮族自治区人民代表大会常务委员会	2007-03-29	现行有效
	16	西藏自治区道路运输条例	西藏自治区人民代表大会常务委员会	2007-03-28	现行有效
	17	吉林省道路运输条例	吉林省人民代表大会常务委员会	2006-09-29	现行有效
	18	浙江省道路运输管理条例	浙江省人民代表大会常务委员会	2005-09-30	现行有效
地方政府规章	1	安徽省道路运输安全违法行为处罚处分办法	安徽省人民政府	2009-02-09	现行有效
部门规章	1	道路交通安全违法行为处理程序规定	公安部	2008-12-20（2020修正）	现行有效
其他规范性文件	1	交通运输部关于贯彻落实国务院领导批示精神做好国庆长假道路运输安全工作的紧急通知	交通运输部	2016-09-30	现行有效
	2	交通运输部关于进一步加强当前道路运输安全管理工作的通知	交通运输部	2016-04-28	现行有效
	3	关于切实抓好春运后道路运输安全管理工作的通知	交通运输部	2012-02-20	现行有效

续表

类别	序号	标题	发布机关	发布时间	时效性
其他规范性文件	4	关于加强道路运输安全生产工作的通知	交通运输部	2001-03-30	现行有效
	5	交通运输部办公厅、公安部办公厅、应急管理部办公厅关于印发《道路运输安全生产工作计划（2018—2020年）》的通知	交通运输部办公厅；公安部办公厅；应急管理部办公厅	2018-06-13	现行有效
	6	交通运输部办公厅关于印发危险货物道路运输安全监管系统省级工程建设指南的通知	交通运输部办公厅	2018-05-21	现行有效
	7	交通运输部办公厅关于加强危险货物道路运输安全监管系统建设工作的通知	交通运输部办公厅	2017-03-14	现行有效
	8	交通运输部、公安部、国家安全监管总局关于进一步加强道路运输安全管理工作的通知	交通运输部；公安部；国家安全生产监督管理总局	2016-12-08	现行有效
	9	关于切实加强道路运输安全生产工作的紧急通知	交通运输部；国家安全生产监督管理总局	2011-03-22	现行有效
	10	关于加强危险化学品道路运输安全管理的紧急通知	国家安全生产监督管理总局	2006-06-23	现行有效
	11	关于印发《苏浙沪危险化学品道路运输安全监管联控机制协调会议纪要》的通知	国家安全生产监督管理总局	2006-10-11	现行有效
	12	陕西省环境保护厅、陕西省交通运输厅关于印发《陕西省非经营性放射性物品道路运输安全管理办法（试行）》的通知	陕西省环境保护厅；陕西省交通运输厅	2016-10-08	现行有效
	13	湖南省安全生产委员会办公室关于立即开展危险物品道路运输安全专项整治和监管执法行动的紧急通知	湖南省安全生产委员会办公室	2016-03-22	现行有效
	14	重庆市涪陵区交通委员会印发《关于开展全区道路运输安全专项整治行动方案》的通知	重庆市涪陵区交通委员会	2016-09-01	已失效
	15	关于进一步加强危险化学品道路运输安全监管的通知	新疆维吾尔自治区安全生产委员会办公室	2016-12-15	现行有效
	16	关于印发《河北省危险化学品道路运输安全专项治理工作方案》的通知	河北省安全生产委员会办公室	2015-02-11	现行有效

第四章　高速铁路安全立法梳理及比较分析

续表

类别	序号	标题	发布机关	发布时间	时效性
其他规范性文件	17	上海市人民政府办公厅转发市交通委等四部门《关于进一步加强本市危险化学品道路运输安全监管工作实施意见》的通知	上海市人民政府办公厅	2015-08-27	现行有效
	18	转发《省安委会关于开展道路运输安全集中专项整治行动督查工作的通知》	吉林省工商行政管理局	2014-09-12	现行有效
	19	关于开展全省校车安全"打非治违"行动和道路运输安全专项督查工作的通知	吉林省教育厅	2014-09-09	现行有效
	20	上海市交通港口局、上海市建设交通委、上海市公安局、上海市经济信息化委员会关于加强本市大型物件道路运输安全管理的通告	上海市交通运输和港口管理局；上海市城乡建设和交通委员会；上海市公安局；上海市经济和信息化委员会	2013-02-20	现行有效
	21	转发交通运输部《关于切实抓好春运后道路运输安全管理工作的通知》	内蒙古自治区交通运输厅	2012	现行有效
	22	重庆市人民政府安全生产委员会办公室关于进一步加强危险化学品道路运输安全管理的通知	重庆市人民政府安全生产委员会办公室	2012-08-27	现行有效
	23	天津市危险化学品道路运输安全监管联动机制实施工作方案	天津市安全生产监督管理局；天津市公安局；天津市交通运输和港口管理局	2011-05-26	现行有效
	24	关于转发《切实加强道路运输安全生产工作的紧急通知》	江西省交通运输厅；江西省安全生产监督管理局	2011-04-08	现行有效
	25	贵州省公安机关民用爆炸物品道路运输安全监督管理工作规范	贵州省公安厅	2011	现行有效
	26	转发《关于切实加强道路运输安全生产工作的紧急通知》	新疆维吾尔自治区安全生产监督管理局	2011-04-12	现行有效
	27	关于认真贯彻落实省领导讲话精神加强全省道路运输安全工作的通知	江西省交通运输厅	2010-11-25	现行有效
	28	关于切实加强道路运输安全管理工作的紧急通知	湖南省交通运输厅	2010-03-18	现行有效

续表

类别	序号	标题	发布机关	发布时间	时效性
其他规范性文件	29	关于印发贵州省道路运输安全生产检查方案的通知	贵州省公路运输管理局	2009-09-10	现行有效
	30	山西省人民政府办公厅关于转发《全省道路运输安全生产专项整治工作方案》的通知	山西省人民政府办公厅	2009-01-13	现行有效
	31	关于认真抓好当前道路运输安全生产工作的紧急通知	湖南省交通厅	2009	现行有效
	32	关于印发贵州省道路运输安全生产三项行动实施方案的通知	贵州省公路运输管理局	2009-05-18	现行有效
	33	关于加强夏季危险化学品道路运输安全管理的通知	上海市安全生产监督管理局；上海市公安局；上海市交通港口局	2009-06-22	现行有效
	34	省政府办公厅转发省交通厅等部门关于安装使用汽车行驶安全监控系统进一步加强道路运输安全管理工作意见的通知	江苏省人民政府办公厅	2008-12-30	现行有效
	35	关于印发黑龙江省道路运输安全生产标准化企业考核评级实施办法的通知	黑龙江省交通厅	2008-04-22	现行有效
	36	云南省安全生产委员会办公室关于切实加强危险化学品道路运输安全监管的紧急通知	云南省安全生产委员会办公室	2008-02-22	现行有效
	37	关于印发全省水上交通和道路运输安全督查实施方案的通知	湖南省交通厅	2007-09-14	现行有效
	38	市安全生产监管局、市公安局、市交通局关于切实加强夏季危险化学品道路运输安全管理的通知	上海市安全生产监督管理局；上海市公安局；上海市交通局	2007-06-14	现行有效
	39	上海市安全生产监管局、上海市公安局等关于加强夏季危险化学品道路运输安全管理的通知	上海市安全生产监督管理局；上海市公安局	2006-06-02	现行有效
	40	黑龙江省交通厅关于加强道路运输安全管理、保障畅通的紧急通知	黑龙江省交通厅	2005-11-23	现行有效
	41	上海市交通局关于加强夏季危险化学品道路运输安全管理工作的通知	上海市交通局	2005-07-07	现行有效
	42	河南省人民政府办公厅关于转发省公安厅等部门河南省危险化学品道路运输安全专项整治方案的通知	河南省人民政府办公厅	2005-05-24	现行有效

续表

类别	序号	标题	发布机关	发布时间	时效性
其他规范性文件	43	四川省人民政府办公厅转发省交通厅省安全生产委员会办公室关于进一步加强道路运输安全源头管理意见的通知	四川省人民政府办公厅	2001-09-07	现行有效
	44	丹东市人民政府关于印发丹东市危险化学品道路运输安全管理办法的通知	丹东市人民政府	2015-09-29	现行有效
	45	关于加强危险化学品道路运输安全管理的通告	乌鲁木齐市人民政府	2014-10-28	现行有效
	46	关于印发黄山市危险化学品道路运输安全管理暂行办法的通知	黄山市人民政府	2009-09-24	现行有效
	47	宁波市人民政府关于加强危险化学品道路运输安全管理的通告	宁波市人民政府	2004-08-02	现行有效
	48	沧州市人民政府办公室关于进一步严格危险货物道路运输安全管理工作的意见	沧州市人民政府办公室	2016-03-21	现行有效
	49	凤城市人民政府办公室关于印发凤城市危险化学品道路运输安全管理规定的通知	凤城市人民政府办公室	2015-05-11	现行有效
	50	南平市交通运输局转发《交通运输部党组成员运输司司长刘小明在2015年一季度全国道路运输安全生产形势分析工作会议上讲话》的通知	南平市交通运输局	2015-02-13	现行有效
	51	关于印发危险化学品道路运输安全专项整治实施方案的通知	东营市人民政府安全生产委员会办公室	2013-09-22	现行有效
	52	南平市交通运输局转发《关于进一步加强危险货物道路运输安全管理工作的紧急通知》	南平市交通运输局	2013-02-28	现行有效
	53	关于加强春运期间雨雪天气道路运输安全防范工作的紧急通知	武汉市交通运输委员会	2012-01-21	现行有效
	54	关于切实做好春节及春运期间道路运输安全生产工作的通知	淮南市公路运输管理处	2012-01-06	现行有效
	55	曲阜市交通运输局关于印发《全市道路运输安全生产集中整顿实施方案》的通知	曲阜市交通运输局	2011-08-25	现行有效
	56	济源市人民政府办公室关于严格落实道路运输安全隐患整治工作的通知	济源市人民政府办公室	2011-08-04	现行有效

续表

类别	序号	标题	发布机关	发布时间	时效性
其他规范性文件	57	长沙市人民政府办公厅关于加强烟火药黑火药引火线等烟花爆竹原材料道路运输安全管理工作的意见	长沙市人民政府办公厅	2011-04-29	现行有效
	58	重庆市黔江区人民政府办公室关于印发黔江区客运企业客运站场道路运输安全联席会议制度的通知	重庆市黔江区人民政府办公室	2010-09-27	现行有效
	59	关于做好元旦、春节及春运期间道路运输安全生产工作的通知	淮南市公路运输管理处	2010-12-31	现行有效
	60	邵武市运输管理所关于加强中秋国庆期间道路运输安全工作的通知	邵武市运输管理所	2010-09-17	现行有效
	61	运城市人民政府办公厅转发市交通运输局《关于继续开展道路运输安全专项整治等三项实施方案》的通知	运城市人民政府办公厅	2010-09-09	现行有效
	62	关于加强全市公路工程施工和道路运输安全责任落实的通知	伊春市交通局	2010-05-13	现行有效
	63	关于切实做好上海世博会道路运输安全保障工作的通知	淮南市公路运输管理处	2010-04-16	现行有效
	64	关于进一步加强春运道路运输安全工作的通知	淮南市公路运输管理处	2010-01-25	现行有效
	65	全市道路运输安全生产专项整治工作方案	运城市人民政府办公厅	2009-02-18	现行有效
	66	关于印发《东莞市危险化学品道路运输安全管理办法（试行）》的通知	东莞市人民政府办公室	2009-07-16	现行有效
	67	关于开展全市道路运输安全专项整治活动的紧急通知	沈阳市交通局	2009-06-15	现行有效
	68	市政府办公室转发市交通局等部门关于安装使用汽车行驶安全监控系统进一步加强道路运输安全管理工作实施意见的通知	徐州市人民政府办公室	2009-04-21	现行有效
	69	晋中市人民政府办公厅关于转发市交通局《晋中市道路运输安全生产专项整治等三项工作方案》的通知	晋中市人民政府办公厅	2009-03-25	现行有效

续表

类别	序号	标题	发布机关	发布时间	时效性
其他规范性文件	70	古交市人民政府办公厅关于转发《道路运输安全生产专项整治工作方案》的通知	古交市人民政府办公厅	2009-03-25	现行有效
	71	长治市人民政府办公厅关于转发《全市道路运输安全生产专项整治工作方案》的通知	长治市人民政府办公厅	2009-03-13	现行有效
	72	太原市人民政府办公厅转发市交通局关于道路运输安全生产专项整治工作方案的通知	太原市人民政府办公厅	2009-03-11	现行有效
	73	临汾市人民政府办公厅关于印发全市道路运输安全生产专项整治工作方案的通知	临汾市人民政府办公厅	2009-03-01	现行有效
	74	晋城市人民政府办公厅关于印发《晋城市危险货物道路运输安全管理办法》的通知	晋城市人民政府办公厅	2008-08-12	现行有效
	75	温州市运管处关于印发2008年度道路运输安全生产目标管理考核指标和考核办法的通知	温州市公路运输管理处	2008-05-13	现行有效
	76	市政府办公室关于转发市安委会《全市危险化学品道路运输安全专项整治方案》的通知	南通市人民政府办公室	2005-07-27	现行有效
	77	许昌市人民政府办公室关于转发市公安局等部门《许昌市危险化学品道路运输安全专项整治方案》的通知	许昌市人民政府办公室	2005-07-13	现行有效
	78	鹤壁市人民政府办公室关于转发市公安局等部门《鹤壁市危险化学品道路运输安全专项整治方案》的通知	鹤壁市人民政府办公室	2005-07-10	现行有效
	79	开封市人民政府办公室关于转发市公安局等部门开封市危险化学品道路运输安全专项整治方案的通知	开封市人民政府办公室	2005-07-01	现行有效
	80	关于转发市公安局等部门《濮阳市危险化学品道路运输安全专项整治方案》的通知	濮阳市人民政府办公室	2005-06-29	现行有效
	81	黔东南州人民政府办公室关于印发黔东南州危险化学品道路运输安全整治工作方案的通知	黔东南苗族侗族自治州人民政府办公室	2005-05-10	现行有效

续表

类别	序号	标题	发布机关	发布时间	时效性
其他规范性文件	82	巴中市交通运输局公路运输管理局关于加强国庆期间道路运输安全生产工作的紧急通知	巴中市交通运输局公路运输管理局		现行有效
	83	岳阳市云溪区人民政府办公室关于印发《岳阳市云溪区危险化学品道路运输安全专项整治行动工作方案》的通知	岳阳市云溪区人民政府办公室	2017-06-13	现行有效
	84	关于印发《2014年度道路运输安全生产暨应急管理工作意见》的通知	巴中市平昌县公路运输管理所	2014	现行有效
	85	关于印发《2014年道路运输安全管理工作要点》的通知	巴中市平昌县公路运输管理所	2014	现行有效
	86	关于认真做好清明、五一期间的道路运输安全生产工作的通知	巴中市平昌县公路运输管理所	2014	现行有效
	87	关于认真做好2014年汛期道路运输安全生产工作的通知	巴中市平昌县公路运输管理所	2014	现行有效
	88	关于认真做好暑运期间道路运输安全生产工作的通知	巴中市平昌县公路运输管理所	2014	现行有效
	89	关于印发加强"平安交通"建设集中整治道路运输安全生产若干问题的实施方案的通知	巴中市平昌县公路运输管理所	2014	现行有效
	90	关于加强恶劣天气下的道路运输安全工作的紧急通知	巴中市平昌县公路运输管理所	2014	现行有效
	91	郴州市宜章县道路运输管理所道路运输安全生产大检查活动实施方案	郴州市宜章县道路运输管理所	2014	现行有效
	92	三明市宁化县交通运输局关于进一步加强高温天气道路运输安全工作的通知	三明市宁化县交通运输局	2013-08-16	现行有效
	93	重庆市涪陵区道路运输管理处关于加强2013年中秋、国庆节期间道路运输安全工作的通知	重庆市涪陵区道路运输管理处	2013-09-16	现行有效
	94	重庆市涪陵区人民政府荔枝街道办事处关于转发《重庆市涪陵区安全生产监督管理局关于加强非煤矿山道路运输安全工作的通知》的通知	重庆市涪陵区人民政府荔枝街道办事处	2012-11-27	现行有效

续表

类别	序号	标题	发布机关	发布时间	时效性
其他规范性文件	95	重庆市涪陵区安全生产监督管理局关于加强非煤矿山道路运输安全工作的通知	重庆市涪陵区安全生产监督管理局	2012-11-21	现行有效
	96	重庆市涪陵区道路运输管理处关于转发市局《关于巫溪"6·14"事故通报暨加强汛期和暑期道路运输安全管理的紧急通知》的通知	重庆市涪陵区道路运输管理处	2011-06-16	现行有效
	97	重庆市涪陵区道路运输管理处关于开展道路运输安全生产和应急双基建设活动的通知	重庆市涪陵区道路运输管理处	2010-09-26	现行有效
	98	重庆市涪陵区道路运输管理处关于认真做好2010年春运期间道路运输安全工作的通知	重庆市涪陵区道路运输管理处	2010-01-25	现行有效
	99	湖州市南浔区安全生产监督管理局转发省、市安全监管局《关于认真落实苏浙沪危险化学品道路运输安全监管联控协议工作的通知》的通知	湖州市南浔区安全生产监督管理局	2010-04-16	现行有效
	100	大同市左云县人民政府办公室关于转发《全县道路运输安全生产专项整治工作方案》的通知	大同市左云县人民政府办公室	2009-02-07	现行有效
	101	重庆市涪陵区道路运输管理处关于做好今冬明春冰雪恶劣气候条件下的道路运输安全工作的通知	重庆市涪陵区道路运输管理处	2009-12-24	现行有效
	102	重庆市涪陵区道路运输管理处关于认真开展道路运输安全大排查大整治大执法工作的通知	重庆市涪陵区道路运输管理处	2009-08-10	现行有效
	103	重庆市涪陵区道路运输管理处关于认真做好2009年春运期间道路运输安全工作的通知	重庆市涪陵区道路运输管理处	2009-01-04	现行有效
	104	重庆市涪陵区道路运输管理处关于认真做好2008年国庆期间道路运输安全工作的通知	重庆市涪陵区道路运输管理处	2008-09-22	现行有效
	105	文山州人民政府办公室转发省政府办公厅关于切实加强道路运输安全生产工作文件的通知	文山州人民政府办公室	2006-08-17	现行有效
	106	关于印发加强道路运输安全生产监督管理工作的意见的通知	交通部	2002-08-03	已失效

续表

类别	序号	标题	发布机关	发布时间	时效性
其他规范性文件	107	关于进一步严格规范当前烟花爆竹道路运输安全监管工作的紧急通知	浙江省公安厅	2007-02-14	已失效
	108	黔东南苗族侗族自治州人民政府办公室关于加强道路运输安全管理工作的通知	黔东南苗族侗族自治州人民政府办公室	2006-11-23	已失效
	109	郴州市宜章县道路运输管理所关于开展坚决纠正道路运输安全生产方面损害群众利益行为专项治理工作方案	郴州市宜章县道路运输管理所	2014	已失效
	110	2014年宜章县道路运输安全生产"打非治违"专项行动工作方案	郴州市宜章县道路运输管理所	2014	已失效
	111	驻马店市人民政府办公室关于印发驻马店市道路运输安全百日整治活动方案的通知	驻马店市人民政府办公室	2014-12-24	已失效
	112	关于印发《雁峰区开展危险化学品道路运输安全专项整治和监管执法行动方案》的通知	衡阳市雁峰区安全生产委员会办公室	2016-03-31	已失效
	113	宁波市危险化学品道路运输安全管理规定	宁波市人民政府	2007-08-28	已失效
	114	关于转发《安徽省道路运输安全违法行为处罚处分办法》的通知	合肥市交通运输局	2009-03-11	已失效
	115	湘潭市人民政府办公室转发《湖南省人民政府办公厅关于进一步加强春运期间道路运输安全工作的紧急通知》的通知	湘潭市人民政府办公室	2003-01-25	已失效
	116	关于做好春节及春运期间道路运输安全生产工作的通知	巴中市平昌县公路运输管理所		已失效
	117	关于印发《2010年全市道路运输安全工作要点》的通知	常德市道路运输管理处	2010-04-11	已失效
	118	关于进一步加强危险化学品道路运输安全工作的通知	广西壮族自治区安全生产监督管理局；广西壮族自治区公安厅；广西壮族自治区交通运输厅；广西壮族自治区环境保护厅；广西壮族自治区质量技术监督局	2010-08-18	已失效

续表

类别	序号	标题	发布机关	发布时间	时效性
其他规范性文件	119	关于转发《进一步加强全省危险化学品道路运输安全监管的意见》的通知	江西省交通运输厅	2010-06-04	已失效
	120	浙江省安全生产监督管理局关于认真落实苏浙沪危险化学品道路运输安全监管联控协议相关工作的通知	浙江省安全生产监督管理局	2010-03-15	已失效
	121	汝南县人民政府办公室关于印发汝南县道路运输安全百日整治活动方案的通知	驻马店市汝南县人民政府办公室	2015-01-16	已失效
	122	关于印发《长春市地方道路运输管理局道路运输安全月实施方案》的通知	长春市地方道路运输管理局	2013	已失效
	123	海西州交通局2012年春运道路运输安全生产工作方案	海西蒙古族藏族自治州交通局	2012-01-16	已失效
	124	重庆市涪陵区道路运输管理处关于切实做好2011年国庆节期间道路运输安全工作的通知	重庆市涪陵区道路运输管理处	2011-09-26	已失效
	125	关于印发《上饶市开展道路运输安全专项整治工作方案》的通知	上饶市交通运输局	2011-09-03	已失效
	126	平舆县人民政府办公室关于印发平舆县道路运输安全百日整治活动方案的通知	驻马店市平舆县人民政府办公室	2015-01-15	已失效
	127	确山县人民政府办公室关于印发确山县道路运输安全百日整治活动方案的通知	驻马店市确山县人民政府办公室	2015-01-08	已失效
	128	梅列区交通局关于加强道路运输安全专项整治工作方案	三明市梅列区交通局	2004-07-20	已失效
	129	重庆市涪陵区道路运输管理处关于加强冬季道路运输安全工作的通知	重庆市涪陵区道路运输管理处	2011-12-08	已失效
	130	重庆市人民政府安全生产委员会关于印发道路运输安全生产打非治违专项行动实施方案的通知	重庆市人民政府安全生产委员会	2012-04-06	已失效
	131	关于切实加强危险化学品、烟花爆竹等易燃易爆物品道路运输安全监管工作的通知	江西省安全生产委员会	2010-12-07	已失效
	132	关于切实做好2009—2010年度冬季道路运输安全生产工作的通知	常德市交通运输管理处	2009-12-14	已失效

续表

类别	序号	标题	发布机关	发布时间	时效性
其他规范性文件	133	关于印发《危险化学品道路运输安全监管工作座谈会会议纪要》的通知	国家安全生产监督管理总局	2006-03-22	已失效
	134	关于转发《忻州市道路运输安全生产专项整治实施方案》的通知	忻州市人民政府办公厅	2009-03-16	已失效
	135	关于进一步规范道路运输安全评价的通知	日照市交通运输局		已失效

第三节 航空运输安全法律法规梳理

我国航空运输安全立法与其他运输方式相比最大的区别在于地方性法规较少，起主要作用的是法律和国务院及其各部门颁布的行政法规、部门规章及其他规范性文件。有关航空运输安全现行有效的法律主要有1部，即《中华人民共和国民用航空法》（以下简称《民用航空法》），行政法规6部，部门规章2部，其他规范性文件约有26部。航空法在调整航空活动领域的社会关系涉及范围较广，有国家对航空事业的宏观调控，国家主管部门对航空企业、航空人员的管理，还包括空中飞行、航空运输、航空保险、航空安全、航空犯罪、航空事故的调查和赔偿，等等。[①] 除《民用航空法》外，还有中国民用航空局、交通运输部等各级部门订立的专项法规，此外我国刑法中也有专门涉及航空安全的条文。在国际方面，我国先后签署、批准了20多个国际公约和议定书，并与80余个国家签订了双边航空运输协定，形成了相对完善的民用航空运输法律体系。详情请参见表7。

表7　　　　　　　　　航空运输安全立法梳理

类别	序号	标题	发布机关	发布时间	时效性
法律	1	中华人民共和国民用航空法	全国人大代表大会常务委员会	2017-11-04	现行有效

---

① 郝秀辉：《航空法律关系的思考与研究》，《中国民航学院学报》2004年第1期。

续表

类别	序号	标题	发布机关	发布时间	时效性
行政法规	1	民用机场管理条例	国务院	2009-04-13	现行有效
	2	通用航空飞行管制条例	国务院	2003-01-10	现行有效
	3	中华人民共和国飞行基本规则	国务院	2001-07-27	现行有效
	4	中华人民共和国民用航空安全保卫条例	国务院	1996-07-06（2011修订）	现行有效
	5	民用航空运输不定期飞行管理暂行规定	国务院	1989-03-02（2011修订）	现行有效
	6	中华人民共和国民用航空器适航管理条例	国务院	1987-05-04	现行有效
部门规章	1	民用航空安全管理规定	交通运输部	2018-02-13	现行有效
	2	民用航空安全信息管理规定	交通运输部	2016-03-04	现行有效
其他规范性文件	1	国务院批转中国民用航空局关于加强民用航空安全管理的意见的通知	国务院	1993-01-12	现行有效
	2	国务院关于保障民用航空安全的通知	国务院	1982-12-01	现行有效
	3	国家发展改革委关于调整民航科学技术研究院航空安全实验基地工程投资的批复	国家发展和改革委员会	2016-07-27	现行有效
	4	民用航空安全检查规则	交通运输部	2016-09-02	现行有效
	5	公共航空运输企业航空安全保卫规则	交通运输部	2016-04-21	现行有效
	6	民用航空运输机场航空安全保卫规则	交通运输部	2016-04-21	现行有效
	7	民用航空运输机场航空安全保卫规则	中国民用航空局	2013-07-16	现行有效
	8	公共航空运输企业航空安全保卫规则	中国民用航空局	2013-07-16	现行有效
	9	民用航空安全信息管理规定	中国民用航空总局	2009-12-23	现行有效
	10	民用航空安全检查设备的使用许可程序规定	中国民用航空总局公安局	2004-07-21	现行有效
	11	关于地方公安机关派驻机场的公安机构行使《中华人民共和国民用航空安全保卫条例》所列民航公安机关职权有关问题的通知	中国民用航空总局	1997-09-30	现行有效

续表

类别	序号	标题	发布机关	发布时间	时效性
其他规范性文件	12	中国民用航空总局关于贯彻实施《中华人民共和国民用航空安全保卫条例》有关问题的通知	中国民用航空总局	1996-11-01	现行有效
	13	劳动和社会保障部关于发布《民用航空安全检查人员定员定额》行业标准的通知	劳动和社会保障部	2002-03-08	现行有效
	14	制止在用于国际民用航空的机场发生的非法暴力行为以补充1971年9月23日订于蒙特利尔的制止危害民用航空安全的非法行为的公约的议定书	国际民用航空组织	1988-02-24	现行有效
	15	关于制止危害民用航空安全的非法行为的公约	国际民用航空组织	1971-09-23	现行有效
	16	安徽省人民政府办公厅关于加强通用航空安全监管工作的通知	安徽省人民政府办公厅	2015-07-23	现行有效
	17	中国民用航空天津市管理局、天津市公安局等关于加强通用航空安全管理的通告	中国民用航空天津市管理局；天津市公安局	2001-12-28	现行有效
	18	关于保护梅县机场航空安全的通告	梅州市人民政府	2012-07-28	现行有效
	19	珠海市人民政府关于保护珠海机场航空安全的通告	珠海市人民政府	2000-11-02	现行有效
	20	贵阳市人民政府关于保障民用航空安全的通告	贵阳市人民政府	1985-01-28	现行有效
	21	关于保护吐鲁番机场航空安全的通告	吐鲁番地区行政公署	2010-09-08	现行有效
	22	转发自治区安委办《关于进一步加强我区通用航空安全监管工作的通知》的通知	南宁市安全生产委员会办公室	2010-06-28	现行有效
	23	民用航空安全信息管理规定	中国民用航空总局	2007-03-15	已失效
	24	民用航空安全信息管理规定	中国民用航空总局	2005-03-07	已失效
	25	重庆江北国际机场及其航空安全管理规定	重庆市人民政府	2000-06-30	已失效
	26	中国民用航空安全检查规则	中国民用航空总局	1999-05-14	已失效

第四节 水路运输安全法律法规梳理

水路交通运输安全领域现行有效的法律主要有4部:《中华人民共和国港口法》(以下简称《港口法》)、《中华人民共和国海上交通安全法》(以下简称《海上交通安全法》)、《中华人民共和国航道法》(以下简称《航道法》)和《中华人民共和国海商法》(以下简称《海商法》),行政法规6部,部门规章1部,地方性法规4部,地方政府规章2部,其他规范性文件约8部。其中《港口法》对港口的规划、建设、维护、经营、管理及其相关活动进行了全面的规范,是我国水路运输法律体系中的"龙头法"。《港口法》的出台结束了我国港口行业长期以来无法可依的历史,填补了港口立法的空白。[1] 在水路运输安全领域还有多部行政法规,国务院依据《合同法》,参照《海商法》和相关国际公约的规定,颁布了《国内水路运输管理条例》,对国内水路货物运输的发展发挥了很好的规范作用。部分省市也结合上位法的要求,制定了适应地方发展的法规条例。中国水上运输以《港口法》《海上安全交通法》《国内水路运输管理条例》等,初步构建了自己的法律体系。这一体系不仅在航海安全、防止污染、便利运输、保护生态环境方面发挥了重要作用,而且与国际海事组织密切合作,做到了与国际接轨。具体详见表8。

表8 水路运输安全立法梳理

类别	序号	标题	发布机关	发布时间	时效性
法律	1	中华人民共和国港口法	全国人民代表大会常务委员会	2017-11-04	现行有效
	2	中华人民共和国海上安全交通法	全国人民代表大会常务委员会	2016-11-07	现行有效
	3	中华人民共和国航道法	全国人民代表大会常务委员会	2016-07-02	现行有效
	4	中华人民共和国海商法	全国人民代表大会常务委员会	1992-11-07	现行有效

---

[1] 叶红军:《我国水路运输法律体系中的一部"龙头法"——解读〈港口法〉》,《水路运输文摘》2003年第7期。

续表

类别	序号	标题	发布机关	发布时间	时效性
行政法规	1	中华人民共和国船舶和海上设施检验条例	国务院	2019-03-02	现行有效
	2	内河交通安全管理条例	国务院	2017-03-01	现行有效
	3	中华人民共和国国际海运条例	国务院	2016-02-06	现行有效
	4	国内水路运输管理条例	国务院	2012-10-13（2017修订）	现行有效
	5	中华人民共和国航道管理条例	国务院	2009-01-01	现行有效
	6	中华人民共和国航标条例	国务院	1995-12-03（2011修订）	现行有效
部门规章	1	国内水路运输管理规定	交通运输部	2014-01-03（2020修订）	现行有效
地方性法规	1	安徽省水路运输条例	安徽省人民代表大会常务委员会	2017-05-31	现行有效
	2	湖北省水路交通条例	湖北省人民代表大会常务委员会	2012-12-03	现行有效
	3	黑龙江省水路运输管理条例	黑龙江省人民代表大会常务委员会	2010-08-13	现行有效
	4	青岛市水路运输行业管理条例	青岛市人民代表大会常务委员会	2010-11-25	现行有效
地方政府规章	1	山东省水路运输安全管理办法	山东省人民政府	2004-07-15（2000修订）	现行有效
	2	甘肃省水路运输安全管理实施办法	甘肃省人民政府	1988-07-02	已被修正
其他规范性文件	1	关于开展珠江水系集中整治水路运输安全生产工作的通知	交通运输部珠江航务管理局	2014	
	2	关于认真做好2008年"十一"黄金周期间道路水路运输安全工作的通知	湖北省交通厅	2008-09-16	
	3	关于进一步做好北京奥运会期间全省道路水路运输安全生产工作的紧急通知	山西省交通厅	2008-07-15	
	4	关于加强元旦、春节期间道路、水路运输安全的通知	湖北省交通运输厅		
	5	关于进一步加强水路运输安全生产工作的通知	珠海市交通运输局	2009-12-07	

续表

类别	序号	标题	发布机关	发布时间	时效性
其他规范性文件	6	山东省关于加强水路运输安全管理的若干规定	山东省人民政府	1988-11-19	已失效
	7	关于印发东港市道路、水路运输安全生产专项整治工作实施方案的通知	东港市人民政府办公室	2006-08-02	
	8	武进区交通局上海世博会道路、水路运输安全保障工作实施意见	常州市武进区交通局	2010-01-19	

第五节 高速铁路安全法律法规梳理及问题比较分析

一 高速铁路安全法律法规梳理

目前，我国高速铁路安全治理主要依据一般铁路安全治理的法律法规，在国家层面还没有专门规制高速铁路安全的法律和行政法规。从行政法规层面分析，只有《铁路安全管理条例》中个别条文专门规制了高速铁路安全，如第十一条第三款建立了高速铁路工程地质勘查监理制度，第八十七条规定了相应法律责任；第十七条第四款规定了交叉优先上跨方案制度；第二十七条规定了高速铁路安全保护区制度；第三十五条规定了高速铁路周围地下水限采制度；第八十条第十四项规定了动车组列车上禁止吸烟制度。从部门规章层面分析，目前制定了《高速铁路安全防护管理办法》和《高速铁路基础设施运用状态检测管理办法》。

《高速铁路安全防护管理办法》的宗旨是加强高速铁路安全防护，防范铁路意外风险，保障高速铁路安全和畅通，维护人民生命财产安全。2020年5月13日，由交通运输部、公安部、自然资源部、生态环境部、住房城乡建设部、水利部、应急管理部联合发布，并将于2020年7月1日起开始施行。该办法共六章四十八条，从高铁线路安全防护、高铁设施安全防护、高铁运营安全防护、高铁监督管理等方面，着力推进高速铁路安全防护"四个体系"建设，发挥法治固根本、稳预期、利长远的保障作用。该办法明确：第一，建设政府部门依法监管、企业实施主动防范、社会力量共同参与的高铁安全责任体系，明确各方职责分工，推进共建共治共享；第二，建设协调配合、齐抓共管、联防联控的高速铁路沿线安全环境综合治理体系，明确线路安全防护，防范外来风险冲击；第三，建设技防、物防、人防三位一体的高铁安全保障体系，设好管好防护设施，筑牢安全坚固屏障；第四，建设预防为主、依法管理、综合治理的高速铁路安全风险防控体系，强化运营安全管理，护卫群众生命财产。

《高速铁路基础设施运用状态检测管理办法》明确了高速铁路基础设施状态检测的工作理念、指导思想、技术原则、建设要求，以及开展检测工作相关各方职责、检测项目及设备配置要求、检测数据分析与运用要求，等等。除《高速铁路安全防护管理办法》和《高速铁路基础设施运用状态检测管理办法》外，《铁路运输企业准入许可办法》第七条亦建立了高速铁路旅客运输企业负责人经历要求的制度。

从地方立法层面分析，一些地方政府已经率先突破，专门制定了高速铁路安全管理的地方性规章。云南省政府专门制定了《云南省高速铁路安全管理规定》，该规定明确了铁路的设计开行时速，并且结合当地的具体情况建立了高速铁路安全监管体制；界定了高速铁路安全保护区，清晰地指出在高速铁路安全保护区内的禁止行为和限制行为，同时规定了相应的法律责任；建立了高速铁路线路安全保护措施，根据高速铁路沿线的不同地形地貌的需求采取不同的保护方式，全方位地保证高速铁路沿线安全；其对车站和列车内的社会治安也规定了防控措施，明确了高速铁路沿线治安秩序由地方公安机关和铁路公安机关共同负责维护，车站和列车内的治安秩序由铁路公安机关负责维护的管理体制。

贵州省政府专门制定了《贵州省高速铁路安全管理规定》，该规定明确要求高速铁路沿线县级以上人民政府按照职责做好保障高速铁路安全的有关工作，加强高速铁路安全宣传教育，落实护路联防责任制，防范和制止危害高速铁路安全的行为，协调和处理保障高速铁路安全的有关事项；同时强调铁路建设单位、铁路运输企业应当加强高速铁路安全管理，建立健全安全生产管理制度，落实企业安全生产主体责任。

福建省政府专门制定了《福建省高速铁路安全管理规定》，该规定确立了"安全第一、预防为主、综合治理、路地协作"的管理原则，明确了铁路监管机构、地方政府及其部门［包括省人民政府、高速铁路沿线县级以上人民政府及其有关部门、高速铁路沿线乡（镇）人民政府、街道办事处］、铁路运输企业等单位保障高速铁路安全的职责。对高速铁路安全防护设施"三同时"制度，针对福建省本省的特点对线路安全保护区内禁止或限制行为、隧道保护、架空电力线路保护、沿线轻质建（构）筑物和轻飘物安全管控、无线电频率保护等方面进行了规范，防止危害高速铁路安全。① 在上位法的基础上，对高速铁路线路安全保护区内禁止和限制的行为，对影响高速铁路安全的治安违法行为进行了补充规定。同时对高速铁路突发事件应急管理、反恐和治安工作机制，以及危及高速铁路运输安全的禁止行为都进行了较为详尽的规定。

江西省政府专门制定了《江西省高速铁路安全管理规定》，该规定强化了高速铁路安全工作体制和机制，对省人民政府、沿线市、县、区、乡镇人民政府负责高速铁路线路安全维护工作提出了具体要求；加强了铁路和地方的协作，要求地方政府和铁路运输企业之间要相互协作，沿线县级以上人民政府有关部门发现影响高速铁路安全的隐患，应当立即排除或及时报告；明确了高速铁路安全管理措施，有针对性地做了一系列规定，如禁止在高速铁路一定范围内焚烧，或升放风筝、气球、孔明灯、无人机等低空飘浮物体，等等。

四川省政府专门制定了《四川省高速铁路安全管理规定》，该规定明确落实了地方政府对高速铁路安全管理的主体责任，并进一步细化了高速铁路安全保护区的划定程序，对高速铁路线路保护的禁止行为和限制行为进行分类汇总，将公民法人给铁路运输企业造成损失应当依法赔偿的问题与处理可能影响高速铁路安全运行的建筑物、构筑物的补偿问题归于一条，增加了可操作性。

辽宁省政府专门制定了《辽宁省高速铁路安全管理规定》，该规定明确了高速铁路安全管理坚持"安全第一、预防为主、路地协作、综合治理"的原则，规定了高速铁路的路地协作机制，省及高速铁路沿线市、县（含县级市、区）政府及其有关部门应当加强保障高速铁路安全的教育，落实护路联防责任制。在高速铁路沿线两侧的安全方面，细化了沿线

---

① 《〈福建省高速铁路安全管理规定〉答记者问》，《福建日报》2018年9月3日第5版。

两侧的禁止性行为和限制性行为。在高速铁路安全的应急处置方面，规定铁路运输企业应当根据应对高速铁路突发事件的需要，制定应急预案，组织应急演练，省及高速铁路沿线市、县政府应当按照规定建立反恐怖工作指挥协调机制。

《高速铁路安全防护管理办法》《高速铁路基础设施运用状态检测管理办法》以及以上六部地方政府规章是我国高速铁路安全立法的标志性成果，为进一步完善中国高速铁路安全立法奠定了坚实的基础，具有里程碑式的意义。除此之外，国家和地方发布的系列规范性文件亦是高速铁路安全法律体系的重要组成部分。详见表9。

表9　　　　专门规制高速铁路运输安全的法律法规梳理

类别	序号	标题	发布机关	发布时间	时效性
部门规章	1	高速铁路安全防护管理办法	交通运输部	2020-05-06	现行有效
	2	高速铁路基础设施运用状态检测管理办法	交通运输部	2018-08-31	现行有效
地方政府规章	1	辽宁省高速铁路安全管理规定	辽宁省人民政府	2020-01-15	现行有效
	2	四川省高速铁路安全管理规定	四川省人民政府	2019-02-02	现行有效
	3	江西省高速铁路安全管理规定	江西省人民政府	2018-08-30	现行有效
	4	福建省高速铁路安全管理规定	福建省人民政府	2018-08-02	现行有效
	5	贵州省高速铁路安全管理规定	贵州省人民政府	2017-10-26	现行有效
	6	云南省高速铁路安全管理规定	云南省人民政府	2017-03-08	现行有效
其他规范性文件	1	关于开展国务院高速铁路安全大检查的通知	国务院办公厅	2011-08-12	
	2	甘肃省人民政府关于嘉奖宝鸡至兰州高速铁路参建单位的通报	甘肃省人民政府	2017-07-28	
	3	关于维护高速铁路运营安全的通告	广东省人民政府	2010-05-17	
	4	湖北省人民政府关于确保京广高速铁路武广段及境内电气化铁路运输安全畅通的通告	湖北省人民政府	2010-01-10	
	5	自治区人民政府办公厅关于做好我区高速铁路护路联防工作的实施意见	宁夏回族自治区人民政府办公厅	2018-05-30	

续表

类别	序号	标题	发布机关	发布时间	时效性
其他规范性文件	6	广东省人民政府办公厅关于设置广深准高速铁路安全隔离栅栏的通告	广东省人民政府办公厅	1994-09-27	
	7	关于加强京沪高速铁路江苏段建设工程安全管理的通知	江苏省铁路办公室；江苏省安全生产监督管理局	2008-06-04	
	8	省水利厅关于做好高速铁路沿线地下水禁采工作的通知	江苏省水利厅	2014-08-11	
	9	济南市人民政府关于划定辖区京沪高速铁路线路安全保护区的通告	济南市人民政府	2016-04-20	
	10	贵阳市高速铁路沿线禁止高空抛物等行为管理办法	贵阳市人民政府	2014-12-23	现行有效
	11	湘乡市人民政府关于长沙—昆明高速铁路客运专线（湘乡段）建设有关事项的通告	湘乡市人民政府	2009-07-29	
	12	关于印发《石家庄市高速铁路及高速公路等两侧绿色通道建设补助资金使用管理办法》的通知	石家庄市财政局；石家庄市林业局	2016-06-20	
	13	市政府办公室关于印发苏州市高速公路高速铁路沿线环境长效管理考核办法的通知	苏州市人民政府办公室	2013-07-03	
	14	关于鼓励乘坐京沪高速铁路列车的通知	宿州市人民政府办公室	2011-07-01	
	15	偃师市人民政府办公室关于印发郑西高速铁路偃师段沿线环境综合整治实施方案的通知	偃师市人民政府办公室	2010-09-26	
	16	洛阳市人民政府办公室关于印发郑西高速铁路洛阳段沿线环境综合整治实施方案的通知	洛阳市人民政府办公室	2010-09-12	
	17	湖滨区人民政府办公室关于转发湖滨环保分局等部门《郑西高速铁路湖滨区段沿线环境综合整治实施方案》的通知	三门峡市湖滨区人民政府办公室	2010-09-06	
	18	关于进一步做好高速铁路（朝阳段）建设前期工作的通知	朝阳市人民政府办公室	2009-08-04	
	19	垫江县人民政府关于设立重庆至万州高速铁路（垫江段）线路安全警戒区的通告	重庆市垫江县人民政府	2017-02-21	

续表

类别	序号	标题	发布机关	发布时间	时效性
其他规范性文件	20	重庆市长寿区人民政府关于设立重庆至万州高速铁路线路（长寿段）安全警戒区的通告	重庆市长寿区人民政府	2016-12-15	
	21	国务院办公厅关于成立京沪高速铁路建设领导小组的通知	国务院办公厅	2007-10-22	
	22	关于印发《开展高速铁路沿线环境安全大检查实施方案》的通知	镇江市人民政府办公室	2011-08-29	
	23	河北省工商行政管理局关于做好高速铁路沿线隐患排除工作的通知	河北省工商行政管理局	2011-02-18	
	24	河南省人民政府办公厅关于转发省环保厅等部门《郑西高速铁路河南段沿线环境综合整治实施方案》的通知	河南省人民政府办公厅	2010-08-12	
	25	灵宝市人民政府关于印发郑西高速铁路灵宝段沿线环境综合整治实施方案的通知	灵宝市人民政府	2010-08-05	
	26	厦门市翔安区人民政府办公室关于印发福厦高速铁路翔安段沿线两侧非煤矿山关闭整治工作实施方案的通知	厦门市翔安区人民政府办公室	2010-01-18	

二 高速铁路安全立法存在的问题

（一）立法数量少，尚未形成专门规制高速铁路安全的法律体系

经过以上梳理发现，普速铁路安全、道路运输安全、民用航空安全和水路运输安全都已经建立了相对完善的安全保障法律体系，但当前我国只有两部部门规章专门规制高速铁路安全，只有部分专门规制高速铁路安全的条文在行政法规中体现。从国家层面，高速铁路安全立法几乎还处于空白状态，这与我国高速铁路快速发展和引领世界的地位不符。毕竟高速铁路与普速铁路从运行速度、运营密度、技术标准、管理方式、危害后果、法律责任等各个方面都有较大差异，所以仅靠普速铁路安全的法律法规体系难以维护高速铁路安全，需要进行专门立法，但目前立法数量较少，未形成专门规制高速铁路安全的法律法规体系，无法满足高速铁路安全管理

（二）立法层级较低，难以满足维护全国高铁安全的现实需要

目前国务院发布了《关于开展国务院高速铁路安全大检查的通知》，交通运输部制定了《高速铁路基础设施运用状态检测管理办法》《高速铁路安全防护管理办法》，而且在部分行政法规中涉及了规制高速铁路安全的少量条文。云南省政府、贵州省政府、福建省政府和江西省政府制定了专门规制高速铁路安全的地方政府规章，还有部分规范性文件。单从数量上看似乎不少，但仔细分析就可发现，立法层次较低，仅限于规章层面，且地方政府规章只适用于当地辖区，适用范围较窄，效力范围有限。而且，最为突出的是立法层次较低，难以满足大规模、高密度、长距离以及面对复杂环境的高速铁路安全运营需求。

（三）立法内容不全面，缺乏完善的责任追究机制

《云南省高速铁路安全管理规定》共30条，《贵州省高速铁路安全管理规定》共34条，《福建省高速铁路安全管理规定》共5章35条，《江西省高速铁路安全管理规定》共35条，《高速铁路基础设施运用状态检测管理办法》共6章37条，《高速铁路安全防护管理办法》共6章48条。仅仅从条文数量分析，目前维护高速铁路安全的规章内容无法全面涵盖高速铁路安全需求。反观比较成熟的《铁路安全管理条例》，共8章108条，重点从总则、铁路建设质量安全、铁路专用设备质量安全、铁路线路安全、铁路运营安全、监督检查、法律责任七个方面进行规制，内容全面，条文设置科学，可操作性强。关于法律责任的条文，《铁路安全管理条例》共23条，而《云南省高速铁路安全管理规定》共2条，《贵州省高速铁路安全管理规定》共4条，《福建省高速铁路安全管理规定》共4条，《江西省高速铁路安全管理规定》共1条，《高速铁路基础设施运用状态检测管理办法》共2条，《高速铁路安全防护管理办法》共4条。可以看出，现有法律法规对高速铁路安全的法律责任重视不够，从整体上看缺乏完善的法律责任追究制度。无责任则无约束，没有严格和完善的法律责任追究制度，责任主体义务难以较好履行，也很难取得良好的执行效率。

（四）与国际接轨少，国际影响力较低

我国《铁路法》制定较早，主要涉及国内运输，因此参照国外法律制度或国际公约方面较少。虽然铁路参加了国际联运，但在法律方面几乎没有体现。随着我国高速铁路国际影响力的不断加大以及高铁走出去的步伐加快，相关法律要适应外部环境的变换，尽快与国际接轨，从而扩大我国高速铁路的国际影响力。安全是高速铁路发展的前提，安全立法先进与否直接关系到高速铁路能否健康、快速、持续发展。因此，我国高速铁路安全立法应该立足国情并充分借鉴国外经验，尽早与国际接轨，为高铁走出去打下良好基础，同时，也为高铁走出去保驾护航。

第五章　国外高速铁路安全立法比较

虽然我国高速铁路运营里程稳居世界第一，且具备高速度、高密度、大规模、长距离运营管理的能力，但是，我国高速铁路发展起步较晚，经验积累不足，且立法相对滞后于现实需求。所以，学习国外高铁强国和地区的立法经验，尤其是学习日本、德国等高铁强国的相关高速铁路安全管理立法经验，对完善我国高速铁路安全法治具有重要的借鉴意义。

第一节　日本高速铁路安全立法[①]

一　日本高速铁路安全立法概况

日本作为大陆法系国家，以成文法为主，门类齐全，以分类立法、平行立法为特征。在汇集日本铁路法律法规的《铁道六法》中，涵盖了铁道事业、铁道营业、设施车辆运转保安、轨道、铁道整备和国铁改革，其中在许多方面规制了高速铁路安全，体现了日本高速铁路的立法特征。日本的高速铁路立法形式主要分为法律和省令两种，具体见表10。法律通常由国会审议通过，省令则细化了法律的相关规定，称为"规程""规则""细则"，由政府内阁中各部门制定。[②] 1959 年日本新干线开始动工建设。为了加强新干线的建设与管理，1970 年日本政府专门制定了一部单行法律《全国新干线铁路建设法》。此后，随着新干

[①]　本节主要内容发表于曹琪伟、亐道远《日本高速铁路安全立法经验及启示》，《中国安全科学学报》2018 年第 S2 期。

[②]　中国铁路考察团：《日本和加拿大的铁路法律制度建设》，《中国铁路》2005 年第 1 期。

线的发展，针对新干线方方面面的法律和省令也不断完善。日本针对新干线安全制定了多部法律和省令，包括《新干线运行规则》《新干线铁道构造规则》《关于妨碍新干线铁路列车运行安全行为的处分特例法》《新干线运转办理细则》等。此外，新干线与普速铁路也共用许多法律和省令，包括《铁道事业法》《铁道事业法实施细则》《铁路营业法》《铁路运输规程》《关于确保行车安全的省令》《铁路事故报告规则》等。日本针对新干线安全的各方面如建设、管理等均有相应的法律来规制，以全方位的法律体系为新干线的安全保驾护航，具体见表11。日本从法律层面上对新干线安全工作给予支撑，铁路运输企业也按照相应的法律规定研究制定更加具体的细则，用以确保新干线安全运行的展开。

表10　　　　　　　　　日本高速铁路立法体系

立法形式	立法程序
法律	国会审议通过
省令	政府内阁中各部门（省）制定，称作"规程""规则""细则"等

表11　　　　　　　　　日本高速铁路安全法律概况

名称	规制内容	法律形式	备注
铁路营业法	铁路员工、旅客及公众行为安全	法律	—
关于妨碍新干线铁路列车运行安全行为的处分特例法	公众行为安全	法律	该法有实施规则
铁路运输规程	旅客行为安全	省令	—
铁道事业法	企业行为安全	法律	该法有实施规则
铁路事故报告规则	企业行为安全	省令	—
铁路设施的检查规则	企业行为安全	省令	—
铁路业务监察规则	企业行为安全	省令	—
全国新干线铁路建设法	建设装备安全	法律	该法有实施令和实施规则
新干线铁道构造规则	建设装备安全	省令	—
道口改良促进法	建设装备安全	法律	该法有施行令
新干线运行规则	行车运输安全	省令	—
关于确保行车安全的省令	行车运输安全	省令	—

二 日本高速铁路安全立法的主要内容

(一) 针对人员风险防范立法

针对内部人员,《铁路营业法》专门设置了"铁路员工"一章。包括铁路员工的组织制度、服务规程、员工资格等,从正面对铁路内部员工进行了规定。此外,该法也从反面对铁路员工的行为进行了约束。《铁路营业法》第 25 条针对铁路员工违反或怠慢职务的行为,处以三个月以下徒刑或处 8000 日元以下的罚金。第 28 条之一对铁路员工妨碍交通的行为处以 8000 日元以下罚款。为树立铁路员工的安全观念,以达到完成输送任务的目的,《关于确保行车安全的省令》中又明确要求从事铁路业务的工作人员应当牢记有关行车安全规范的规定,并对安全规范分为纲领和一般准则两个方面进行细化,还要求铁路的经营者必须按照该省令中安全规范的规定制定行车安全有关的规程,经常指导和监督铁路工作人员实施的是否到位。

针对外部人员,日本在多部法律中分别对乘客和其他社会人员的违法行为予以罚金或有期徒刑的处罚。《铁路运输规程》对乘客的行为做了预防性的规定。第 21 条明确规定了旅客不得有扰乱秩序、损坏车辆工具及其他铁路设备的行为。第 23 条还规定了旅客不准携带入车内的物品种类。若旅客的行为违反了规定,《铁路营业法》又有针对旅客的违法行为进行相应的处罚。《铁路营业法》第 31 条对违反有关铁路运输法令规定携带危险物品的乘客,处以 8000 日元以下的罚金。第 33 条针对旅客在列车运行中扒车跳车、打开车辆侧面车门等危险行为也做了相应的处罚规定。针对其他社会人员的行为,《铁路营业法》也作了许多禁止性规定。第 36 条对在车辆、车站及其他铁路地域内的标识进行篡改、销毁或撤去的行为处 8000 日元以下的罚金,对篡改、销毁或撤去信号机车的行为处三年以下有期徒刑。此外,为弥补《铁路营业法》的不足,日本后续还公布了《关于妨碍新干线铁路列车运行安全行为的处分特例法》作为《铁路营业法》的特殊条例来施行,其中规定了破坏新干线铁路设备罪、在列车运行线路上放置障碍物罪以及对列车投掷物件罪。

(二) 针对设备风险防范立法

设备安全是保障高速铁路安全的基础条件。作为一系列的配套体系,某个设备存在风险就可能会"牵一发而动全身"。动态设备和静态设备在高速铁路建设阶段和运营阶段均可能存在安全风险。在建设阶段，日本颁布了《全国新干线铁路建设法》以及相应的《全国新干线铁路建设法施行令》和《全国新干线铁路建设法施行规则》，对新干线铁路建设线的调查指示、建设计划、工程实施计划等方面都进行了相应的规定。《新干线铁道构造规则》对新干线的设施和车辆规定了严格的技术标准，保证在高速铁路运营前最大限度地规避设施和车辆方面的风险。《道口改良促进法》《关于道口立体交叉化及结构改良的省令》以及《关于配备道口安全设备的省令》针对道口安全的相关标准作出了详细的规定，从道口建设阶段就力求规避风险。

在运营阶段，《铁路业务监察规则》对设备的监察进行了规定。《规则》第二条明确了监察的目的在于确保运输安全，第四条对安全监察的业务内容进行了详细的规定，第九条规定了监察员的职责。日本新干线电动车采用定期检查方式，根据2002年12月制定的《规定有关铁道技术方面标准的省令》，相关部门提出了规定的检查内容和周期，定期检查类别分为日常检查、月检查、转向架检查和全面检查。[1] 此外，《铁路事故报告规则》第四条将《铁道事业法》中第19条和第38条规定的事故隐患作出了进一步的解释，并按照铁路行车事故、索道运转事故、电气事故和灾害进行了分类。

（三）针对环境风险防范立法

自然环境风险由于其不可控性，往往要依靠事先预警来防范。但对于地震之类的自然灾害，在无法提前预测或反应时间较短的情况下，只能通过安装防御设备来尽可能地减少自然环境带来的损害。日本由于地震多发，曾在2005年出现过新干线脱轨的事故。为此，日本在新干线上设置了防脱轨装置和自动列车停止装置。新干线脱轨事故后，日本铁道部门立即进行了深入的安全调查和责任反省，彻查事故原因，并提出相应的解决措施，直接导致日本政府和国会修改了《铁道事业法》，规定各铁路公司必须在铁路沿线安装"自动列车停止装置"。[2] 此外，日本新干线在面对

---

[1] 俞展猷：《日本新干线铁路的安全技术》，《现代城市轨道交通》2009年第3期。
[2] 徐静波：《日本新干线47年无重大事故背后》，《第一财经日报》2011年7月25日第A04版。

频发的地震时，除修改法律外，还通过计算机程序模拟地震时新干线的运行情况，以此来降低环境风险带来的损害，为今后法律制度的修改提供了依据。①

社会环境风险的防范则需要一套行之有效的高速铁路安全管理制度。1986年，日本国会颁布了《日本国有铁道改革法》，对国有铁道进行了民营化改革。随后，日本国会相继颁布了《客运铁道股份公司和货运铁道股份公司组建法》《日本国铁清算事业团法》《新干线铁道保有机构法》《新干线铁道设施转让法》等相关法律，将国铁企业重组方案、关联各方的权责利界定、改革成本及遗留问题解决等一系列重大决策，直接用法律的形式加以规范。② 目前，日本高速铁路的安全管理机构在行政上由国土交通省及下设机构负责，各铁路运输企业则在内部设立了安全管理部门。日本高速铁路的安全管理机制主要以"运输安全管理制度"为核心，各铁路运输企业要遵守安全法令、法规，国土交通省及下设机构依法对铁路运输企业进行安全评价和监察。③ 日本的高速铁路安全管理制度给予铁路运输企业充分的自我管理权力，政府在宏观上对企业运输安全管理进行评价及指导，并对企业做出日常性的安全检查。通过企业和政府的共同努力，使一体化安全管理体制形成良性循环，并得到不断的完善。

三 日本高速铁路安全立法的主要特色

（一）分类立法，体系完整

日本针对高速铁路安全立法，几乎涉及包括从初期建设到后期监察的方方面面，形成合理而完整的高速铁路安全法律体系。由于高速铁路的专业化程度比较高，与普速铁路有较大的区别，因此其中一部分法律专门适用于高速铁路，主要包括高速铁路的建设、运行、技术规范等方面。而另

---

① Tanabe M., Matsumoto N., Wakui H., et al. "Simulation of a Shinkansen train on the railway structure during an earthquake", *Japan Journal of Industrial and Applied Mathematics*, Vol. 28, No. 1, 2011, pp. 223-236.

② 中国铁路法律制度框架考察团：《日本和加拿大铁路法律制度建设》，《中国铁路》2006年第5期。

③ 孙晋麟：《日本铁路安全管理体制及启示》，《中国铁路》2011年第3期。

一部分法律对高速铁路和普速铁路均适用，主要包括规制企业、旅客和社会公众的行为。而为了突出对高速铁路安全的重视程度，《关于妨碍新干线铁路列车运行安全行为的处分特例法》也作为《铁路营业法》的特殊条例来施行。

（二）配套齐全，合理解释

日本针对高速铁路安全立法的法律形式主要包括法律和省令，其中省令是对法律的有效补充和解释。如《全国新干线铁路建设法施行令》对《全国新干线铁路建设法》第五条规定的"新干线铁路的路线基本计划"做出了详细的要求。《全国新干线铁路建设施行规则》又对该法第九条规定的"工程实施计划的记载事项"作了细化。日本省令与法律的关系与我国司法解释和法律的关系类似，在我国，司法解释明确了法律规范，填补了法律漏洞，日本省令对法律的作用与我国司法解释对法律的作用一样，都是为了实现立法目的，保证法律的准确性。

（三）改革先导，法律紧跟

日本在最初的铁路国有化时期，相继发布了《铁路铺设法》《铁路营业法》《日本国有铁路法》等多部法律，在《全国新干线铁路整备法》出台前，已经修建的新干线是根据《日本国有铁路法》修建的。在针对国有铁路的《日本国有铁路法》和针对私营铁路的《地方铁道法》中，均对相关机关或企业的行为进行了安全规范。但日本国有铁路民营化改革后，这两部法律均被废止，并重新制定发布了《铁道事业法》，重新规定了企业类型。不仅改变了日本国铁的性质，而且对企业的安全行为重新进行了规范。

第二节 德国高速铁路安全立法

一 德国高速铁路安全立法概况

德国作为传统铁路强国，其铁路立法特点是以原有的一部综合性法律规范为基础，配套以其他相关法规。20世纪90年代，在铁路客货运输市场份额不断下降且长期亏损的背景下，德国开始了铁路改革，其核心在于"政企分开，网运分离"，采取的主要措施包括国有铁路企业化，在铁路市场引入竞争等。① 为推进改革，德国国会和政府通过了一系列的法律、法规，主要包括修订《联邦德国基本法》和制定《铁路新秩序法》。《联邦德国基本法》从宏观层面为改革提供了基本原则的指导，《铁路新秩序法》则是一系列法律的总称，主要包括《联邦铁路合并与重组法》《德国铁路股份公司建立法》《德国通用铁路法》《联邦铁路运输管理法》《联邦铁路线路扩建法》《公共短途客运地方化法》《乡镇公共交通筹资法》等，这一系列法律规范基本涵盖了高速铁路建设和运营过程中所涉及的安全乃至其他各方面的问题，例如技术与管理规范、物质与人员配备、资本筹集与公司架构，等等。除此之外，德国联邦交通部和德国铁路股份公司（以下简称"德铁公司"）还针对高速铁路的具体安全标准制定了技术管理规章。德国联邦交通部在欧盟铁路互联互通技术规范以及《德国通用铁路法》的框架下，发布了《铁路建设和运行规程》和《铁路信号规则》，德铁公司制定与发布《列车运行与调车规程》和《信号手册》，② 德国高速铁路安全的总体立法概括见表12。德国高速铁路的正式名称为"城际特快列车"，它将德国国内130多个城市连为一体，已建成的高速铁路线路主要包括汉诺威—维尔兹堡线、曼海姆—斯图加特线、汉诺威—柏林线以及科隆—法兰克福线。这些法律法规的制定对高速铁路建设和运营过程中涉及的安全问题进行了全方位的规范，成为保障德国高速铁路安全的重要支柱。

表12　　　　　　　　德国高速铁路安全法律概况

名称	规制内容	法律形式	制定机构
联邦德国基本法	联邦铁路的管理机构、管理模式	法律	国会
德国通用铁路法	德国铁路股份公司和联邦铁路管理局的部分安全职责等	法律	国会
德国铁路股份公司组建法	德国铁路股份公司的任务、人员设置、法律监督、内部编制等	法律	国会
联邦铁路运输管理法	联邦铁路管理局的具体任务等	法律	国会
铁路建设和运行规程	联邦铁路的建设安全	技术规章	德国联邦交通部

---

① 苏靖棋：《德国铁路改革25年》，《现代城市轨道交通》2019年第5期。
② 黄银霞、冯双洲：《国内外铁路技术管理规章对比分析》，《铁道技术监督》2016年第6期。

续表

名称	规制内容	法律形式	制定机构
铁路信号规则	列车的信号安全	技术规章	德国联邦交通部
列车运行与调车规程	列车的运行安全	技术规章	德国铁路股份公司
信号手册	列车的信号安全	技术规章	德国铁路股份公司

二 德国高速铁路安全立法的主要内容

(一) 针对人员风险防范的立法

1998年6月3日,从德国慕尼黑开往汉堡的城际高速列车在汉诺威附近的艾雪德小镇出轨。这是德国高速铁路史上最惨痛的一次事故,共造成101人遇难、数百人受伤。事故的原因是工程师在对高速铁路列车进行安全检查时,忽视了金属疲劳,最终导致惨剧。痛定思痛的德国人采取了一系列补救措施。《德国通用铁路法》第四条第一款规定:德铁公司有安全管理其运营、安全建设铁路基础设施、可靠制造车辆和配套设施的义务,并负责维护使其保持在工作可靠状态。此外,德铁公司还有责任协助承担技术救援工作。事发后的第二天,德铁公司实行了紧急列车时刻表,多辆列车被取消,多条线路被缩短,并且降低了全线高速列车的时速,同时开展了全面的行车安全检查专项行动。[①] 此外,德铁公司还施行了高于以往10倍的检测频率,以此找寻可能存在的安全隐患。随着不断展开的事故原因调查,工作人员所存在的重大疏忽和失职逐渐显露,这起事故也给德国政府及德铁公司在用人方面敲响了警钟。首先,德铁公司在从业人员就业准入方面提高了相应的标准。铁路从业人员在上岗前必须通过国家法律规定的相关考试,取得从业资质,尤其是驾驶员、安全员、检修员等需要高度专业性的岗位。德铁公司为满足其法定的安全义务,实施了安全管理,特别是保留有资格、高水平的企业安全主管,因此铁路安全主管的上岗资格也必须通过国家的专门考试才能获得,德铁公司聘用的安全主管还需要得到铁路监管当局的正式确认[②]。其次,铁路从业人员在上岗后还

---

① 王春华:《1998年历史上第一例高铁出轨事故》,《生命与灾害》2017年第3期。
② 木易:《国外高铁的安全经验》,《兵团建设》2011年第16期。

需要进行一系列各具侧重点的培训。德铁公司必须承担起为员工提供多种培训的义务，具体内容包括技术培训、信息培训、服务培训和商业培训等。再次，铁路从业人员上岗后还需要定期进行与其职位相对应的专项业务水平考核。只有符合考核标准的工作人员才能予以留任，考核未通过者德铁公司予以辞退或者从业人员重新参加培训直至考核通过。最后，明确人员的职责分工。德国有关的铁路企业安全经理法规对安全主管的职责进行了规定：安全主管主要负责安全管理，应该与公司经理层区分开来，安全主管享有特别的法定权利，维护安全利益，而不是经济利益。

（二）针对技术设备风险防范的立法

德国针对技术设备风险的防范主要可以分为三个方面：投入使用前的调研与测评，使用中的定期维护与检修，事故发生后的回溯调查与改进研究。根据联邦德国交通部颁布的规章规定，与铁路系统人员准入考评制度相呼应，德国铁路机车的各零件设备以及组装在正式投入使用前也要进行反复的试验与试运行，若各项数据指标以及安全性能在试运行阶段出现问题则坚决不能投入使用，否则德铁公司将承担严峻的法律责任。列车在投入使用后也必须进行定期的检查维修与养护，德铁公司的安全主管对列车的日常安全监测负责，有责任有义务委派并监督安全管理员及时尽力履职。尽管德国在事故预防方面也有《危险品运输管理规定》《事故处罚规则》等法律法规加以规定，但德国更侧重于在事故后进行全面的调查与研究，通过事故后的全面检查，出台安全统一管理措施。德国铁路建立了完整的技术标准体系，其中包括联邦铁路管理局颁布的法律、规定、职责条例和规程以及德铁公司颁布的规定、规章和规程。1999年，德铁公司根据对艾雪德事故原因的调查研究，公布了一份新的铁路安全方案，施行更为严格的安全规范，这份安全方案此后也被许多国家作为开展高速铁路建设的借鉴。方案指出，由于在事故中列车撞上桥梁，导致伤亡惨重，因此未来新建的铁路要避开隧道和桥梁等设施。德铁公司还规定，要定期对列车进行超声波安全检查，而且至少要有两名工作人员共同检查。考虑到在艾雪德事故营救过程中，因为车窗难以被打破而造成了极大的逃生困难。于是，在事故发生几个月后，德铁公司在列车的每一节车厢都设置了能在紧急情况下被敲碎的逃生玻璃车窗。此外，负责监管德铁公司的德国联邦铁路局要求所有行程超过三万千米的车轮每周都要接受检查。《德国通用铁路法》中也明确了联邦铁路管理局对铁路新建设备和技术运用的监控职责。

(三) 针对安全管理分工风险防范的立法

20世纪90年代，德国为实行铁路改革，颁布了一系列的法律。其中，《德国铁路股份公司建立法》的颁布宣告了德铁公司的组建，并对德铁公司的职能、人员组成等方面做了详细规定。德铁公司管理路网、能源和车站等基础设施业务，负责新线路修建、线路扩建、更新改造、线路养护和运营管理。① 联邦铁路管理局是隶属于联邦交通部的独立行政机构，受联邦交通部的监督和法律控制，对联邦铁路实行一级管制，主要负责对德铁公司进行监督、许可、安全监管。② 《德国通用铁路法》第四条明确规定了联邦铁路管理局的管辖范围。此外还规定了联邦铁路管理局的多项监管职能，其中包括颁发吊销企业运行许可证、铁路基础设施的准入、铁路线路的建设规划、铁路事故的调查和处理等。在联邦铁路管理局及其委派人员进行监管工作时，德铁公司和工作人员必须进行相应的配合，提供答复、提供证明以及提供辅助工具。在安全管理分工方面，德铁公司采用的是三级安全监控体系。首先，联邦铁路管理局中有一名工作人员进入德铁公司董事会，专门负责督促德铁公司落实德国政府有关的安全规章，即德铁公司董事会专设一名董事主管安全。其次，在德铁公司路网内部也有一个专门负责监督各部落实安全规章的部门，即安全部，安全部设有安全监事专管安全，全德16个分公司都设有安全分部，所有的安全主管享有特殊的法定权利，专门负责安全管理。最后，德铁公司制定了保证安全生产的各项规章制度。一旦事故发生，不仅德铁公司而且各地方政府都会积极介入事故的处理。为有效应对高铁事故，德国铁路在全国范围内划分了多个紧急情况区，每一个区都设有一名紧急状况经理。紧急状况经理必须随时处于待命状态，并务必在事故发生后30分钟内赶到现场，向消防救援人员提供专业咨询。根据应急管理预案，德铁公司在全国范围内设有七个险情控制中心，负责接收险情报告，通知消防等救援人员和紧急状况经

---

① 谭克虎、邵宁荃：《德国铁路股份公司运营模式研究》，《铁道运输与经济》2015年第5期。

② 李桥、廉文彬、李博等：《国外铁路监管机构探析》，《铁道运输与经济》2017年第11期。

理。德铁公司在汉诺威—维尔茨堡以及曼海姆—斯图加特等重要的铁路干线上还配备有六辆专业救援机车。通过人、部门、规章制度三者的有机结合、分工明确，德国力求在事故发生后将损失降到最小化。除此之外，德国作为欧盟成员国之一，也严格地遵照了欧盟在2004年颁布的统一安全标准指令，建立一个独立的安全监管机构和专门的事故调查部门；同时接受欧盟铁路署对德国高速铁路安全监管执行情况的监督，并定期向欧盟做出反馈与建议。

三 德国高速铁路安全立法的主要特色

（一）引进第三方机构确保高速铁路安全

《德国通用铁路法》第五条第二款规定：州政府可以通过行政法规把铁路监管权限全部或部分委托给其他的国营或私营部门。在实践中，德国高速铁路的安全监管，除法定的机构外，一些半官方的交通运输协会和民间机构也发挥了很大的作用，承担了行业内部、行业与政府之间沟通协调和技术支持工作，比较有代表性的包括德国TÜV莱茵集团、TÜV南德意志集团、德国运输企业协会。[①] 其中，TÜV南德意志集团是最早获得联邦铁路管理局授权的专业第三方技术服务机构之一，支持联邦铁路管理局对铁路企业进行质量与安全方面的全面管理，通过检验检测、独立安全评估、审核和认证等形式为铁路产品和系统保驾护航。[②] 由此，德国形成了企业、政府、第三方机构协力保障高速铁路安全的模式，为德国高速铁路安全发展提供了有力保障，具体见图1。

（二）多部门共同合作确保高速铁路安全

德国铁路改革采取循序渐进、分阶段实施的方式，实行彻底的政企分离。《联邦铁路运输管理法》和《德国铁路股份公司建立法》的颁布分别组建了联邦铁路管理局和德铁公司，并明确各自的职权。德国政府对铁路的管制体系分为两层。第一个层次是成立联邦交通部，负责管制联邦交

---

① 李聪、显光、孙小年：《德国交通管理体制变迁及特点》，《工程研究——跨学科视野中的工程》2013年第4期。

② 汪场：《质量、安全，一个也不能少 TÜV南德：用经验助推中国铁路实现更多可能》，《交通建设与管理》2014年第9期。

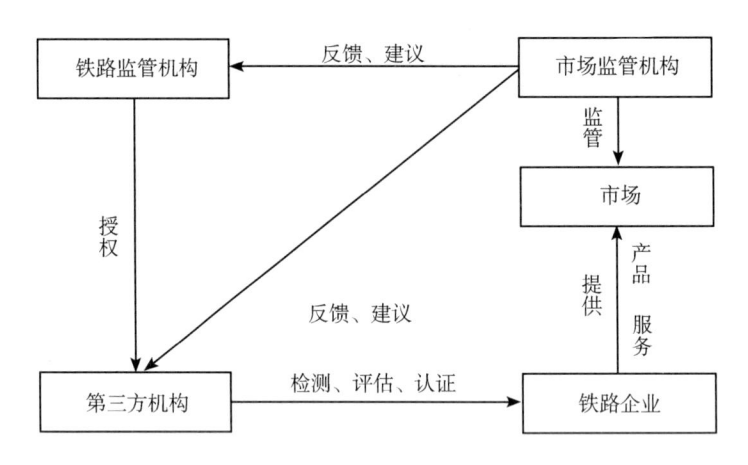

```
铁路监管机构 ←—反馈、建议—— 市场监管机构
                                    │
                                    │监管
                                    ↓
                                   市场
    授权                           ↑
                                   │产品
     ↓     反馈、建议              │服务
                                   │提供
    第三方机构 ——检测、评估、认证→ 铁路企业
```

图1 企业、政府、第三方机构保障高铁安全结构

通、建设、住宅等事务，设有铁道司，主要负责铁路立法、铁路发展规划、国家投资项目审批等。第二个层次是成立联邦铁路管理局和联邦铁路资产局。《联邦铁路运输管理法》中详细规定了联邦铁路管理局的职能范围，其主要任务涉及法律事务、发展规划、项目评估、投资决策、运营审批、技术标准、行业规章、安全监督等几个方面。[①] 该法明确规定，联邦铁路管理局负责实施铁路监督，包括对铁路运营设备和机车车辆的技术监督、鉴定，以及对联邦各铁路公司运营设备的建设过程实施监督；联邦铁路管理局还负责对新设备、新技术、新标准申请的批准和修订；此外，联邦铁路事故调查局专门负责对铁路交通事故进行调查，其设立于联邦铁路管理局之下，受联邦交通部的领导。除国家政府部门对德国高速铁路的安全实施监管与指导外，德铁公司也对高速铁路安全承担部分责任。德铁公司共有三大支柱业务：客运、货运、基础设施，在这三大核心业务之下还分设了九个独立的业务单元，集团服务是其中一个独立的业务单元，负责机车车辆的维修与养护。由此，德国高速铁路建立了多层次多方位的安全保障体系，不仅由国家政府层面进行领导与掌控，集团主体也承担着安保职能，实现了多主体的合作与保障。

（三）建立技术标准体系确保高速铁路安全

在高速铁路运行过程中，为确保高速铁路安全，除宏观性的法律安全

---

① 凌晨：《简析德国铁路管理现状及经营模式》，《现代城市轨道交通》2016年第4期。

保障外，还需要依靠技术标准来进行具体规范。德国高速铁路建立了完善的技术标准体系，主要包括：1. 联邦铁路管理局颁布的基本法律、规定、条例和规程，如《一般铁路法》《铁路建设和运行规程》，等等；2. 联邦铁路管理局颁布的铁路事故级别 UUK 的规程和指令；3. 德国国家规范 DIN 系列；4. 德铁公司的规定、规章的规程。其中，联邦铁路管理局颁布的《一般铁路法》在宏观上规定了铁路的地位及作用，也规定了德国铁路的技术适用标准为德国铁路技术管理规程及各专业规范系列。[①] 各专业规范系列应当与 DIN 系列相互兼容，只对 DIN 系列进行补充与解释，以避免技术标准体系之间出现相互矛盾的情况。由此，德国高速铁路形成了一套全面具体的技术标准体系。通过法律在宏观上对高速铁路安全进行制度上的保障，通过技术标准在细节上对高速铁路安全进行具体的规制，使铁路工作人员有法可依、有标准执行，将高速铁路的安全保障规范化、科学化、合法化。

第三节　法国高速铁路安全立法

一　法国高速铁路安全立法概况

1971 年，法国政府批准修建 TGV 东南线，1976 年 10 月正式开工，1983 年 9 月全线建成通车。按照建造时间顺序，法国 TGV 高速铁路网主要包括东南线、大西洋线、北方线、东南延伸线、巴黎地区联络线、地中海线和东部线等 7 个组成部分。法国高速铁路的建运机制采用"建运分离"模式，即高速铁路的建设与运营分属两个不同的法人，建设法人与运营法人之间是契约关系[②]。1982 年，法国政府颁布了《法国国内运输指导法》，规定组建法国国营铁路公司，目的是遵循公用事业原则，在国家铁路网上经营铁路运输业务，保证执行对基础设施的管理任务，实行集中管理体制。由于法国国营铁路公司长期实行政企合一的管理体制，存在着各种矛盾，法国的铁路陷入经营困境。为促进铁路改革发展，法国于

[①] 崔艳萍、侯敬：《关于德国铁路改革的探讨》，《铁道运输与经济》2013 年第 7 期。
[②] 孙有才：《法国铁路管理体制对河北城际铁路建设与管理的启示》，《科技与创新》2015 年第 6 期。

1997年颁布了《改革铁路运输业，成立"法国铁路网公司"公共机构的政令》，对法国铁路的管理体制实行重大改革。政令规定组建法国铁路网公司，将法国国营铁路公司原承担的国家铁路网建设责任分离出来，法国国营铁路公司承担的职能调整为客货运输经营责任，法国铁路网公司负责铁路基础设施的整合、开发、协调与经营。为保证改革的顺利实施，法国同时修改了《法国国内运输指导法》，进一步从法律上明确了政府与法国国营铁路公司各自的职能。为了公共事业安全性和连续性的要求，仍由法国国营铁路公司负责国家铁路网的运输、运行管理，以及对国家铁路网技术与安全设施的运作和维修。法国交通运输管理采用"大部制"形式，主管铁路运输方式的部门为法国生态、可持续发展和国土整治部海洋及公共交通总局下的铁路与公共交通局。铁路与公共交通局负责铁路运输基础设施的运营，拥有给铁路行业发放许可执照的权利。法国生态、可持续发展和国土整治部负责将欧盟铁路指令转化为本国法规文件，同时制定国家铁路安全管理的基本法规。2003年6月23日，法国整治部以部长令发布了《关于国家铁路网安全管理规章的法令》，规定了铁路安全管理规章体系构成，包括《国家铁路网运营安全管理规章》，以及专业领域的管理规章和文件，内容涉及指挥控制、机车车辆运行及运输组织、列车编组和人员配置、制动、运营维修、车上安全、铁路运营安全及线上和线路周围工作人员安全、应急管理等。[①] 法国国家铁路公司和法国铁路网公司在符合国家和行业技术管理法规的前提下，负责制定专业领域的技术管理规章。

  法国每条高铁线路建成后，都会有九个月到一年的预运营期。预运营期间，列车不搭载乘客，进行空载运行与模拟负载运行，测试及验证列车及轨道在各种可能情况下的状态。预运营阶段另一个主要任务就是司机和相关技术人员培训，使司机熟练掌握列车操作和线路状况，使铁路沿线技术人员熟练掌握相关技术设备的操作和故障处理方案等。试运营期有助于暴露高铁运行过程中发生的问题，从而确保正式运营时的安全。由于司机长期处于高度紧张的工作环境，除保持高薪外，一般在岗工作一段时间后就会有一段很长时间的假期。法国国营铁路公司在《列车运行安全》中

[①] 黄银霞、冯双洲：《国内外铁路技术管理规章对比分析》，《铁道技术监督》2016年第6期。

明确规定了调度人员安全操作流程以及调度人员和高速铁路司机的培训上岗守则。法国 TGV 高速列车的安全性有赖于完善的监测报警系统。巴黎至中部工业城市里昂的高速铁路线全线无平交道口和隧道。铁路沿线不设置任何单独的行车信号,而是采用自动安全信号系统,司机可通过轨道传导的低频电流探测前方道路状况。驾驶室和控制中心之间有一套不间断的无线电通信系统,保障列车的高速与安全。自动控制系统除完成列车速度自我控制外,还设有设备状态和自然环境检测、报警子系统,强化列车运行时的安全。[①] 此外,车内还设有旅客报警系统、防范司机打瞌睡的监视器、火灾报警系统、道路灾情报警系统等。法国国营铁路公司在《列车运行安全》中明确规定了关于调度指挥的安全法规,包括调度设备系统和列控设备系统的维护和检查规定。

对于高铁的安全管理,法国严格实施独立监管、独立调查。法国生态、可持续发展和国土整治部对国内各运输企业负有安全管理的责任,直接管理对象是法国铁路网公司、法国国营铁路公司以及其他运输企业。此外,法国政府专门设立针对铁路领域的标准化机构铁路标准协会,专门制定、实施、维护铁路相关标准。法国公共铁路安全局专门负责法国铁路安全,并且其人事任命享有完全自主权,以保证执法不受制于外部因素,增加独立执法性。交通事故调查署负责对任何重大事故做出详细事故分析报告,也可以对一项未发生但已经预见到的威胁进行提前干预。另外,法国国营铁路公司还设有运营系统安全室和安全监察室,安全监察室含机车车辆、司机乘务、线路等监察岗位,建立了与国家级安全技术管理相对应的安全保障体系。[②] 由此,法国高速铁路完善了安全监管体系,确立各部门之间的独立监管职能。

二 法国高速铁路安全立法的主要特色

法国高速铁路安全立法具有三大特色:

其一,试运营期内尽量消除安全隐患。在法国针对高速铁路安全防范的措施中,九个月到一年的列车试运营期对提早发现高速铁路的安全隐患

[①] 刘向、舒适:《国外如何保障列车安全》,《安全与健康》2011 年第 17 期。
[②] 关宁宁、张长青:《国外高速铁路安全立法及其启示》,《铁道经济研究》2012 年第 2 期。

至关重要。试运营期一方面确保列车的安全运行,力求与实际运行一致,在试运营期间及时发现并消除安全隐患;另一方面加强人机之间的协调训练,让铁路员工真实地感受到运营的状态,抓住一切细节,在今后正式运营时若遇到安全事故可以有经验应对。

其二,部门独立各司其职。法国高速铁路安全管理体制中的独立监管、独立调查也值得学习。法国生态、可持续发展和国土整治部海洋及公共交通总局下的铁路与公共交通局作为政府机构,负责对法国铁路网公司、法国国营铁路公司进行安全监管,但法国铁路网公司与法国国营铁路公司在国家铁路安全管理的基本法规下,可以制定相应的技术管理规章,对高速铁路安全标准进行细化。法国政府设立的标准化机构铁路标准协会,专门制定、实施、维护铁路相关标准;法国公共铁路安全局专门负责法国铁路安全,并且其人事任命享有完全自主权;交通事故调查署专门负责对重大安全事故做出详细事故分析报告。这些机构虽然隶属于法国整治部,但各自的执法过程中均保持其独立性。安全是高速铁路运营的重中之重,因此安全管理部门在执法时要避免受制于外界,可以通过财政、人员等各方面保持独立,使安全管理部门真正地获得独立执法性。

其三,利用监测报警尽力止损。法国的监测报警系统也值得我们借鉴,安全隐患虽防不胜防,但拥有强大的监测报警系统提前给我们预警,将更好地防范安全事故的发生。法国TGV高速列车运营30年来在其自身的铁路线上未出过一起人员死亡事故,其安全性与铁路系统完善的监测报警系统分不开。[①] 自动安全信号系统、设备状态和自然环境检测、报警系统、旅客报警系统、防范司机打瞌睡的监视器、火灾报警系统、道路灾情报警系统等的建立,无疑需要专业的技术标准来保障。法国的铁路安全规章由国家交通部审核总原则和总纲,由法国铁路运营基础部下设的安全系统部制定和监督执行,其规章体系分为《列车运行安全》《人员安全》《乘客安全》《环境安全》四大部分,在此基础上法国国营铁路公司还审核制定了各工种的安全规章,详细规定了各工种的安全法规、作业流程等。法律法规和技术标准的制定推动了监测报警系统的构建。

---

① 《国外铁路运输安全管理面面观》,《中国安全生产报》2011年7月28日第7版。

第四节　欧盟高速铁路安全立法

一　欧盟高速铁路安全立法概况

作为欧洲地区的政治经济一体化组织，欧盟的高速铁路具有综合性、地区性特征，是基于欧盟成员共同标准相互兼容的铁路系统。早在20世纪90年代，当时的欧共体就做出了推动欧洲铁路运输一体化发展、提高铁路运输效率和市场竞争力的重大决策，要求成员国实行以"网运分离"为重要特征之一的铁路改革。为了确保铁路改革发展目标的实现，欧盟制定了一系列法律法规，有计划、有步骤地推动各国铁路改革的顺利实施。1991年，欧盟通过了《关于欧洲共同体铁路发展的91/440/EEC欧盟理事会指令》，开始了欧盟开放国际铁路运输统一市场建设。为了确保跨欧洲高速铁路能够安全可靠地实现互通运行，建立的法律法规和技术标准体系务必要做到内容明确、层次清晰、相互支持，以满足欧盟高速铁路运行的安全性。欧盟技术法规及标准体系构架包括四个层次：一是欧盟铁路指令（EC）；二是欧洲铁路互通性技术规范（TSI）；三是欧洲标准（EN）；四是欧盟各国国家、协会和企业标准。欧盟铁路指令对铁路系统的总体结构和功能提出了基本要求，对铁路系统进行规范。欧盟在2004年发布的《铁路安全指令》，就是为了确保欧盟铁路安全的发展与完善，为欧盟铁路安全建立一个统一的安全监管架构。欧洲铁路互通性技术规范是由代表基础设施的管理部门、铁路公司和该行业的联合机构制定，以确保跨欧洲高速铁路系统各子系统之间相容性，最终满足欧盟铁路指令规定的基本要求。[①] 而欧洲标准就是为了满足欧洲铁路指令和欧洲铁路互通性技术规范的要求而做的更为详细的规定。

2004年，欧盟就建立铁路法制框架达成一致，以建立一个统一的铁路安全监管架构为目标，发布了《铁路安全指令》。欧盟《铁路安全指令》共有六章35条和五个附件，其中第二章《统一的安全和方法》、第

[①] 朱梅、杨琦、徐力等：《国际国外高速铁路技术法规及标准体系分析》，《铁道技术监督》2011年第7期。

三章《安全认证和许可》为指令的核心内容。《铁路安全指令》明确了相关成员国之间的责任，定义了铁路安全管理、监管及监督的共同原则，成立了欧洲铁路局、国家铁路安全管理机构以及国家事故事件调查机构。《铁路安全指令》主要包括以下五个方面：

一是建立安全管理机构。《铁路安全指令》规定：所有成员国应建立国家安全管理部门，该部门要独立于铁路企业和其他机构。所有成员国要建立、发展安全监管架构，执行、监管并促进监管架构的完善。国家安全管理部门的职能主要包括：许可和监督欧洲高速铁路系统和传统铁路系统可互操作性；安全证书和安全许可的发布、更新、修订及撤销；监控、促进并在适当情况下执行和发展安全监管架构。

二是明确安全目标、方法和指标。共同安全目标指成员国要达到的整体安全水平或安全级别，用风险水平表示，为乘客、工作人员和承包商等的个体风险、与铁路设施无关人员的个别风险和社会风险。成员国风险水平按年度计算，用列车"车·千米"和乘客"人·千米"的严重伤亡数表示。[1] 共同安全方法用于描述如何评估安全水平、安全目标的实现情况，以及与其他安全要求的一致性方法。共同安全指标是成员国安全管理部门评估共同安全目标实现情况、监控安全建设和年度安全报告的主要内容。主要包括：事故有关指标；事故和未遂事故的指标；事故损失指标；安全设施指标；安全管理指标。

三是建立健全安全管理体系。安全管理体系是基础设施管理方或铁路运营企业为保证运营安全，实现共同安全目标而建立的组织体系和制度安排，包括安全政策、安全目标、安全程序、风险评估方法和控制措施、安全培训、安全信息管理及记录，等等。铁路运营企业已建立的安全管理体系，能够满足可互操作性技术规范和其他有关欧盟立法，以及国家安全规则所规定的要求，并通过安全管理部门的认证，通过申请被授予安全证书。铁路运营企业必须持有安全证书，才被允许使用铁路基础设施。安全证书可以覆盖成员国的整个铁路网络或者指定部分，在整个欧共体内都有效，每五年更新一次。当运营类型、范围扩展或出现较大运营变化时，证书应全部或部分更新。基础设施管理方只有从安全管理部门获得安全许

---

[1] 陈艳申：《欧盟铁路安全指令及其对我国的启示》，《中国铁路》2013年第11期。

可，才允许管理和运营铁路基础设施。

四是安全统计和事故报告机制。事故和事件调查机构是一个获得法律授权，负责事故和事件调查的常设独立机构，并独立于其所属部门，职责上独立于国家安全管理部门和任何铁路规制部门。在法律上及决策方面独立于铁路企业及相关机构，以及任何与调查冲突或有任何利益关系的方面。调查机构可以要求其他成员国或欧洲铁路局协助调查事故和事件，欧盟成员国也可以委托调查机构开展事故事件调查。调查机构负责进行调查，确定调查深度和程序，可以决定调查那些可能导致严重事故的轻微事件。成员国应在其各自法律制度的框架内规定调查的法律地位。事故调查独立于司法调查，但应尽可能地得到负责司法调查的安全管理部门的合作，并被赋予以下权限：进入事故或事件现场、相关机车车辆和基础设施，检查交通控制和信号设施和装置等；列出证据，检查或移动残骸或基础设施、设备；调用车载录像机、信息记录设备、信号和交通控制系统运行记录；查阅遇难者尸体检验结果；调用事故或事件相关人员的考试结果；询问相关证人；查阅任何有关资料或记录。

事故或事件发生后，调查机构应在一周内开始进行调查，按照以下步骤进行：首先，由成员国的调查机构进行事故或事件调查，涉及靠近两国边界处可合作调查。其次，调查机构应具有或采取适当的办法获得运营和技术专业知识。再次，对相关基础设施管理方、铁路运营企业、安全管理部门、受害方及其亲属、受损财产业主、制造商、相关应急服务、员工代表及用户代表等开放调查，并尽可能地获取反馈信息。最后，在事故现场以最短的时间结束检查，尽快恢复运输服务。在决定开始调查的一周内，调查机构应将事故或事件发生日期、时间和地点，以及其类型、伤亡及财产等告知欧洲铁路局。事故或事件调查报告主要内容包括调查目标、事故或事件类型和严重性，以及调查发现的问题和安全建议。调查机构应在尽可能最短的时间内公开最终报告，并报送有关各方以及其他成员国，最晚不超过一年。每年9月30日前，调查机构都应发布最新年度安全报告并报欧洲铁路局。

五是建立国家安全规则。国家安全规则是指包含用于成员国级别铁路安全要求的所有规则，主要包括：现有国家安全目标和安全方法的规则；铁路企业安全管理系统和安全认证要求的规则；欧盟法规未及的新型或重大改造机车车辆维护的规则等；欧盟法规未及的铁路网络运营规则，包括与信号和交通运输管理有关的规则；轨道交通机构内部运营规则（公司规章制度）；与工作人员执行安全关键任务要求有关的规则，包括选择标准、医疗健康、职业培训以及认证等；与事故调查有关的规则。

二 欧盟高速铁路安全立法特色

欧盟高速铁路安全立法具有三大特色：

一是配套齐全，体系完备。高速铁路安全涉及方方面面，仅靠一部法律很难完全对高速铁路安全问题进行规制。为落实《铁路安全指令》，欧洲铁路局、欧盟理事会和欧盟委员会相继发布了配套法规，包括条例、指令、决定、指南和建议，并将《铁路安全指令》中需要欧盟委员会通过的每一项规定条款用一项或多项法规发布落实，构成完整的安全法规体系。《铁路安全指令》规定的安全措施要想得到真正的落实，必须通过相应的法规文件进一步细化指令的要求。《铁路安全指令》也需要根据发展变化和技术的进步持续改进，需要通过配套法规不断完善和修订。

二是组建机构，专门应对。《铁路安全指令》规定组建欧洲铁路局、国家铁路安全管理机构以及国家事故事件调查机构。国家安全管理机构在完善安全法规、发展监管构架和安全监督方面发挥了关键的作用，有效地提高了成员国高速铁路安全运行水平。事故调查机构负责对高速铁路安全事故进行独立的调查并公布，对提高高速铁路安全管理水平发挥了重要作用。

三是统一标准，共同安全。《铁路安全指令》给各成员国规定了共同安全目标、共同安全方法和共同安全指标，只有在统一的制定标准下，各成员国的高速铁路系统才能相互兼容，也避免了责任的推诿和矛盾。各成员国组建各自的国家铁路安全管理机构以及国家事故事件调查机构，履行各自的法定职责，按照共同的法律法规和技术标准对铁路企业进行监管，形成合力，共同保障欧盟的高速铁路安全。

第五节 西班牙高速铁路安全立法

目前，西班牙高速铁路运营里程仅次于中国，居世界第二位。西班牙高速列车简称 AVE，采用法国技术，最高时速达 300 千米。西班牙已经在营运中的高速铁路有八条，已建成的高铁系统以马德里为中心，向南部、东南部、东北部、东部辐射，连接了马德里与巴塞罗那、瓦伦西亚、塞维利亚、马拉加等主要城市，境内的高速铁路线路主要有 Alaris、Alvia、Anant 和 Euromed。西班牙高速铁路立法主要以 2005 年生效的《西班牙铁路法》为核心，以《2002—2007 年国家交通运输基础设施规划》和《2005—2020 年运输基础设施发展战略规划》两个战略规划为指导，辅以各地出台的适合当地高速铁路发展的法律法规，其中比较完善的有《加泰罗尼亚地区铁路法》。

西班牙新型铁路装有"欧洲铁路交通管理系统"（ERTMS）或 ERTMS 2，以监察行车情况，自动监察系统会实时追踪车速与安全限速的差距，并会根据限速及到站距离，将合适车速显示在司机面前的屏幕上。一旦车速过快而司机未及时调整，系统会自动减速甚至停车。2013 年 7 月 24 日，西班牙高铁发生严重脱轨事件，为防止惨剧再次发生，西班牙公共工程与交通部决定，对现行的铁路行车安全系统进行升级，在危险路段安装超速自动刹车装置，并在事故发生弯道处安装了三盏递进式的 ASFA 系统速度限制信号灯，并在这些信号灯旁设置了限速提示牌。第一盏安装在事故发生处前约 5 千米，提示限速为 160 千米每小时；第二盏安装在事故发生处前 3.3 千米处，提示限速 60 千米每小时；第三盏安装在事故发生处前 3 千米处，提示限速 30 千米每小时。如果列车时速超过了规定，那么列车的制动系统就会立刻被激活，由此可避免类似事故再次发生。西班牙地形状况多山，铁路线路多为弯道，列车在弯道上行驶产生离心力，易使旅客乘车感到不适，并且带来了列车脱轨的风险。为此，西班牙针对高铁采用"倾摆列车技术"，西班牙 Talgo250 列车是这方面技术的代表。该列车既能在准轨高速线路上行驶，又能在既有的宽轨线路上运行。两种不同的轨距变化时，列车可以 15km/h 速度自动实现换轨。列车的动力车和中间非动力车的转向架都根据 Talgo-RD 原理设计制造，保证了自动转换的可靠性。

20 世纪 90 年代至 21 世纪初，欧盟出台了一系列的指令和政策，西班牙政府为使其与欧盟接轨，于 2003 年出台了《西班牙铁路法》，建立了国家铁路运营公司和铁路基础设施管理局。其中，铁路基础设施管理局负责维护既有路网、高速铁路及既有的车站和枢纽、新线的建设。在铁路监管方面,《西班牙铁路法》明确规定建立铁路监管委员会,监督铁路运输职责,确保国有运营商和私人运营商进行无差异性运输。但在很长一段时期,铁路监管委员会只是发展部的一个内部部门,其独立性较小。直到2005年,西班牙政府出台了一项新的竞争性政策,建立了真正独立于发展部的铁路监管机构。

第六节 美国铁路安全立法

美国虽然没有正式意义上的高速铁路,也没有相应的高速铁路安全法律制度,但是,美国仍然是目前世界上铁路营业里程最长的国家,建立了比较成熟的铁路安全管理制度,所以研究美国的铁路安全管理立法,对完善我国高速铁路安全管理立法有较大的借鉴意义。

一 美国铁路安全立法概况

为确保铁路的安全发展,美国十分注重运用法律手段来规范企业的行为。美国针对铁路安全问题颁布大量法律法规,将安全提升至法律高度,形成了完善的安全管理法律法规体系,从不同方面确保铁路安全。美国铁路安全法律体系主要由美国国会和美国运输部颁布,美国国会从宏观角度制定大量涉及安全的运输法以及铁路法,总体把握铁路安全要求;行业规章由美国运输部及其所属机构根据国会颁布的相关法律制定的运输和铁路安全规章或规则,涵盖了包括铁路安全管理、铁路风险管理、铁路设备安全、危险货物运输安全、铁路事故应急处理和调查处理、人员安全及其他影响安全的因素等。[①] 其中比较典型的法律有《铁路安全改善法》《铁路安全设施法》《联邦危险货物运输法》等。国家从宏观角度制定大量安全法律法规,铁路行业则根据国家的指导,制定具体规定来指导实际的操作。

在安全监管体系上,美国采取行业主管部门直接监管的方式,由联邦铁路管理局主要负责全国铁路的安全监管,联邦铁路管理局根据《运输

---

① 李凤玲:《美国铁路安全管理法律法规体系及启示》,《中国铁路》2013年第11期。

部法》成立,《运输部法》和《联邦铁路安全法》等法律具体规定了联邦铁路管理局的监管权限和监管程序。其中,《联邦铁路安全法》还对铁路安全管理机构和人员、联邦政府的安全职责、铁路行车事故的处理等做出了规定,此后颁布的有关铁路安全的法律或规章均以此法为依据。美国联邦铁路管理局十分重视铁路安全监察人员的配备,并对其素质和能力有严格的要求。美国联邦铁路管理局共有 664 名员工负责铁路的安全监督管理,其中有近 500 人(其中仅安全检查员就达 350 人左右)工作在八个区域安全办公室,此外还有 170 多名州级安全检查员与联邦的安监人员一起执行铁路安全检查[①]。美国通过了大量的法律法规对铁路技术设备安全给予保证。《铁路安全改善法》《铁路安全设施法》《机车检测法》《信号检测法》《联邦铁路安全授权法》和《铁路安全实施和审查法》的颁布,对铁路线路、机车车辆、通信信号和行车安全设备的安全标准、定期检查、养护维修,以及安全技术装备的配置应用等都提出了明确的要求。美国联邦铁路管理局根据相关法律的指引,又制定了《铁路机车安全标准》《铁路货车安全标准》《客运设备安全标准》《线路安全标准》等一系列相关规则,进一步细化了标准,使铁路员工在执行工作时有统一的标准依据。美国的铁路安全管理分工主要包括联邦政府安全监管和州政府安全监管。在联邦政府安全监管下,涉及铁路运输安全与安保的监管机构主要有联邦铁路管理局、联邦公共交通管理局和联邦交通安保管理局。联邦铁路管理局隶属于美国运输部,负责对全美的铁路运输进行安全监管。其内设安全处、法律事务处、政策规划处等,由安全处负责集体的安全监察事务,在安全处还设有安全保障与认证部、安全分析部,负责对联邦铁路管理局的安全监察工作提供技术支持。联邦公共交通管理局主要负责通勤铁路的运营安全;联邦交通安保管理局则是专门针对"9·11"事件而成立的,主要负责包括铁路在内的全国交通运输系统的安保和治安。除了这三个机构外,美国还设立了独立的国家运输安全委员会,该机构直接向国会负责,负责美国交通运输事故的独立调查,具有最高的事故调查权。在州政府安全监管上,美国在各州交通厅下设置专门的铁路安全监管机构,严格执行联邦政府和各州的安全法律法规。

---

① 李凤玲、王晓刚:《美国铁路安全监管体制研究》,《中国铁路》2015 年第 4 期。

二 美国铁路安全立法的特色

美国铁路安全立法具有三大特色：

其一，规定全面，体系完整。美国有关铁路安全的法律法规，从美国国会到美国运输部及其下设机构再到美国铁路企业，从上到下都制定了较为完善的法律体系。低级别的法律法规必须在高级别的指导下制定，避免相互冲突，实现立法目的。

其二，配合严密，共同助力。在铁路安全监管方面，联邦铁路管理局十分注重与联邦政府、州政府、地方政府相关机构等加强合作，提高安全监管的效率。发生铁路事故后，联邦铁路管理局会和国家运输安全委员会合作共同调查铁路事故，及时交换事故信息，并全面配合国家运输安全委员会。在实施安全规划和检查、培训员工方面，联邦铁路管理局会与联邦交通安保管理局合作，共同强化美国铁路运输的安保问题。在通勤铁路的安全保障方面，联邦铁路管理局会和联邦公共交通管理局合作，共享通勤铁路安全事故信息，并就各种安全和治安问题为通勤铁路专业人员提供技术支持和培训。联邦铁路管理局还会与州政府监管机构合作，共同对铁路公司进行安全监督检查，同时联邦铁路管理局还要负责监控州监管机构的调查和监督活动，需要及时提供帮助。

其三，标准过硬，把控到位。除宏观上的法律规定外，铁路公司还需要具体的技术标准来操作实施确保铁路安全。因此就需要制定详细的技术规章和严格的技术标准。美国铁路技术管理规章由美国联邦铁路管理局组织制定，规定了铁路技术管理的相关内容，以"联邦法"形式颁布施行，包括轨道铺设、旅客服务、货车安全、信号安全及其检查维护等规定，行车组织方面的法规包括铁路行车规则、铁路行车实务两部分内容。[1] 在技术标准上，由北美铁路协会负责制定与铁路货运相关的技术标准，美国铁路工程与道路维修协会负责制定铁路工程手册，美国铁路客、货运公司负责制定有关列车运行、信号显示等具体要求。只有执行严格的技术标准，铁路安全才能得到更好的保障。

---

[1] 黄银霞、冯双洲：《国内外铁路技术管理规章对比分析》，《铁道技术监督》2016年第6期。

第七节　国外高速铁路安全立法对我国的启示

国外高速铁路得以安全的迅速发展，法律的保驾护航起到了至关重要的作用。法律作为坚实的后盾，对人员、设备以及环境等方面在高速铁路运营过程中产生的风险进行了规制，高速铁路的安全得到了保障。高速铁路的发展适应我国经济及社会发展的需要，也满足人民日益增长的美好生活需要，而这一切的实现均要以安全为基础。因此，保障高速铁路安全最有效的方式就是制定专门的法律，这既对高速铁路安全规定了详细的标准，使其有法可依，又对一些不法行为起到了震慑作用。

一　持续改善立法，以法治思维和法治方式维护高速铁路安全

2010年，以宪法为统帅，以宪法相关法、民法、刑法等多个法律部门的法律为主干，由法律、行政法规、地方性法规与自治条例、单行条例等三个层次的法律规范构成的中国特色社会主义法律体系已经基本形成。中国共产党第十八次全国代表大会以来，党和国家高度重视立法工作，但就铁路领域而言，现阶段的法律制度还不能满足铁路迅速发展的需要。如何运用法治思维和法治方式，更好地规制高速铁路安全风险显得尤为重要。在面临着各种安全风险和各类矛盾时，要运用法治思维，将法律作为判断是非和处理事故的准绳，运用法律手段明确高速铁路安全的各项要求、化解各类矛盾。法治方式相对于其他方式，它有国家强制力作为保障，贯彻执行的力度更强。只有运用法治思维和法治方式防范高速铁路安全风险，高速铁路的安全才能得到最有力的保证。正如高速铁路列车上明令禁止吸烟，就极少有人以身试法，其最重要的原因在于法律针对"禁止在高速铁路列车上吸烟"的规定已深入人心，违反规定的将予以处置，并执行到位。这就是用法治思维和法治手段防范高速铁路安全风险的经典案例。我国高速铁路正处于黄金发展阶段，速度的加快无疑对安全的要求更为严格。因此，应当在《铁路法》的总指导下制定专门的《高速铁路安全管理条例》。《高速铁路安全管理条例》作为特别法，专门针对高速

铁路的安全发展，从高速铁路的设计之初到后续监管均包括在内，可分为总则、高速铁路设计安全、高速铁路建设安全、高速铁路设备安全等章节。该条例要符合高速铁路的立法原则，实现高速铁路立法的价值目标，满足人民群众向往美好生活的需求。

二 强化事故原因分析，以制度持续建设和完善确保高速铁路安全

日本对高速铁路的事故调查十分严苛，一旦发生事故必须一查到底，相同的错误绝不允许再犯第二次。日本 1987 年颁布了《铁路事故报告规则》，首先对"铁路行车事故""索道运转事故""电气事故"等术语进行了明确的定义，并且对《铁路事业法》第 19 条规定的"事故隐患"进行了详细阐述。第五条至第八条分别对"铁路行车事故""索道运转事故""电气事故"以及"灾害"的报告规则作了具体规定。一般来说，事故发生后，铁路运输企业要及时通知国土交通省，国土交通省再通知运输安全委员会，运输安全委员会负责对事故调查并作出报告，最后交给国土交通大臣并予以公开。为确保事故报告的准确和真实，运输安全委员会独立对事故进行调查，不受其他机构的干预。事故报告对高速铁路今后的运行安全至关重要，铁路运输企业要根据报告的内容对高速铁路安全隐患采取对策，甚至通过修改法律来应对风险。因此，我国的高速铁路在发生安全事故后，一定要有一支相对独立且专业的安全机构进行事故的原因分析，并且可以协调公安、医院等各方的力量进行事故调查，最后向国家铁路局作出事故报告。国家铁路局根据报告对事故责任方提出整改意见并进行监督，并公布事故报告以及责任处理结果。事故报告的内容必须翔实，事故原因、经过以及建议等方面必须缜密，真正做到把安全放在高速铁路发展的第一位。只有事故报告真正地令人信服，事故责任方和相关机构才会重视起来，对事故安全隐患进行改进和防范。这种事后纠错制度将有助于提高我国高速铁路运行的安全性。

三 重视改革先导，以市场化发展要求明确高速铁路安全立法方向

我国铁路市场化改革正不断深入推进。2013 年 3 月，铁路实行政

企分开。交通运输部承担拟定铁路发展规划和政策的行政职责，国家铁路局承担铁道部的其他行政职责，中国铁路总公司承担铁道部的企业职责。2017年11月，中国铁路总公司旗下的18家铁路局，集体变成铁路局集团公司，这是地方铁路局公司制改革的关键一步。2019年6月，经国务院批准同意，中国铁路总公司正式改制成立中国国家铁路集团有限公司，依据《中华人民共和国公司法》设立，性质为国有独资公司。法治建设和改革是相辅相成的，改革的推进必定涉及对现行法律的修改、制定原来空白的法律、对过时法律的废除。立法应主动适应改革需求，做到重大改革于法有据。日本在1986年实行国铁民营化改革，随即颁布了一系列的法律和省令来推动改革；20世纪90年代，德国为实行铁路改革，颁布了一系列的法律；法国于1997年颁布了《改革铁路运输业，成立"法国铁路网公司"公共机构的政令》，对法国铁路的管理体制实行重大改革，以促进铁路改革发展。在当前我国铁路市场化改革不断推进的背景下，针对高速铁路安全的立法也应当尽快制定并不断地完善，新的高速铁路安全立法务必要做到服务市场化改革、推进市场化改革、规范市场化改革和保障市场化改革。在铁路市场化改革的推动下，各铁路运输企业要加强对安全的管理和监督，制定相应的安全细则来规范铁路内部人员的行为，可以通过在绩效考核中加大对安全工作考核的比重，用经济手段来激励铁路内部人员的安全行为。推行市场化安全管理机制，将影响高速铁路安全的三大风险按照危险程度分类，并建立风险级别体系。

四 强调协调合作，构建多方合力共同维护高速铁路安全的法律制度

高速铁路具有点多线长的特点，影响安全的因素十分复杂，仅靠单方力量难以确保高速铁路安全，必须依靠多方力量，合力共同维护。德国在维护高速铁路安全上采取了多主体合作的模式，联邦铁路管理局、联邦铁路事故调查局、德铁公司等主体各司其职，分工明确。同时，这些主体在履行职责时也并非完全各自独立，在日常安全检测时联邦铁路管理局会对德铁公司进行指导监督，在遇到安全事故时还会共同合作。因此，借鉴德国经验，我们应该从立法层面构建多方合力共同维护高速

铁路安全的法律制度。其一，明晰各类主体的职责。明晰职责是有效开展各项工作的前提，"职"即职权，"责"即责任，只有通过立法手段，清晰规定各类主体的职权和责任，才能规范、有效地开展各项具体工作，提高效率，使资源得到最充分、合理的使用。在维护高速铁路安全的各类主体中，铁路监管部门的核心职责是对高速铁路安全进行监督管理，承担监管责任；铁路运输企业的核心职责是建立规范科学的安全保障制度，并有效组织实施，在具体运营管理中层层确保安全，承担主体责任；高速铁路沿线各级地方政府的核心职责是培育路外安全环境，监督、整治和协调消除不安全因素，承担监管责任；其他各类主体的核心职责是不侵害高速铁路安全以及积极维护高速铁路安全，承担维护责任。其二，建立协调合作机制。高效、协调的合作机制是有效开展高速铁路安全保障工作的重要前提。铁路行业监管部门、高速铁路沿线地方政府和铁路运输企业都肩负着维护高速铁路安全的重要职责，它们之间既需要独立分工也需要协调合作，其中，铁路运输企业作为高速铁路安全的责任主体，最具有协调合作的需求和动力；在铁路系统内部，铁路行业监管部门作为行业监管政府，最具有协调能力；综合路内路外安全保障因素，则高速铁路沿线地方政府最具有协调能力。鉴于此，构建高速铁路安全协调合作机制应该从立法层面明确，由铁路运输企业提出协调需求，由铁路行业监管部门负责路内协调，由高速铁路沿线地方政府负责路内路外协调。其三，建立第三方机构独立参与安全监督机制。《德国通用铁路法》第五条第二款规定州政府可以通过行政法规把铁路监管权限全部或部分委托给其他的国营或私营部门，确立了高速铁路安全第三方监管制度，为多方合力共同维护高速铁路安全提供了全新模式。借鉴德国等国家和地区经验，为克服高速铁路安全政府监管部门人力不足，监管力量有限等现实困难，借助《铁路法》修改契机，以立法方式授权铁路行业监管部门可以通过合法程序委托第三方机构参与高速铁路安全监管，打造高速铁路安全监管的市场化途径。

五 注重行为规范，构建高效有序的高速铁路安全救援和事故调查处理法律制度

艾雪德事故发生后，德国仍然坚持着"专业精神"，并未因"安全神

话破灭"而对事故遮遮掩掩，第一时间开始了紧急救援工作。整个搜救工作持续三天结束，紧接着还有长达五年的技术调查和法律审判。因此，借鉴德国等国家和地区经验，我国高速铁路安全应急救援和事故调查处理应从以下几方面进行制度完善。其一，确立"以人为本"的核心理念。安全是人与生俱来的基本价值追求，是国家昌盛、社会稳定、经济发展的前提保障。然而，尽管我们努力追求安全价值，但安全事故却始终难以彻底根除和避免，因此，人性化的安全救援是安全价值的重要组成部分，是安全防范应有的题中之义。高速铁路安全事故损失大、救援难，一旦事故发生，"全力搜救"和"尽快恢复通车"都是极其重要的价值追求，而且二者之间既相关联又存在冲突，当冲突发生时就需要法律做出明确界定。以立法方式确立"以人为本"的核心救援理念，将尊重生命、全力抢救作为第一要务，将人民群众的生命健康作为安全救援工作重中之重的指导思想，是解决高速铁路安全救援中"全力搜救"和"尽快恢复通车"价值冲突的重要途径。在此核心理念的指导下，"尽快恢复通车"让位于"全力搜救"的价值追求，在具体的高速铁路安全应急救援各个环节中，实现了思想上从重"物"到重"人"的价值理念转变。其二，健全专业化救援机制。救援工作事关人民群众的生命健康安全，而且，高速铁路安全事故往往具有突发性，救援工作又具有专业性和艰巨性。因此，为最大限度地保障人民群众的生命健康安全，高速铁路安全救援应该实施专业化战略，从立法层面，要求铁路行业监管部门和铁路运输企业组建专业化救援队伍，拨付专项资金，配备高精尖的专业救援设备，定期进行专业救援训练和演练，在高速铁路安全事故发生的第一时间迅速赶赴现场开展专业化救援。其三，完善事故调查处理机制。事故调查处理是安全救援体系的重要组成部分，是公平公正追究事故责任和警示事故教训的重要途径。德国建立了完善的高速铁路安全事故调查处理机制，艾雪德事故发生后，德国联邦铁路局组成独立调查小组，对事故原因展开全面调查，并在1999年公布了一份新的铁路安全方案，检察院也对相关工程师展开公诉，直至2003年才宣告结束，事故中受损的部分车体也被保留下来，成为调查人员的重要调查证据和时刻提醒德国人牢记安全教训的警钟。借鉴德国等国家和地区经验，我们应该通过立法完善高速铁路安全事故调查处理机制。一是明确事故调查人员组成规则。人员组成需要独立性、代表性和专业性，独立性要求建立涉案主体的回避制度，尤其是事故涉及铁路运输企业之外主体时，应该由铁路行业监管部门负责组建调查组开展调查，铁路运输企业回避；代表性要求调查人员组成应该具有各类利益群体代表，倾听不同阶层声音，以民主思维和民主方式破解外界质疑；专业性要求调查组成人员应该具有高速铁路相关专业及法律等足够的专业水平，具备开展专业化调查处理的能力。二是严格调查处理程序。严格高速铁路安全事故调查处理程序要求以立法方式明确调查处理的先后顺序、期限限制以及证据保存等，它是规范调查处理行为和保障当事人权益的重要手段。鉴于高速铁路安全事故的复杂性和多样性，高速铁路安全事故调查处理程序设置应该分类进行，不同等级的安全事故，设置不同的调查顺序、期限限制和证据保存要求，按事故等级的严重程度正向规定调查处理程序的严格程度。

六 强化刚性约束，构建科学合理的高速铁路安全标准规范制度

标准是安全的硬性保障，安全标准是实现高速铁路安全长治久安的根本途径，是预防安全事故、加强安全管理的重要基础，是提高高速铁路安全运营管理和安全监督水平的重要手段。德国、法国、美国及欧盟等国家和地区高度重视高速铁路安全标准建设，建立了完善的技术标准体系，是高速铁路安全管理的重要依据。借鉴国外经验，为提升我国高速铁路安全管理水平，有效预防和减少高速铁路安全事故发生，应该进一步加强高速铁路安全标准化建设，构建科学合理的高速铁路安全标准规范制度，以标准化建设促进高质量安全。安全标准体系包括安全技术标准体系和安全管理标准体系。

从技术标准体系看，目前我国高速铁路安全标准主要依据《铁路技术管理规程（高速铁路部分）》（以下简称《规程》）和《高速铁路安全防护设计规范》（以下简称《规范》）。《规程》从技术设备、行车组织和信号显示三部分系统规定了高速铁路技术标准要求。《规程》的全面性和规范性基本可以满足高速铁路建设运营的技术标准需求。但由于中国国家铁路集团有限公司属于企业性质，其制定的标准属于企业标准，在其内部可以要求强制执行，但超出其范围则没有强制执行效力。而由国家铁路行业监管部门或铁路行业协会制定的标准短时间内难以完成，但普遍适

用的国家标准又十分必要。鉴于铁路行业的特殊性，可以通过职权部门暂时授权中国国家铁路集团有限公司制定和修改高速铁路标准，作为铁路行业改革过渡期的临时措施。长期目标则应通过立法规定由国家铁路行业监管部门或铁路行业协会制定标准，开始启动制定国家标准或行业标准。如《规范》是由中国铁路经济规划研究有限公司主编，经国家铁路局批准后发行，分别从总则、术语与缩略语、基本规定、工务工程、四电工程、房屋建筑及构筑物、安全防护检测七个方面进行标准化规范，并于2020年2月1日开始实施，开启了标准制定的新途径。

从安全管理标准体系看，目前我国主要依据《铁路安全管理条例》（以下简称《条例》）和《高速铁路安全防护管理办法》（以下简称《办法》），《条例》系统规定了铁路安全管理规范要求，但《条例》的规制对象主要是铁路安全，专门针对高速铁路安全的条文只有四条，难以满足我国大规模高速铁路安全管理的标准化需求。《办法》虽然专门规范高速铁路安全维护，但属于部门规章，立法层次相对不足。所以，短期目标应该借助《铁路法》修改等契机，补充规定高速铁路安全管理核心条款，长期目标应该制定专门的《高速铁路安全管理条例》，建立高层次、规范细致的高速铁路安全管理标准体系。

七 严格准入条件，构建系统规范的高速铁路安全人才培养机制

1998年艾雪德列车出轨事故的发生与德铁公司工作人员存在重大疏忽和失职密切相关，因此，德国提高了从业人员准入标准，对驾驶员、安全员、检修员等高度专业的岗位，要求必须通过国家法律规定的相关考试取得从业资质后方能上岗。从业人员在上岗后还需要进行一系列各具侧重点的培训，同时需要定期进行专项业务水平考核。通过层层考核选拔，德国高速铁路安全管理从业人员的专业性得到实质性改善，较好地规避了人员风险。借鉴德国等国家和地区经验，我国高速铁路安全管理应该探索通过层层考核的方式严格选拔关键岗位人才，提高高速铁路安全管理专业化水平，以专业化、规范化确保高速铁路安全。首先，应该强化安全意识培育。安全意识支配安全行为，规范有序的安全行为又会进一步促进安全意识提升，但是，安全意识的培养形成并非一朝一夕能够实现，需要充分发

挥安全文化对人的潜移默化和深远持久影响。因此，通过制度层面推进安全文化建设，定期开展安全文化宣传教育活动，使安全文化逐渐深入人心，将会逐步提高安全意识。但是，目前我国高速铁路安全文化建设还比较薄弱，部分人员的安全意识淡薄，安全教育活动流于形式等现象较为严重，所以应该通过立法将安全文化建设和安全意识培育固化为相关主体的义务，以制度化的方式不断强化相关主体安全意识培育。其次，应该完善人员准入制度。良好的人员准入制度是确保人员素质的首要环节，也是对人员能力的首次检验，为更好地建立严格规范的人员准入制度，应当从立法层面建立高速铁路运营管理关键岗位准入考试制度，从源头上提升高速铁路关键岗位从业人员的素质。同时，必须清醒地认识到，完善定期安全培训制度有助于增强员工的安全意识，提高员工的安全工作能力；完善定期考核制度既可以检验员工的培训成果和实际工作能力，又会使员工始终保持良好的工作状态，形成安全管理压力。所以，应该从立法层面建立规范科学高速铁路安全定期培训制度和考核制度，以规范化、标准化和严格化的管理方式促进安全管理水平提升，确保安全。

第六章 高速铁路安全立法的主要内容

第一节 高速铁路建设质量安全立法

一 高速铁路建设质量安全的重要性

2017年6月底至7月初，沪昆高铁贵州段接连发生多起危及行车安全，干扰运输秩序，影响运输效率和效益的质量问题，中国铁路总公司成立专项检查组，对沪昆高铁贵州段部分隧道质量问题进行了调查。沪昆高铁东起上海，西至昆明，途经上海、浙江、江西、湖南、贵州、云南等省市，线路全长2252千米，是我国东西向线路里程最长、速度等级最高、经过省份最多的高速铁路，沿途经过众多旅游胜地。然而在通车仅仅不到一年的时间里，沪昆高铁贵州段就发现了建设质量安全隐患，这着实令人吃惊。中国铁路总公司针对沪昆高铁贵州段质量问题做出处理并进行了通报，即《中国铁路总公司关于沪昆高铁贵州段质量问题处理情况的通报》。通报中称，通车不到一年的沪昆高铁贵州段个别隧道存在偷工减料与施工质量问题。通报还对上述施工单位、监理单位、设计单位、第三方检测单位、建设单位提出了处理意见，对责任单位处以停止接受投标、企业信用降级、扣分、承担经济损失等处罚。

中国高速铁路发展至今，已经取得了举世瞩目的成就。政治上，高铁极大地强化了中国在国际上的政治地位，"中国品牌"的高铁响彻世界，其发展成果令世界对中国刮目相看；经济上，高铁的出现推动了各个区域经济的协调快速发展，并且为保障奥运会、世博会和亚运会等国家重要活动的顺利进行，发挥了不可替代的巨大作用；社会效益上，高铁的快速发展使得全国交通运输业布局更加科学合理，其能源消耗结构合理、环境污染度极小、土地占有量节省等特点,更有利于资源节约型、环境友好型社会的建设。在高速铁路工程建设方面,我国也取得了重大突破。我国研发的无砟轨道成套技术及高速钢轨、扣件、道岔等轨道设备,满足了线路高平顺、高稳定的列车运行要求,能够满足多类型恶劣气候环境的建设需要,并成功解决了地面沉降、复杂地质条件下隧道施工、深水大跨桥梁施工、风沙堆积等高难技术问题。① 然而,高速铁路在建设过程中一个小小的疏忽就有可能将之前取得的成就毁于一旦,让多年苦心经营的成绩化为乌有。铁路总公司虽然已经严肃处理了相关责任单位,但沪昆高铁贵州段质量安全问题产生的负面影响却难以在短时间内消除,这给我国高速铁路的未来发展蒙上了一层阴影。高速铁路关乎人民的生命安全,关乎国家的蓬勃发展,沪昆高铁贵州段质量问题事件给我们敲响了警钟,也让我们更加深刻地体会到高速铁路建设质量安全的重要性。

二 高速铁路建设质量安全把控的主要阶段

高速铁路建设施工属突发事故频繁的高危行业,具有"高处作业多、露天作业多、手工劳动多、立体交叉作业多、临时员工多"等特点,这些特点决定了高铁建设施工过程是个危险性高、突发性强、容易发生伤亡事故的生产过程。② 我国高速铁路基础建设项目工程量巨大,且铁路建设环境复杂,地域跨度极为明显,需要大量的隧道工程、桥梁工程、铁路设备设施等。而且,高速铁路的运行速度较普速铁路更快,对建设工程质量的要求更高,高速铁路建设质量的安全直接关系到列车的运营安全与乘客的生命安全。我国的高速铁路项目建设往往是以省或者以具体分工为单位,参与建设的单位部门众多,经常存在交叉作业。主要包括政府部门、建设单位、设计单位、施工单位、监理单位、质量检测单位,它们在高速铁路建设的不同阶段各自发挥着作用。为确保高速铁路建设质量安全,各参与部门在建设项目的各个阶段都应当严格把控安全关。

其一,准入阶段。我国的高速铁路项目建设参与的单位部门众多,各

---

① 彭其渊、李建光、杨宇翔等:《高速铁路建设对我国铁路运输的影响》,《西南交通大学学报》2016年第3期。

② 李勇辉、刘仍奎、方圆等:《铁路局施工安全管理信息系统的研究与设计》,《中国安全科学学报》2007年第5期。

单位部门的综合素质是确保高速铁路建设项目安全性的关键所在，在建设初期对参与单位把好关，将滥竽充数、素质不高的单位排除在外，是高速铁路建设项目开展的首要任务。

其二，过程监控阶段。高速铁路工程建设项目竣工之后，如果存在质量方面的问题，将很难采取措施进行补救。因此在高速铁路建设项目的实施过程中，必须进行严格的质量监控。各参与单位在这个过程中要明确各自的职责，严格遵守相关法律法规的规定，按照技术规范和项目要求开展作业。

其三，竣工验收阶段。我国高速铁路的竣工验收采用过程验收与联调联试共同验收。一方面在施工过程中，对施工工艺、施工材料、施工步骤进行验收，另一方面在联调联试阶段进行静态调试与动态调试相结合的验收方式。竣工验收是建设项目质量控制的最后环节，因此需要严格按照流程检测，形成规范化的质量报告。[①]

其四，检测维护阶段。在建设工程项目投入运营期间，还需要完成对建设工程项目的保修、回访、相关后续服务、项目后评价等工作。通过对建设工程项目实施过程、结果及其影响进行调查研究和全面系统地回顾，可以从中总结经验，吸取教训，得到启示和对策建议，对未来的建设工程项目提供导向。

三 高速铁路建设质量安全存在的问题

其一，人员素质问题。我国高速铁路建设质量要求高，建设环境复杂，地域跨度极为明显，施工标准更高，施工难度更大，这就要求各参与单位人员的综合素质更高，能够满足高标准、严要求的质量建设需要。但在高速铁路建设初期，有建设经验的人员匮乏。建设单位管理人员短缺，需要从其他单位或专业调入，他们几乎没有管理经验；勘察设计、施工、监理企业的技术管理人员没有实际接触过高铁，提升高速铁路参建人员技术、管理知识和水平的任务极其艰巨。[②] 目前高速铁路建设施工队伍的整体素质偏低，除去相关技术人员之外，其他的施工人员多是从各地聘请来

[①] 罗远：《高速铁路建设项目质量管理绩效评价体系研究》，博士学位论文，北京交通大学，2016年。

[②] 卢春房：《中国高速铁路工程质量管理创新与实践》，《中国铁道科学》2015年第1期。

的农民工，缺乏专门训练的农民工在进行具体施工作业时可能会出现疏忽，埋下工程建设质量的安全隐患。

其二，工程材料问题。工程材料是高速铁路建设项目的物质条件，是建设项目质量的基础。工程材料是否合格直接影响到建设项目的质量高低，进而影响高速铁路运行的安全。倘若在工程材料上不严格把关，其危害将不可避免，造成的损失将难以预估。高速铁路线路漫长，在具体施工中所需工程材料与相应施工设备较多，管控难度较大，有些材料还主要依靠国外进口，进一步加大了管控难度。如沪昆高铁贵州段隧道出现的质量问题主要就是由工程材料监管不到位，施工单位存在偷工减料、内业资料弄虚作假等原因所致。

其三，施工方案问题。确保施工方案的科学性、合理性、有效性，是高速铁路建设质量安全的关键因素，是确保建设项目安全的核心。在施工过程中，需要考虑到方方面面的现实条件，施工时由于跨度大，遇到的各种地质条件复杂，造成施工难度加大。而且，高速铁路建设施工周期长，不可避免地会遇到各种突发状况。因此，施工方案是否合理，施工工艺是否先进，施工操作是否正确，都将对工程质量产生重大影响。

其四，施工环境问题。施工环境不仅包括施工时所需要考虑到的自然环境，还包括工程作业环境、工程管理环境和周边环境，等等。对所处环境的正确认识是施工过程中的重要考虑因素，它是高速铁路建设质量安全的重要保障。因此，必须加强对工程周边自然环境的监测，并且不断改进施工环境条件，辅以必要措施以控制环境对施工质量产生的影响。

其五，工程监理问题。高速铁路建设项目具有线路长、施工点多等特点，这些特点导致高速铁路工程在建设过程中无法实行集中质量控制及管理，给高速铁路建设质量安全带来了隐患。因此，如果监理单位失职将会导致检验功能丧失，质量的安全性无法得到更全面的保障。如沪昆高铁贵州段的隧道质量问题，原因之一就是监理单位存在监控不到位、隐蔽过程检查验收不认真、问题整改不及时、现场监控及验收把关失职以及内业资料随意签认。

四　高速铁路建设质量安全的立法建议

针对存在的问题，应该进行以下立法完善：

(一) 明确主体职责，落实考核追究制度

高速铁路项目参与建设的单位部门众多，经常存在交叉作业，如果不明确各自承担的职责，事故发生后会出现责任不明、相互推诿的现象。因此，应当通过立法明确各部门的责任，并严格执行。沪昆高铁贵州段隧道质量问题的出现，责任涉及施工单位、监理单位、设计单位、第三方检测单位和建设单位，这其中，只要任何一个主体认真负责，严格把控，都可以防止质量问题的出现，但遗憾的是所涉主体集体失职，未能保障工程质量安全。只有对违法行为严格处罚，形成典型案例，才能震慑各参与单位日后依法履行职责。具体途径为：一是应该通过落实考核制度，让安全检测与各参与单位年度绩效考核挂钩，与各参与单位信用评价挂钩，与相关单位人员如施工单位的项目经理、监理单位的总监理等个人资质挂钩。二是实行清退制度。对质量管理不力、效果不好的单位，采用红黄牌警告制度、清理辞退制度或调整所承担的建设任务，实施奖优罚劣，确保工程质量的不断提升。[1] 此外，还应根据安全管理规章制度，设定相应的奖惩措施。对在施工过程中严格遵守自身职责，并积极配合管理人员与技术人员对工程隐患进行有效排查的单位及个人，给予物质和精神奖励；而对于那些违反安全管理规章制度、违反法律规定义务的主体，也给予相应惩罚。

(二) 完善人员准入制度，提升人员综合素质

在高速铁路建设过程中，人是最核心的因素，所有的实施操作都要依靠人来完成。现阶段我国在高速铁路项目建设中安全质量管理人员整体素质参差不齐，应当从多方面入手，提升他们的综合素质。一是严格规范安全人员准入制度。安全质量管理人员需要全面系统地掌握和贯通管理工作的业务知识与技能，还应当掌握与自身岗位具有密切联系的其他技能，做到举一反三。所以需要在安全人员准入上进行严格规定，通过专门的选拔考试来严格规范准入制度，保证准入人员的基本素养。二是完善定期培训制度。高速铁路正处于迅速发展阶段，工程材料和施工设备等也在不断地更新，这就需要安全管理人员及时学习新技能。所以，应该建立定期培训制度，确保安全管理人员知识技能不断更新，能够满足建设质量的安全要

---

[1] 王峰：《高速铁路建设管理实践和探索》，《铁道标准设计》2011年第6期。

求。三是完善定期安全教育活动制度。提升安全管理人员的质量意识、安全意识、风险意识以及大局意识是确保高速铁路建设质量安全的重要因素,因此,必须定期开展安全教育活动制度,开展广泛宣传,将安全理念真正深入人心,融入工程建设的具体环节,确保建设质量安全。

(三) 完善招投标制度,培育公平自由的竞争市场环境

《中华人民共和国招投标法》《招投标法实施条例》《招投标法实施细则》建立起了基本的招投标制度。《铁路安全管理条例》第八条建立起了铁路建设市场招投标制度,规定铁路建设工程的勘察、设计、施工、监理以及建设物资、设备的采购,应当依法进行招标。该条从铁路安全管理的角度进行了法律规范,促进了我国铁路行业招标投标制度的不断完善。但是,在各个环节的具体招投标过程中,还不同程度地存在着市场化程度不高、公开透明度不够、暗箱操作严重、公平公正缺乏等现象。在一些案例中,还存在通过招投标制度无法选择业务能力强、服务质量高的勘察、设计、施工、监理主体的情况。因此,应该通过立法明确完善高速铁路建设招投标制度,即不仅要实施招投标制度,而且要让招投标制度真正发挥作用,有效堵截妨碍公平公正公开选拔市场主体的行为,从建设主体上确保高速铁路建设质量安全。

(四) 加强建设过程管理,严把质量安全关

1. 加强施工现场管理

高速铁路工程建设项目竣工后,如果质量存在问题,将很难采取措施进行补救。所以,对现场质量的把控至关重要,必须进行严格管控。一是要求施工单位要严格执行国家建筑行业相关规定,按照专业的检测程序对现场施工质量进行检测及监控。二是工程施工现场的环境非常复杂,要求监控人员时刻保持谨慎的态度,及时纠正错误的施工操作方式,确保施工过程井然有序。三是在施工过程中,施工人员应该时刻明确自己的责任范围,了解工程材料和施工设备的标准要求,如果发现存在缺陷或质量问题,要及时采取有效措施补救,同时还要结合已经掌握的情况,预测可能出现的安全问题,提前采取预防措施,避免引发事故。

2. 加强工程材料质量管理

在高速铁路项目建设过程中,施工所需的材料质量要求是否达标是确

保工程质量安全的关键，因此应当予以严格的管理控制。《铁路安全管理条例》第十三条规定：铁路建设工程使用的材料、构件、设备等产品，应当符合有关产品质量的强制性国家标准、行业标准。工程质量安全事故大多与使用了不合格的材料、构件和设备有关，一些不合格的材料给工程安全留下了永久隐患，一些严重不合格的工程材料直接导致工程质量事故，所以高速铁路建设过程中必须加强对建筑材料、构件、设备等产品的质量管理。高速铁路工程建设中主要的建设材料如水泥、钢材等应该满足质量双控的基本要求，使用的材料不仅要具备检测合格报告单、出厂合格证，而且要符合施工单位监理部门的检验要求，监理部门应当制定严格的材料检验制度，不断强化现场抽查检验力度。① 另外在编制相关合同时也要明确材料的质量要求与施工技术标准，而且还要由监理方将需要使用的材料进行平行检验后，对于合格者才可投入项目建设施工中，严厉杜绝伪劣材料进入。②

（五）引入第三方监管，进一步保障质量安全

铁路建设项目地质条件复杂、水文条件多变，既有线施工增多、运营安全风险加大，建设单位存在较大的安全质量压力，也给各施工、监理单位提出了严峻的挑战。③ 为确保高速铁路建设质量安全，在工程建设的各个阶段可以尝试引入第三方监管，形成"双保险"制度。例如，要重点围绕规范建设项目决策行为、招标投标、物资采购、资金使用、投资控制和信誉评价等关键领域，加大工作力度，通过内外审计、财务检查、执法监察、监督检查等形式，及时发现、纠正和解决高速铁路建设过程中的突出问题。④ 但是，监管不能总是依靠政府来进行，还应当借助其他社会企业的力量，鼓励第三方进行质量监管。例如，法国的保险公司就要求每项工程在建设过程中，必须委托一个质检公司进行质量检查，这样可在收取保险费时给予优惠。通过鼓励性政策或优惠条件的方式来吸引第三方进行质量检查，可以对高速铁路建设工程质量的安全增加保障，进一步确保高速铁路建设质量安全。

---

① 张震：《铁路建设工程质量管理探讨》，《科技传播》2012年第3期。
② 王炳红：《铁路项目安全质量管理要点研究》，《低碳世界》2016年第5期。
③ 汪军：《铁路建设单位绩效评价体系构建与实践》，《中国铁路》2016年第7期。
④ 王峰：《高速铁路建设管理实践和探索》，《铁道标准设计》2011年第6期。

第二节　高速铁路专用设备安全立法

高速铁路专用设备质量安全至关重要，它是高速铁路安全的重要组成部分，也是高速铁路运营安全的重要基础。因此，从国内外高速铁路安全事故的典型案例入手，分析高速铁路专用设备面临的安全风险，并探究风险产生的原因，最终针对高速铁路专用设备安全提出立法建议。

一　高速铁路专用设备的安全风险

近些年来，国内外发生的许多重大铁路安全事故大多起因于某个专用设备给广大乘客造成了巨大的生命和财产损害。从国内外具体案例入手，分析高速铁路专用设备可能产生的安全风险，以便更好地进行有效防范。

（一）专用设备设计不当或老化产生的安全风险

1998年6月3日，德国城际特快列车从慕尼黑出发开往汉堡，在途经艾雪德村附近的时候突然脱轨，造成101人死亡，88人受伤。这是德国境内伤亡最惨重的铁路事故，而事故的原因起于一个设计不良的车轮。2011年7月23日，北京南站开往福州站的动车组列车运行至甬温线上海铁路局永嘉站至温州南站间双屿路段，与另一动车组列车发生追尾事故，造成40人死亡，172人受伤，事故原因之一是列控中心设备存在严重的设计缺陷。2013年7月12日，法国一辆城际列车在首都巴黎附近脱轨，造成至少七人死亡，数十人受伤。此次脱轨事故是由铁路道岔上一个破裂的钢制部件引起。2017年12月20日，日本新干线被曝出此前从日本博多站开往东京站的"希望号"新干线列车发现转向架严重开裂问题。若当时裂缝再扩大三厘米转向架就会整体断裂，在高速运行情况下转向架断裂必然引发脱轨，导致车毁人亡的重大事故。2018年3月18日，日本一班特急列车发生刹车部件脱落的情况，涉事列车一度暂停行驶，事件导致至少五班列车最多迟到19分钟，影响约数千人的出行。

通过以上案例分析可以看出，高速铁路专用设备的设计不当和老化是导致高速铁路安全事故的重要原因，是引发高速铁路专用设备质量安全风险的主要来源，因而必须引起高度重视，进行有效防范。

(二) 专用设备受天气影响产生的安全风险

2008年6月12日,俄罗斯远东阿穆尔州境内发生了客运列车脱轨事故,造成60人受伤,事故的原因是由于高温导致铁轨变形,最终引发了脱轨事故。2010年5月23日,因连日降雨导致山体滑坡掩埋线路,由上海南站开往桂林的列车运行至江西省境内沪昆铁路余江至东乡间发生脱线事故,造成至少19人死亡。2016年3月7日,美国加州中部一辆连接圣何塞和斯托克顿的通勤列车脱轨,造成14人受伤,其中4人重伤。事故原因是由于事发时下大雨,铁轨湿滑,车速过快所致。2017年11月29日,西班牙一列从马拉加市开往塞维利亚市的列车行驶至塞维利亚的阿拉阿尔镇附近时,第三节车厢突然脱轨,随后更多车厢脱轨,造成27名乘客受伤。导致事故发生的原因是这段铁路旁的一条溪流在暴雨后涨水,冲毁铁路路基,造成列车通过时脱轨。

通过上述的案例分析可知,高温可以使轨道变形,雨雪天气会破坏专用设备,导致铁路安全事故发生,尤其是高速行驶的列车,更容易造成安全事故,而且损失更大。因此,应该充分重视自然天气对高速铁路专用设备质量安全造成的影响,并提前进行防范布控。

(三) 专用设备由于人员操作不当产生的安全风险

2005年4月25日,日本兵库县尼崎市发生重大列车脱轨事故,出事火车在一个限速70千米/小时的弯道上脱轨后撞入附近一栋居民楼,造成至少91人死亡,数百人受伤。导致事故的原因之一是列车超速行驶。据调查,事故发生时列车行驶时速达到100千米,远超限速30千米。而事故列车的司机驾驶火车的累积时间只有11个月,且曾因操作失误受到过三次处分。2013年7月24日,一列从西班牙首都马德里开往北部城市费罗尔的火车在途经圣地亚哥附近时发生脱轨,造成约80人死亡,数百人受伤。这是西班牙历史上最严重的铁路事故之一,而造成该事故的原因是列车在弯道处超速行驶,事故发生前几分钟的"黑匣子"通话记录和录音显示,驾驶员当时正在与同事通话。

从以上的案例分析可以看出,超速、司机操作不当以及开火车时注意力不集中等人为操作因素是导致列车安全事故发生的重要原因。因此,应当严格规范相关人员操作高速铁路专用设备的行为,不断提高"人—机"融合度和驾驭能力。

二 高速铁路专用设备安全风险产生的主要原因

高速铁路专用设备安全的重要性对高速铁路运行安全不言而喻。要确保高速铁路专用设备安全，必须在采购、存放、应用、维修等阶段均保持警惕。导致高速铁路专用设备产生安全隐患的缘由多种多样，但主要包括以下四个风险点：一是专用设备来源带来的风险；二是专用设备检测不及时带来的风险；三是人为操作不当带来的风险；四是专用设备维修管理不力带来的风险。

（一）专用设备的来源风险

对专用设备来源的严格把关是确保高速铁路专用设备安全的首要环节，是保证设备正常、运行安全的前提。只有从源头上消除隐患，后续的存放、应用以及维修才能更好地保证安全。倘若专用设备在源头上就存在严重的安全隐患，将会给后续的应用、维修阶段带来严重的影响，甚至可能在投入使用之初就难以满足高速铁路对专用设备的高要求，进而对广大人民群众的生命安全造成极大的威胁。当前存在的问题在于往往只重视对专用设备的安装、维修等后续工作，但对专用设备的前期工作却不重视。例如在专用设备的购置阶段，各项工作的进行不够细致，直接导致出现盲目购置、重复配置、资产存量大、设备闲置率高等问题，[①] 尤其是在突击花钱阶段，设备来源的安全风险更大，难以保证安全质量。

（二）专用设备的检测风险

在专用设备投入运营后，还应当对其进行定期的检测，排查可能出现的隐患，始终确保专用设备的安全。专用设备在经过长时间的工作后，难免会出现磨损和消耗，如果不及时检测发现问题并进行维护，列车在高速运行的过程中就可能会出现安全隐患。有些专用设备在特定的环境下易发生故障，导致工作寿命缩短。在发生极端恶劣天气、地质灾害时，专用设备可能会临时性地遭受破坏，而检测又往往常规化、固定化、模式化，在专用设备遭受破坏后难以及时发现，进而可能发生列车脱轨等安全事故。近几年来高速铁路集中投入运行，大量的新式专用设备也在广泛地应用，导致专用设备的检测人员存在着配置短缺、工作强度大、专业性不强等问

[①] 赵博：《浅析新形势下的铁路设备管理》，《科技创新与应用》2014年第14期。

题，在检测过程中产生疏忽、消极怠工等现象，这又为专用设备的安全埋下了隐患。

（三）专用设备的操作风险

据统计，百分之五十以上的设备事故是因为管理不善、违章作业造成的，即因为人的因素产生的。[1] 随着大量新式设备的广泛应用，操作人员需要掌握的专业技能也越来越多，但现如今针对操作人员的培训和管理并不科学。在某些专用设备的日常操作上，由于新旧设备可能存在部分相通性，操作人员或是由于培训不及时，或是由于疏忽大意，往往会凭借以往的经验进行操作。这种操作方式在最初可能并不会导致严重的事故，但长此以往将埋下严重的安全隐患。2013年7月24日发生的西班牙列车脱轨事故，原因就是驾驶员驾驶列车时在弯道处超速行驶，事故列车的驾驶员还是一名有着超过30年驾驶经验的老司机。在高速铁路逐步向智能化迈进的时代，专用设备的智能化程度也会不断地加强，但智能化专用设备的操作依然离不开人的因素，人的操作行为将会根本性地影响专用设备的安全性。

（四）专用设备的维修风险

设备维修是指为保持或恢复设备完成规定功能的能力而采取的技术和管理措施，目的是维持设备良好的性能，保证设备在生产中的正常使用，完成企业的生产目标。[2] 随着专用设备的集成程度越来越高，传统的针对结构单一设备的维修体系也产生了许多弊端。首先，专用设备的维修水平不高。在铁路大提速背景下，新型提速电力机车不断增加，随着机车问题的不断突现，很少厂家能真正承担起因设备质量引发的维修责任，这就迫使使用单位承担起在技术上难以承担的维修任务。[3] 其次，专用设备的维修从业人员工作量大。新开通运营的高速铁路设备检修维护工作量极大，但检修人员却严重短缺，导致每个检修人员的工作量增多。长时间的高强度工作，维修人员难免会有所懈怠，从而在某些位置区域埋下安全隐患。最后，维修工作形式化严重。在现实中，由于故障统计体系的缺失以及维

---

[1] 黄刚：《如何加强铁路设备管理、使用与检修》，《哈尔滨铁道科技》2015年第2期。
[2] 陈阳：《铁路设备维修现状分析及改进建议》，《上海铁道科技》2013年第2期。
[3] 马锡力：《铁路设备维修问题与对策研究》，《技术与市场》2013年第4期。

修时间安排不当等原因，专用设备维修计划落实度低，维修工作趋于形式化，无法真正起到排除安全隐患的作用。

三 高速铁路专用设备安全的立法对策

（一）加强设备来源安全立法，严控设备来源质量

专用设备来源的安全可靠是高速铁路安全运行的基础性保障。针对铁路专用设备的来源问题，《铁路安全管理条例》第二十一条对新型铁路机车车辆实施了行政许可规定，第二十三条对铁路机车车辆以外的直接影响铁路运输安全的铁路专用设备进行产品认证，建立了机车车辆许可制度和其他专用设备产品认证制度。但鉴于高速铁路安全的特殊性和严格要求，应该从高速铁路专用设备的规划、选择、购置、安装、验收等环节入手，层层规范。即在专用设备购置之前进行充分调研，减少盲目购置；在选择专用设备的企业时严格审查企业资质，坚决剔除不符合资质要求的企业；在安装和验收环节，严格规范程序，严把质量关，只有通过严格竣工验收才能投入使用；在运营阶段建立高速铁路专用设备质量企业信用体系，将问题设备企业列入信誉差的非诚信名单中，作为以后采购选择的重要标准。

（二）加强设备检测安全立法，严把设备检测关

科学有效的检测制度是确保高速铁路运行安全的重要支撑，规范科学地及时检测可以将事故扼杀于萌芽状态，为避免专用设备在应用过程中出现安全隐患，有效提高安全事故防范效率。因此，我们应该制定适应现阶段高速铁路专用设备发展需要的检测制度，明确设备检测人员的检测周期、检测范围以及检测标准。目前，高速铁路专用设备检测维修人员匮乏，检测工作量较大，各地应当根据实际情况针对性地进行换班轮休制度。各地可以建立针对设备检测的奖惩机制，定期进行评比。对于绩效好的检测人员给予适当的奖励，对于绩效差的检测员工视情节给予处理。要将高速铁路专用设备的检测责任实名落实到每个检测人员头上，以便公正实行奖惩机制。

另外，应该充分重视技术检测，尤其是发生自然灾害等特殊情况突然导致专用设备出现安全隐患时，更需要利用技术手段来弥补人员检测的不足。在这方面日本的铁路设备状态监视检测技术值得我们借鉴。为了适

时、有效地对铁路设备进行维修管理，日本铁路开发了各类设备重点部位的状态监测方法，包括高架结构物状态监视、轨道状态监视、道岔状态监视、电车线状态监视等新技术，以及监视信息网络传输技术的设计方法。[①] 技术手段检测给人员检测提供了很好的补充，缓解了人员短缺或技术不过关等矛盾，真正实现专用设备全方位检测，及时消除安全事故隐患。

（三）建立定期培训制度，持续保持操作人员驾驭设备的能力

在高速铁路迅猛发展的大背景下，专用设备的更新换代周期缩短，大量新式设备不断地引入，给专用设备的操作人员提出了新的挑战。因此，提高专用设备操作人员的安全意识和驾驭能力非常重要，应该建立操作人员定期培训制度，并从以下两方面进行专门培训。一是加强设备操作人员的安全意识教育。只有内心确信安全的重要性，行动上才会真正践行，不断强化操作人员的安全意识教育，使其牢牢树立起安全意识。二是加强对设备操作人员的专业技能培训。思想上正确但能力不足，同样无法保障专用设备安全，应当根据不同专用设备的特点对操作人员进行专门培训，并定期考核，提高和保持操作人员对设备的驾驭能力，尤其是对新设备的驾驭能力。此外，还应当对重要设备的操作人员进行全方位的监测，可采取技术监测的方式时刻提醒操作人员，避免出现懈怠、注意力不集中等情况。

（四）加强设备维修安全立法，提高维修质量和效率

高速铁路专用设备的维修工作是保障高速铁路高效和安全运行的基础，是排除安全隐患的重要防线。针对维修工作中存在的实际问题，应该进行以下几个方面的立法防范：一是限定厂家责任，延长厂家的维修期限。鉴于高速铁路专用设备的专业性和特殊性，对于因质量问题导致的专用设备安全风险，应以厂家维修为主，而且应该限定比一般产品更长的保修期限。二是充分实施分工细责，努力提高专业化维修水平。由于专用设备的科技含量不断提高，技术性能极其复杂，单靠一个人掌握多种专用设

---

① 平栗滋人、林之珉：《日本铁路设备状态监视检测新技术》，《中国铁路》2016 年第 2 期。

备的技术特点十分困难。所以应该不断储备和培养专业化维修人才，将维修分工不断细化，通过提升维修工作的专业性来保障专用设备的维修质量。三是严格维修程序，规范维修行为。严格的维修程序是确保维修质量的重要保障，也是消除专用设备质量安全隐患的重要保障，专用设备只有经过一道道严格的程序监控，在具体过程中规范实际的维修行为，才能避免维修形式化和维修过程中出现瑕疵，以确保专用设备维修质量安全。所以，每次进行高速铁路专用设备维修工作时，都应当建立档案并实名标注，档案中应写明造成安全隐患的原因分析，将维修工作落实到每一个人。四是严格产品召回，强化责任管理。产品召回是针对批量产品质量问题，存在质量安全隐患，进行批量召回处理的责任承担方式。高速铁路专用设备要求极高，不能有丝毫马虎，一旦出现批量产品质量安全隐患，必须立刻召回进行处理。处理的方式应该视具体情况而定，如果只是细微的技术缺陷，通过技术完善后足以保障质量安全，则技术完善后可以继续投入使用；如果是重大缺陷，无法通过技术完善解决，则必须采取搁置或销毁等严格的处理方式，确保问题设备不再投入使用。由于产品召回工作量大、成本高，会给企业带来难以弥补的损失，生产企业一般不会自动召回，因此要在立法中进行明确规定，限定条件，要求出现法律规定的具体安全情况时企业必须自动召回，否则将承担严格的责任。

第三节　高速铁路线路安全立法

一　高速铁路线路安全概述

首先明确铁路线路的概念。狭义的铁路线路是指铁路钢轨道床、路基、边坡、侧沟及其他排水设备等；广义的铁路线路，既包括铁路钢轨道床、路基、边坡、侧沟及其他排水设备、防护设备等，也包括铁路桥梁、隧道等。[1] 在高速铁路线路安全保护中，安全保护区的划定与管理，高速铁路建筑界限的保护，线路两侧的危险场所和危险作业，线路附近采矿、采砂、抽取地下水，线路附近排放粉尘、烟尘及腐蚀性气体，线路两侧杆

---

[1]　《〈铁路安全管理条例〉释义》，人民交通出版社2013年版，第63页。

塔、烟囱、无线电管理等，都是高速铁路线路安全管理的主要内容，这些因素处理不当都会危及高速铁路安全。

在整个高速铁路安全管理中，线路安全是基础，与高速铁路建设质量安全相关，但有本质区别，其安全管理强调的核心是线路及其周围的环境，其重要性主要体现在保障高速铁路线路及其周边环境安全，确保高速列车安全通过。

二　高速铁路线路安全存在的问题

(一) 安全保护区制度不够健全

铁路沿线情况错综复杂，列车经过城市市区、城市郊区、村镇居民居住区与其他地区，面对的安全状况不同；特别是高速铁路列车速度快、对安全环境要求更高，应该提出更高要求。但实践中安全保护区制度存在着许多安全问题。首先是在安全保护区内的禁止性行为规定不明确。长期以来，一些单位和个人在铁路线路两侧修路、挖沟、盖房，或进行排污、烧荒、倾倒垃圾、放养牲畜等，严重影响了列车运营安全，给铁路安全管理带来了较大挑战。高速铁路对沿线安全环境要求更高、更严格，任何不安全的行为都可能会导致高速铁路列车被逼停或发生安全事故。然而不明确的禁止性行为让一些人钻了空子，给高速铁路线路安全造成隐患。其次是在安全保护区内进行取土、挖砂等施工作业时存在安全问题。行车的安全必须有稳固的线路，高速铁路对线路安全提出了更高的要求。一旦线路遭到破坏，轻者导致中断行车，重者会导致车毁人亡。如果随意在高速铁路线路两侧取土、挖砂、挖沟或踩空作业，会直接影响铁路线路的稳固，带来安全隐患。施工过程本身会对行车产生一定的干扰，影响运输安全与通畅。高速铁路沿线的彩钢瓦等轻质建筑材料易被大风刮起侵入高速铁路线路内，影响供电安全乃至发生相撞事故，也可能导致机车驾驶人员信号判断错误或者影响瞭望。最后是安全保护区内的建筑物安全问题。由于历史的原因，铁路线路两侧存在着一定数量的合法或者非法的建筑物、构筑物，有些处于铁路线路安全保护区的范围内，而这些建筑物、构筑物可能存在权属关系复杂、管理主体难界定等矛盾，它们的存在或多或少会影响铁路运输安全。

（二）线路周边设施安全问题

首先是高速铁路沿线管线的设施安全问题。靠近高速铁路铺设的油气管线以及通信线路、电力线路、渡槽等设施，一旦出现了安全问题，将直接影响高速铁路线路以及列车的行驶。其次是高速铁路线路两侧杆塔、烟囱等设施安全问题。在高速铁路线路两侧新建的或既有的杆塔、烟囱等设施，可能会存在倒伏的危险。一旦倒伏后侵入防护栅栏范围内，将直接影响列车的安全通行，造成重大安全隐患。再次，线路的无线电管理安全问题。无线电是高速铁路调度指挥的核心设施，直接关系到高速铁路运行秩序和安全。如果高速铁路沿线的无线电受到干扰，调度指挥无法正常进行会影响到调车和接发列车作业，严重危及列车运行和人身安全。现实中也存在着个人或单位擅自使用影响高速铁路无线电频率的情况。最后，新建、改建、还建的沿线设施安全问题。因高速铁路建设需要，沿线的设施可能会进行新建、改建、还建，在这过程中设施的施工质量问题、建成后的接收单位问题都是潜在的隐患，一旦处理不好就会危及线路安全。

（三）线路环境存在安全隐患

首先是沿线危险物品的安全隐患。2016年11月29日，位于山东省济南市槐荫区美里湖街道范家庄村的一处厂房突然起火爆炸。爆炸致使厂房里的房顶被掀起，碎片四处飞溅。京沪高铁德州与济南西区间某段高速铁路线路接触网受其影响发生停电，导致部分途经高铁列车停运与延误。这起厂房爆炸事故的发生，正是由于对高铁线路附近存在易燃、易爆或者放射性等危险物品的场所、仓库安全管理不当所致。其次是在高速铁路附近排放粉尘、烟尘及腐蚀性气体带来的安全隐患。高铁沿线从事排放粉尘、烟尘及腐蚀性气体生产活动会造成铁路供电设备严重腐蚀，设备的损坏将直接影响列车的安全运行。再次是在沿线内存在物体进入或坠入的安全隐患。2006年2月8日凌晨4时21分左右，一辆行驶中的货车撞断一处跨线桥护栏，掉在京广线上下行线之间，与刚刚驶出湖南耒阳车站的N714次旅客列车相撞，造成京广线60余趟列车晚点，货车上两名司机身亡。2013年8月16日19时29分许，京广线韶关乐昌张滩至土岭间上行K1991+400M处发生一起山体石块滚落事件。飞石砸破刚好经过此区间的K642次列车第13节车厢玻璃，导致四名乘客受伤。由此可见，一旦发生沿线内的物体进入或坠入，往往会造成严重的后果，给旅客的生命安全带来隐患。最后是沿线内施工导致的环境破坏，进而产生安全隐患。这里主要针对采砂、采矿、地下水开采带来的环境破坏。在高速铁路线路附近进行露天采矿、采砂、采石、淘金或者爆破作业的，不仅直接影响高速铁路线路安全和行车安全，也有可能影响高铁通信信号或高铁接触网的运用质量，干扰正常的运输调度指挥，甚至可能导致行车中断、列车倾覆等重大事故。高速铁路对路基稳定性要求极高，若在高铁线路两侧附近随意抽取地下水，会造成地下空洞区，势必影响路基的稳定，将严重威胁高铁线路安全。

三 高速铁路线路安全的立法建议

(一) 完善高速铁路安全保护区制度

以确定并落实安全保护区的范围为基础，首先，要明确规定安全保护区的禁止行为。只有明确了禁止行为，才能有效约束一些单位或个人的行为，确保线路安全。在规定禁止行为时，要全面梳理，以列举的方式规定目前比较严重的各类禁止行为，同时进行兜底条款的规定，将其他各类影响高速铁路安全的行为容纳进来。其次，对在安全保护区内进行挖砂、取土等作业或者堆放、悬挂物品进行严格安全要求。在高铁线路安全保护区内取土、挖砂、挖沟、踩空作业或者堆放、悬挂物品，应当征得铁路运输企业同意并签订安全协议，遵守保证铁路安全的国家标准、行业标准和施工安全规范，采取措施防止影响铁路运输安全。铁路运输企业应当派员对施工现场实行安全监督。最后，确保安全保护区内的建筑物安全。应当尽快明确相关建筑物、构筑物的权属问题，明确责任主体及管理人。对于高速铁路线路安全保护区内既有的建筑物、构筑物存在可能危及高速铁路运输安全，要求管理人应当采取必要的安全防护措施，及时排除安全隐患。如果存在管理人拒绝排除或者采取安全防护措施后仍可能危及高速铁路安全的，铁路建设单位、铁路运输企业应当向建筑物、构筑物所在地县级人民政府和铁路监督管理机构报告，由县级人民政府和铁路监督管理机构依法协调，必要时予以拆除。对于新建的高层建筑物、构筑物，应当与铁路运输企业协商一致并签订安全协议，其管理人应当采取必要的安全防护措施。

(二) 加强线路周边的设施安全保障建设

一是加强沿线管线的设施安全保障建设。靠近高速铁路铺设的油气管线以及通信线路、电力线路、渡槽等设施可能会影响到高速铁路安全,因此,其产权人、管理人负有按标准设置安全防护设施和警示标志,加强日常巡查维护的义务。若发现危及高速铁路安全时,需要及时通报,并要求各部门及时处理;铁路运输企业在检查中发现问题时,亦要求及时提出意见,相关单位应当及时整改,确保高速铁路安全。二是加强高速铁路线路两侧杆塔、烟囱等设施的安全保障建设。对存在倾倒后影响高速铁路安全的杆塔、烟囱等设施,其产权人或者管理人应当采取相应措施,确保设施倒伏后不会侵入高速铁路线路防护栅栏范围内。如果铁路运输企业发现杆塔、烟囱等设施具有较大倒伏的可能性,且判定倒伏后可能会入侵防护栅栏范围内,但是产权人或管理人不听劝阻,不采取足以防范安全的措施时,应当规定由县级以上人民政府有关部门依法及时处置,确保高速铁路安全。三是加强线路的无线电管理安全保障建设。针对无线电安全,要规定无线电管理机构的安全管理责任,并对企业或个人的无线电台以及其他仪器、装置的使用严格限制,不能干扰高速铁路运营指挥调度无线电频率的正常使用,铁路运输企业还需要定期对高速铁路沿线无线电干扰进行排查。四是加强对于新建、改建、还建的沿线设施安全保障建设。必须对高速铁路建设单位或运输企业做出相关要求,要求其选择有相应资质的施工单位进行施工,这样才能在一定程度上保证工程质量,避免可能对高速铁路造成的安全隐患。新建、改建、还建工程由铁路建设单位或者铁路运输企业按照规定和协议移交有关单位管理维护,对于无法移交,找不到接受单位的情况,由所在地县级以上人民政府依法协调处理。

(三) 加强维护线路的安全环境建设

线路的环境问题由于其不确定性、突发性,始终是影响高速铁路线路安全的重大隐患,必须采取以下措施进行维护:一是加强对沿线危险物品的安全维护。沿线危险物品主要针对的是在高速铁路线路两侧建造、设立生产、加工、储存或者销售易燃、易爆或者放射性等危险物品的场所、仓库,此种情况设计单位务必事先与铁路运输企业协商,确定好安全防护距离。在安全防护距离外严格按照相关法律法规和国家标准、行业标准规定进行安全评估。二是加强对在高速铁路附近排放粉尘、烟尘及腐蚀性气体的安全维护。高铁沿线从事排放粉尘、烟尘及腐蚀性气体生产活动会造成铁路供电设备严重腐蚀,由铁路部门自己处置存在较大困难,因此,应当规定由县级以上环保部门依法履职查处。在高速铁路附近从事排放粉尘、烟尘及腐蚀性气体的生产活动单位，应当严格执行国家规定的排放标准，县级以上环保部门应当加大检查和管理力度。三是对沿线内物体进入或坠入的安全维护。高速铁路线路安全保护区内、高速铁路线路路堑上、跨越铁路线路的公路道路和跨越铁路线路的桥梁，是容易发生物体进入或坠入的几大风险点。因此要在这些地方设置防止物体进入、坠入的安全防护设施、隔离设施和警示标志，并加强日常管理维护。四是对在沿线内施工的环境维护。在高速铁路线路两侧从事采矿、采石或者爆破作业的，应当遵守有关采矿和民用爆破的法律法规，符合国家标准、行业标准和铁路安全保护要求。县级以上地方人民政府行政主管部门、国土资源主管部门应当按照各自职责划定禁采区域、设置禁采标志，制止非法采砂、淘金行为。由于高速铁路对路基稳定性要求极高，如果高速铁路经过区域属于地面沉降区域，则需要对整个区域做出禁采限采要求。在高速铁路线路堤、路堑坡顶或者铁路桥梁附近开采地下水，必须设置严格的安全范围。至于在高速铁路线路及邻近高速铁路进行其他施工作业，应当符合工程建设的法定基本程序，并执行铁路营业线施工安全管理规定。施工方案应当由建设、施工单位与铁路运输企业共同制定，铁路运输企业应当派员对施工现场实行安全监督。

第四节 高速铁路运营安全立法

高速铁路的运营阶段是实现高速铁路价值和优势的阶段，也是实现高速铁路最终目的的阶段，由此也导致在这一阶段的安全事故多发。因此，运营阶段的安全保障至关重要。

一 高速铁路运营的特点

与其他交通运输工具相比，高速铁路具有运行速度快、运输能力强、舒适度高、能源消耗低等优势，所有优势的体现必然以严格的安全保障为基础，而安全事故往往容易出现在高速铁路的运营阶段。高速铁路是高新技术的系统集成，与普速铁路相比，高速铁路在技术上、设备上、运行规律上、人机组合上等方面都存在着明显的差别，在运营过程中也体现出三大特点：

其一，运营的复杂性。高速铁路的运营都在室外进行，属于全天候、开放性的工作，在运营过程中可能有各种不可预料的因素出现，而这些因素有时是急切的、短暂的，一旦发生则来不及补救。影响运营安全的因素主要包括内部因素和外部因素，而最终安全事故通常是内部因素和外部因素共同所致。

其二，运营的综合性。高速铁路的运营涉及许多环节，各个方面环环相扣、紧密联系，如果有一环出现差错，整个高速铁路系统都会出现安全隐患。有些隐患可能在投入运营前被及时发现，一旦在运营过程中甚至发生事故后才发现，造成的损失不可估量。因此高速铁路的运营安全需要全面的、综合的考虑。

其三，运营的艰巨性。由于我国幅员辽阔、人口众多，与国外高速铁路相比，我国高速铁路的运营规模比较大，由此增加了运营难度。首先，高速铁路的运营线路较长，必定要适应我国各地的地形和气候差异；其次，为保证高速铁路的运行速度和舒适度，高速铁路的桥梁和隧道占比较大，增加了不稳定因素；最后，我国人口众多，为满足人们对高速铁路的需求，高速铁路的日常运营必定十分繁忙，对人机配合等各方面的要求更高。

二　高速铁路运营存在的安全问题

其一，人员安全问题。随着高速铁路的大规模建设和运营，高速铁路的技术水平也快速提升，一流的技术需要一流的人员进行掌控。高速铁路不仅运行速度快，而且拥有高精尖的科技含量，这给高速铁路运行工作人员提出了更高的要求，包括业务技能和安全意识。在高速铁路运行过程中，人是核心因素，而工作人员在紧张繁杂的工作中可能会出现操作错误或疏忽大意等情况，导致事故的发生。人员问题产生的原因主要有：高速铁路人员素质良莠不齐、适应能力不够、安全意识不足、工作压力大等。

其二，管理安全问题。高速铁路运营的管理主要包括对车站的管理、对车票的查验管理、对旅客携带物品的管理、安全保障的管理等方面。高速铁路车站人员密集、复杂，安全隐患多，难以把控，是发生安全事故的重要风险点，一旦管理不力极易造成重大事件。火车票实名购买、查验制度是高速铁路安全管理的有效手段，旅客只有凭借车票和有效身份证件才能乘车。对旅客携带物品进行管理同样也是高速铁路安全管理的重要手段，可以从源头上堵截高速铁路安全事故的发生。火车票严格查验与旅客携带物品管理共同构成保障高速铁路安全运营的第一道防线。如果第一道防线被突破，安全隐患就会被放大，产生的安全风险难以预估。安全保障管理包括对高速铁路车站以及高速铁路沿线重点保护部位等场所进行管理。高速铁路系统是一个大的综合体，涉及车站、维修、调度等众多部门，要保证高速铁路运营的安全，安全保障管理必须做到掌控全局。如果出现了某一环节的安全保障疏忽，高速铁路运营就面临较大安全危险。

其三，环境安全问题。相比于人员风险，环境风险往往处于一种不可预料的状态，可控性较差。如地震、暴雨、山洪等，属不可抗力，人难以控制。恶劣的自然环境可能对运营中的高速铁路线路和列车造成破坏，从而发生脱轨、颠覆、冲撞等重大事故。此外，铁路对人们的生活环境有较大影响，如施工活动对大气环境、水环境以及城市生态环境造成的污染，运营过程中的污水排放等，这些环境问题都会对高速铁路的安全运营产生较大的影响。

三 高速铁路运营安全的立法对策

(一) 高速铁路运营人员安全立法对策

人的因素在高速铁路运营安全中占有较大比重，因此人的行为是否安全从根本上决定了高速铁路运营的安全。首先，在人员准入和选拔上，应当制定严格的标准，从源头上提升高速铁路内部人员的素质。在准入和选拔过程中，重点考察人员的综合素质，坚持优中选优、高标准把好人员入口关。其次，要强化人员的安全意识，进行安全思想教育，只有思想上先重视起来，行动上才会严格负责。可以通过组建高速铁路安全文化宣传小组，加大安全文化宣传力度，使安全文化深入人心，培育安全意识。最后，要制定严格的岗位合格标准，加强对人员的培训，并定期进行考核。实行定期的、稳固的安全培训，增强员工安全意识，提高员工安全工作能力，加强员工对高速铁路安全的重视度。定期考核安全培训内容，建立安全工作文化，定期检查安全文化学习成果。在岗位的设置上也要合理部署，避免因疲劳作业而导致安全疏忽。要从立法层面要求铁路运输企业制定科学规范的岗位人员准入制度和培训制度，对关键从业人员持续进行业务技能和安全意识培训，确保高速铁路运营安全。此外，建立高速铁路安全经费保障制度，建立专项资金库，专款专用，也有助于保障高速铁路运营安全。其一，提高铁路职工工资待遇。铁路职工工作量大但工资待遇相对不高，通过提高安全工作人员待遇，可以提高员工工作积极性。其二，增设安全保障岗位，增加安全工作人力资源。目前，高速铁路安全岗位人少任务多，用安全保障经费来增设安全工作岗位，增加人力，可以减轻工作人员的工作负担，提升工作精准度。

(二) 高速铁路运营管理安全立法对策

铁路运输企业作为铁路运输安全生产的第一责任人，是保障铁路运输安全的基础，其安全工作能否搞好，直接影响到整个铁路运输安全管理工作。因此，要确保安全，首先必须做好铁路运输企业这个基本安全单位的安全管理工作，充分落实其安全生产主体责任，要求其从制度建设、信息及时通报等方面做好安全保障工作。在高速铁路车站的管理上，针对车站安全隐患多、难以把控等情况，应当对高速铁路车站实行封闭式管理。由于车站的人员流动性较强，导致不稳定性增加，因此应当对旅客以及其他人员进出站、乘车提出严格要求。在车票的查验管理上，要充分利用新技术带来的安全保障措施，确定每一名旅客和相关人员的身份，避免身份不明人员进入车站。在旅客携带物品的管理上，旅客乘车进站时，铁路运输企业应当严格查验旅客的携带物品，并在车站、列车上明确公告旅客禁止携带的物品。高速铁路公安人员应该时刻待命，对旅客随时可能出现的突发状况及时处理。国务院铁路行业监督管理部门要会同公安机关制定更加严格的禁止或者限制携带物品种类及其数量的规定，专门适用于高速铁路列车、高速铁路车站以及高速铁路与普速铁路混用车站。此外，针对旅客的一些行为，应当将教育和管理相结合，既要加强对旅客的运营安全教育，又要明确规定旅客在高速铁路运营过程中的禁止性行为。在安全保障管理上，高速铁路运输企业是承担维护高速铁路安全的主体责任，安全保障是履行主体责任的重要内容。因此，高速铁路运输企业有责任通过自身安全保卫力量的配备来维护高速铁路安全的基本治安秩序。其中，包括配备足够的安全人员和所需设备设施，以及在高速铁路沿线重点保护部位、沿线车站等场所加强视频监控系统建设和维护等，通过多重手段确保高速铁路安全。

(三) 高速铁路运营环境安全立法对策

环境是高速铁路运营过程中必须考虑的因素，而环境往往又难以预测。自然灾害是高速铁路安全的重大威胁，是高速铁路安全事故的主要来源，高速铁路在运营过程中，地震、暴雨、强风等恶劣环境的出现，对高速铁路运营安全是极大的挑战，一旦处理不善，将造成无法想象的严重后果。在面对自然环境风险时，可从两方面进行保障：一方面是对人员和设备进行高要求，使人机足以适应自然环境。如在地震多发的地区，配之以受过专门地震训练的人员和防震设备，在遇到地震时及时处理、减少伤亡。另一方面是对自然灾害进行提前预防。例如日本作为地震多发的国家，为保障新干线在面对可能发生的地震时的安全，规定新干线上必须设置防脱轨装置和自动列车停止装置。此外，对于环境的监测也很重要。这就需要装备相应的环境监测系统，对将要经过的地区环境进行提前监测，确保运行时的安全。加强铁路安全监督管理，及时预防各类自然灾害发生是政府各有关部门的共同责任。因此，必须加以足够重视，提前预警防范。但是，自然灾害防范涉及多个领域和部门，涉及铁路监督管理机构、铁路运输企业和政府的多方关系，所以，必须从立法层面建立畅通的安全信息渠道和安全生产协调机制，形成统一协调、责任明确、相互配合的自然灾害预警机制。针对环境污染带来的安全风险，需要建立环保责任制度。首先明确环境保护的责任主体和相应的法律责任。对高速铁路环境保护负有直接责任的是铁路运输企业和铁路沿线地方政府，可以将环保指数作为企业纳税及许可、政府绩效的考核因素，实行定期考核制度，并且明确违反环保制度的行政、民事甚至刑事责任。其次，对环境保护实行分级、分管、分片负责，下级对上级负责的制度，互相监督，互相促进。最后建立环保考核公示制度，并将考核结果公示，以此警示、辐射影响其他责任主体。

第五节　高速铁路安全监督管理立法

一　我国高速铁路安全监督管理的现状

目前我国监管高速铁路安全的机构是国家铁路局。国家铁路局的主要职能为：一是起草铁路监督管理的法律法规、规章草案，参与研究铁路发展规划、政策和体制改革工作，组织拟订铁路技术标准并监督实施。二是负责铁路安全生产监督管理，制定铁路运输安全、工程质量安全和设备质量安全监督管理办法并组织实施，组织实施依法设定的行政许可。组织或参与铁路生产安全事故调查处理。三是负责拟订规范铁路运输和工程建设市场秩序的政策措施并组织实施，监督铁路运输服务质量和铁路企业承担国家规定的公益性运输任务情况。四是负责组织监测分析铁路运行情况，开展铁路行业统计工作。五是负责开展铁路的政府间有关国际交流与合作。六是承办国务院及交通运输部交办的其他事项。

从监管的形式来看，属于主管部门内部设立监管机构的非独立形式。在这种监管形式下，无论是运输企业的市场准入还是产品准入，基础设施、运输业务、安全管理都由国家铁路局下设备司完成。不仅包括铁路安全的日常监管，同时包括铁路安全的应急处理管理。

国家铁路局下设安全监察司、运输监督管理司、工程监督管理司、设备监督管理司。安全监察司主要职能为研究分析铁路安全形势、存在的问题并提出完善制度机制建议。组织拟订铁路安全监督管理办法并监督实施，组织或参与铁路生产安全事故调查处理，指导、监督铁路行政执法工作。运输监督管理司主要职能是为组织监督铁路运输安全、铁路运输服务质量、铁路企业承担国家规定的公益性运输任务情况，严格按照法律法规规定的条件和程序办理铁路运输有关行政许可并承担相应责任，组织拟订规范铁路运输市场秩序的政策措施并监督实施。工程监督管理司主要职能为组织拟订规范铁路工程建设市场秩序的政策措施并监督实施，组织监督铁路工程质量安全和工程建设招标投标工作。设备监督管理司主要职能为组织监督铁路设备产品质量安全，严格按照法律法规规定的条件和程序办理铁路机车车辆设计生产维修进口许可、铁路运输安全设备生产企业认定等行政许可并承担相应责任。

根据国家铁路局的法律职能规定，国家铁路局的监管手段包括法律和政策的制定和实施，进行相关的监测和许可等。法律类监管手段主要是指通过国家立法和法案修改的方式进行铁路监管。监测和行政许可包括日常运输和行车监测以及市场准入行政许可等。

二 高速铁路安全监督管理立法存在的问题

(一) 安全标准制定不明确

高速铁路安全管理的核心是安全标准管理,安全标准是高速铁路安全管理的重要准则。现阶段我国的高速铁路安全标准还不健全,并且制定安全标准的主体主要是铁路运输企业,缺乏独立性和权威性。没有明确的安全标准,就缺少了保障铁路企业安全生产的重要技术规范,缺少了安全监管和依法行政的重要依据,缺少了提高高速铁路建设质量、高速铁路运输安全、高速铁路设备制造维修质量的重要保证。因此,制定明确的安全标准,是铁路企业建立安全生产长效机制的根本保障;是防范事故发生、保障人民群众生命财产安全的最有效办法。

(二) 安全风险机制不完善

高速铁路安全风险来自于建设、运营过程之中,只要建设、运营活动在进行,安全风险就客观存在。而安全风险机制就是尽最大努力将安全风险降到最低,主要包括安全风险的监测和安全风险的评估。高速铁路安全风险监测是发现安全风险的有效手段,它通过制定安全风险监测计划和实施方案,对重点领域进行安全风险监控,采集安全数据信息,经过科学分析研判后,将可能存在较大安全风险的信息及时告知相关主体进行安全风险防范。但现阶段我国的高速铁路安全风险监测主体并不能很好地行使权利,在安全监测过程中容易受到其他单位主体的影响,且针对安全风险重点监测对象把握不准,容易遗漏重要风险点。

高速铁路安全风险评估是评价安全风险高低的有效手段,通过各种渠道获得的安全风险信息,不确定但有必要进行进一步评估确认时,应该启动高速铁路安全风险评估程序进行评估确认,为安全风险防范提供信息和依据。然而,目前还未建立完善的高速铁路安全风险评估制度,对需要进行安全风险评估的情形和人员要求等重要因素没有做出明确规定,难以有效开展高速铁路安全风险评估工作。

(三) 安全举报制度不完善

举报受理是发现高速铁路安全隐患和风险的重要信息来源,是充分发挥社会力量实现高速铁路安全共建共治共享法治化治理路径的重要保障。

建立安全举报受理制度为社会公众参与高速铁路安全治理搭建了有效平台，社会公众可以通过安全举报受理平台以最为便捷的方式将自己发现的安全隐患和风险信息传递给安全监管部门，安全监管部门经过初步研判后将相关信息传递给责任主体，由责任主体具体落实安全防范措施。高速铁路安全举报受理制度的建立，就相当于为高速铁路安全治理安上了无数双眼睛，监管部门和责任主体通过受理收集到的信息，及时进行防范处置，能够极大地提高安全治理水平。但目前我国的安全举报制度实际效果并不理想，实践中举报人和接受举报单位方都存在着一些问题，不能充分发挥举报的作用。对于举报人来说，举报存在着一定的风险，有些举报人会认为即使进行举报也不会产生什么作用，丧失了举报的积极性。对于举报单位来说，有些举报单位不重视举报信息，认为只是普通老百姓发发牢骚，不会发生真正的安全风险。而对于有些举报单位来说，接受举报就意味着需要协调各方进行调查处理，存在着"多一事不如少一事，即使是出现问题也不完全是自己的责任"的思想。

三 高速铁路安全监督管理立法建议

（一）制定明确的高速铁路安全标准

要制定明确的安全标准，重点在于确定安全标准的制定主体。为加强安全标准的独立性和权威性，应该由国务院铁路行业监督管理部门制定安全标准，包括高速铁路建设质量安全标准、高速铁路运输安全标准、高速铁路设备制造维修安全标准等。由国务院铁路行业监督管理部门制定高速铁路安全标准具有独立性和权威性，其制定的标准要求所有相关铁路企业严格执行具有合理性和可行性，并且铁路监管部门具有监督权，可以有效监督相关铁路企业的执行标准情况。国务院铁路行业监管部门应该根据高速铁路安全需要不断制定和修订高速铁路建设、运输、专用设备制造维修等领域的安全标准，相关企业要在国务院铁路监管部门制定的标准下制定和执行更加严格的安全标准，也可以向国务院铁路监管部门提供标准建议。

（二）健全高速铁路安全风险监测和评估机制

健全安全风险防范机制，要从安全风险监测和安全风险评估两方面入手。有效进行安全风险监测，关键在于安全风险监测的主体与对象。高速铁路安全风险监测主体应该具备两个条件，一是应当具有独立性，应当与责任主体分离，责任主体的监测属于其本质工作范畴；二是为保证安全风险监测工作能够顺利展开，高速铁路安全风险监测主体应当具有总体协调能力，应当具有足够的权威性。而具备这两个条件的主体是国家层面的铁路行业监管部门，由国家层面的铁路行业监管部门对高速铁路安全风险进行监测，既与责任主体分离，又具有足够的权威性，具备总体协调监测的能力。对于高速铁路安全风险的监测对象，要重点监测易诱发安全风险的领域和因素，主要包括特殊地质路段、桥梁、隧道、车站以及其他薄弱环节和容易引发安全风险的具体因素。

在高速铁路安全治理中引入安全风险评估制度，有利于对高速铁路安全风险的大小进行及时研判，并以合理成本应对安全风险。要想发挥安全风险评估的作用，要做到明确安全评估的情形、保证安全评估人员的能力素质。应当规定安全评估的情形主要包括安全风险监测研判后认为需要进一步评估的情形，接到举报存在安全隐患的情形，需要研判某一因素或领域存在安全隐患的情形，等等。安全风险评估应该由铁路监管部门牵头设立高速铁路安全风险评估委员会，成员由相关责任主体、所涉地方政府相关部门和部分专家学者组成。

（三）完善高速铁路安全举报制度

高速铁路安全治理线路漫长，涉及主体众多，治理因素极其复杂，需要充分调动各种社会力量为高速铁路安全风险防范提供信息。针对实践中举报方和接受举报单位方之间的问题，应当通过以下几点来完善安全举报制度：首先，应当对切实利于安全防范和安全事故化解的重要信息提供者进行奖励，包括物质奖励和精神奖励，而且需要注重奖励的及时性和公开性，使其产生广泛的激励绩效，以此来提高举报方的积极性。其次，对于接受举报的单位，需要有协调其他部门机构的能力。因此，高速铁路安全举报中心需要设在国家层面的铁路行业监管部门。只有将安全举报中心设立在国家层面的行业监管部门，才能在接到相关信息后，充分利用所处地位的权威性发挥协调和处理功能，及时将信息反馈给相关责任主体，并且能够受到责任主体的高度重视。最后，举报渠道要以便捷性为主，充分利用现代科技手段受理安全举报信息。如充分利用微信平台、电话中心以及公开邮箱等方式，广泛接受举报信息。

第六节　高速铁路安全应急救援机制立法[①]

高速铁路安全应急救援机制建设是我国安全工作的重要组成部分。近年来，随着高速铁路的迅猛发展，高速铁路安全应急救援暴露出的问题越来越多，社会各界对其关注度亦与日俱增。为提高我国安全工作的整体水平，降低高速铁路安全事故造成的损害，必须加强高速铁路安全应急救援立法研究，并逐步使其专业化、科学化和规范化。

一　高速铁路安全应急救援存在的问题

应急救援一般是指针对突发、具有破坏力的紧急事件采取预防、预备、响应和恢复的活动与计划。高速铁路安全应急救援是在高速铁路发生非正常事件时，所采取的一系列救援行动，行动涉及多个方面及阶段，不同阶段分别有不同的应急救援任务，其目的在于保障人民的生命财产安全和保障高速铁路安全运行。但是，我国高速铁路发展时间短，应急救援机制建设经验不足，仍存在诸多问题亟待研究解决。

（一）应急预案存在的问题

预防是安全防范最有效的手段，它能够预先消灭安全事故，有效保护社会公众的人身和财产安全，也是尊重生命至上、安全第一理念的直接体现。高速铁路应急预案是有效应对高速铁路安全突发事件的关键。为提高高速铁路突发事件的应急水平，必须编制应对各种类型突发事件的高速铁路应急预案。虽然各部门投入了大量精力在应急预案和应急处置上，但在应急预案编制、内容和体系及应急管理系统等方面仍存在一些问题，还有待进一步健全。

1. 高速铁路应急预案的编制不顺畅

由于高速铁路应急预案的及时性和准确性特征，要求各部门以最快速度编制出应急预案。但目前我国高速铁路应急预案的评价体系还不够科学，不能满足应急救援需要，加上对风险管理理念的认识不到位，评估和

[①] 本节主要内容发表于杨丹、亏道远《完善高速铁路安全应急救援机制研究》，《石家庄铁道大学学报》（社会科学版）2020年第1期。

预判研究没有实现智能化,信息不够畅通,使应急管理指挥的效率不高,从而导致应急预案质量也不够高。另外,还存在应急预案编制前,没有充分考虑各工作人员的职责分工,而导致预案中的职责分工不合理,降低了救援效率甚至耽误了救援进度。

2. 预案内容和体系不够完善

高速铁路应急救援预案内容不细致或在某方面应急救援存在盲点,使应急救援效率低下。导致该问题的原因则是各部门的信息交流不通畅,考虑不够全面,从而使预案内容缺失。各铁路局对应急处置的规定不统一,标准各异,导致跨区域应急对接不协调,给非正常情况下的高速铁路应急救援带来很大的不便,甚至影响救援进程,造成严重后果。一个完整的应急预案应始终贯穿于突发事件的整个过程,但我国高速铁路应急预案缺乏对事前风险过程的掌控。

(二) 应急管理系统存在的问题

我国采用政务值班与处理紧急事件相配合的管理体制与组织模式,其运作模式具有与部门、区域、学科相分离的封闭性和单一性的特征,[①] 是经济发展水平相对落后以及技术性含量不够高的背景下形成的,在具体突发事件处理中表现出决策不够科学周密、预警反应滞缓、效率低下等问题。

1. 应急管理框架不健全

我国正处于高速铁路发展的关键期,公众对高速铁路也提出更多要求。高速铁路突发事件的安全应急救援水平逐渐被重视,但从我国目前对高速铁路非正常情况下突发事件的应急管理来看,应急通信、救援设施,各部各区域衔接、沟通等都存在问题。应急管理框架不完善、涵盖不全面,不仅延误了救援"黄金期",还由于与新闻媒体连接不及时,也使高速铁路安全应急救援陷入舆论的险地,甚至造成误解,产生不良的社会效果。

2. 应急保障能力不足

高速铁路应急保障体系是应急预案及应急救援实施的坚实后盾。虽然我国高速铁路正在快速发展,但是我国的应急保障能力仍不能满足应急救

[①] 王彦学、沙贵君:《美国、欧盟应急联动系统模式及对中国的启示》,《中国人民公安大学学报》(社会科学版) 2008 年第 1 期。

援的现实需要。从"7·23"铁路特大交通事故的救援中可以发现，我国高速铁路应急保障存在以下问题：首先，缺乏对新设备、新技术的全面评估和分析，没有做好对高速铁路可能发生的突发情况的预判、预防工作，使各部门在应急救援中处于被动局面，造成一定的损失；其次，社会应急资源相互沟通不足，各部门、各区域联动机制不紧密，各机构之间功能相对单一，没有形成救援合力，应急救援力量发挥受限；最后，保护现场力量不足，存在辖区警力不足，调派警力的速度和人员力量不能满足需要等问题，应急救援现场治安保障能力差。

（三）应急救援价值存在的问题

1. 高速铁路应急救援立法价值序位错乱

生命至上、以人为本是社会发展必须遵循的基本理念。但是，1991年5月1日施行的《铁路法》第57条和2007年9月1日施行的《铁路交通事故应急救援和调查处理条例》第6条、第19条的规定，都透露了"通车"优先于"救人"的立法理念，说明应急救援立法价值序位错乱。"7·23"温州动车追尾事故的救援实践是该立法价值错乱的直接体现，引发了社会各界对铁路应急救援立法价值序位的重新审视。[①] 另外，我国突发事件应急救援一般为事后被动补救，安全防范意识薄弱，救援理念序位错乱，难以有效防止事故发生。

2. 社会应急救援公共责任意识淡薄

高速铁路作为重要的民生工程，每个人都是受益者，每个人也都有保护高速铁路安全的责任。但是，我国高速铁路应急救援社会公共责任意识淡薄，认为保护高速铁路安全及其应急救援只是政府和铁路企业的责任，其实不然，相关政府和铁路企业在高速铁路安全应急救援中的力量有限，仅仅依靠它们完成高速铁路安全应急救援工作并不可行，高速铁路安全应急救援建设机制需要社会公众的支持和参与，举全社会之力共同保障高速铁路安全，完善高速铁路应急救援机制。

（四）应急救援机制存在的问题

1. 应急救援力量体系不健全

一是高速铁路应急救援队伍建设相对落后。我国高速铁路专业应急救

---

① 刘哲昕：《"7·23"动车追尾事故应急处理引发的法律思考》，《法学》2011年第8期。

援队伍建设缺乏统一的立法约束，权能分散于部门或多行业间，建设标准不一、功能单一，造成通用性差、机构松散、欠缺整体合力。一旦遇有重大突发灾害事件，难以确保及时有效地救援和救助。

二是高速铁路应急救援设备落后。首先，专业救援车辆缺失。2017年1月25日，"高铁起火"这个名词开始在媒体泛滥，是因由青岛始发开往杭州东的G281次列车在中途站定远站停车，电器装备发生故障，一车厢冒烟。历时2.5小时，火情才得到控制，但燃烧形成大面积的列车侧墙穿洞，而本次火灾未被迅速扑灭，正是由于中国铁路车站缺少专业的可以快速反应的公铁两用消防车辆，使得高昂造价的列车财产损失进一步扩大。其次，消防队现有的破拆救援装备无法满足高速铁路救援需要。高铁客运列车的"一体式"车厢由特殊材料焊接加工而成，具有优良的刚度和塑性，消防部队配备的抢险救援配置主要用于处理公路交通事故，利用传统救援设备，无法对列车车体做有效破拆，使得车体外探测和开辟救援道路难上加难。[1] 动车车体由多种高科技材料制成，传统的救援装备无法有效切割车体，[2] 且现有生命探测仪对工作环境要求很高，仅在特殊环境下有效。

三是应急救援多方联动机制不规范。现阶段，消防、公安、防汛、防震等政府部门都有各自的信息管理系统，但部门之间标准不一，没有建立起统一的沟通渠道，常常各自为政，很难形成信息共享共用。为避免部门间职权分割、行动单一、单打独斗的现象，必须建立完整的协作联动机制，达成统一调度指挥、部门间沟通互助、协作配合的应急处置。

2. 应急救援成本高

一是高速铁路线路修复成本高。高速铁路列车制造、线路修建动辄百亿、千亿，线路以"桥"为主，相较传统普速线路大型救援，高铁救援的难点主要是高铁线路桥梁负荷能力对救援装备作业和返送时桥梁通过性能的约束，并且目前世界范围内没有完全适应我国高铁大型救援需要的救援用铁路起重机。救援行动本身具有危险性，而且对线路、桥梁破坏性大，随后的线路、桥梁修复工程也将耗费巨额资金。

---

[1] 杨小兵、杨光、秦挺鑫等：《公共安全事件中应急救援个体防护对策研究》，《中国标准化》2018年第14期。

[2] 朱国营：《浅析国内消防救援高铁车厢破拆技术》，《消防界》（电子版）2018年第4期。

二是高速铁路应急救援专业设施、设备造价高。我国于 2017 年研制成功的救援起重机令人欣慰，它填补了我国高速铁路救援起重机研究空白。但是，救援起重机造价高昂，还有铁路救援列车、隧道救援列车、救援直升机都需要高成本制造，目前正在探索巨额造价与应急救援工作的平衡点。另外，铁路事故救援点的设立，可以为事故救援提供后勤保障，优化救援资源分配。我国高铁救援点设立少，许多重要车站未设立救援点，专业救援设备难以实现点到点。事故发生后，需要从附近救援点借专业救援设备，难以保证及时救援，因错过最佳救援时间造成的损失难以估量。

3. 应急救援技术不成熟

高速铁路救援技术种类繁多，参与救援人员应训练有素，能在事件发生时以过硬的专业技能和高度应变的心理素质迅速展开救援。[①] 但到目前为止，我国尚未形成一套成熟的高速铁路应急救援系统，还存在如应急预案编制及内容不顺畅、应急管理系统性不强、应急救援保障能力不足等问题，所以建立一套适合我国高速铁路的救援系统迫在眉睫。

4. 应急救援指挥、调度体系不成熟

我国的一体化救援指挥、调度系统尚不成熟，目前主要表现为：

一是灾害预报迟缓、信息回馈迟延、指挥职能交叉、救援力量分散、灾情评测不科学、响应体系不完整，缺乏高水平应急指挥平台。

二是我国应急办没有直接管理的专业力量，不具有直接统辖指挥权，无法直接指挥、调度分散的应急救援力量，应急办的组织指导作用和机构权威无法发挥。由此，往往导致在事故处置初期，到场的参战队伍各自为战、单一作战，缺少统一领导指挥和综合协作沟通，应急救援工作缺乏对接协调，无法形成及时、有效、迅捷的应急救援力量。

三是应急指挥水平有待提高。应急指挥系统存在智能化、信息化手段短缺的弊病，对信息剖析不够及时、精准，缺少对突发事件现场的预判行为；[②] 在发生跨区域的高速铁路突发事件时，各区域可能有着各自不同的救援方案和指挥系统，不能对应急救援工作形成统一有效的指挥。目前我国在此方面并未形成高效的指挥系统。有时更是要凭着过去的经验做事，

[①] 宋力榕：《我国铁路应急预案体系研究》，《铁道运输与经济》2012 年第 5 期。

[②] 杨丹、亏道远：《高速铁路安全影响因素及立法对策》，《中国安全科学学报》2018 年第 S2 期。

从而导致应急指挥水平不足，且难以在短时间内提升。

二　高速铁路安全应急救援问题产生的原因

（一）高速铁路安全应急救援的重要性认识不足

高速铁路安全应急救援是防止事故发生的重要手段，也是降低事故损害的重要途径，在高速铁路安全体系建设中具有不可替代的作用。我国高速铁路在技术领域取得了辉煌成就，发展速度突飞猛进。但是，高速铁路安全软文化建设未能跟上，在应急救援方面仍存在诸多不足。

1. 高速铁路安全应急救援社会关注度低

人员素质对安全有重要影响，受国家安全文化以及应急文化建设的影响，我国高速铁路虽然受众庞大，但是公众文化素质参差不齐，整体素质偏低，除了业内人士和相关领域研究人员，社会对高速铁路安全应急救援的关注普遍较少。加之高速铁路安全应急救援宣传力度小，应急训练少，公众安全意识薄弱，对高速铁路安全应急救援的关注度低。虽然有关高速铁路技术攻关的报道铺天盖地，高安全、高舒适成为高铁的代名词，但是整体来说，我国高速铁路安全文化基础薄弱，社会对高速铁路安全应急救援了解甚少，对其重要性以及必要性认识不足，对其预判定位不准，进而建设投入少，导致高速铁路安全应急救援建设进程缓慢、高速铁路运营存在安全风险。

2. 高速铁路安全应急救援公众责任意识淡薄

高速铁路的公益性最终使命指向为人民服务，公众是直接受益人，与此同时，公众还是维护高速铁路安全的主力军。[①] 在物欲横流的社会，"利己"已然走到台前，人们行为目的指向性很强，公众享用着、消费着高速铁路的公益性，却丢失了社会责任感和认同感，忽视、漠视甚或是抵触这份公共责任，对高速铁路安全应急救援亦如是。

（二）高速铁路安全应急救援机制不健全

1. 高速铁路安全应急救援组织体系不健全

一是目前应急救援机制在整个国家应急救援体系中处于被动地位，缺少系统机动性和灵活性，无法完全满足应急救援要求。相关主体各自组建

---

① 高扬：《道路交通事故紧急救援体系建立的初探》，《科技经济导刊》2016年第22期。

的专业救援队伍虽然具有一定的专业救援能力，但存在职权分割，力量分散、缺乏合力、职能单一等问题。

二是应急办没有直接管理的专业救援队伍，不具有直接统辖指挥权，无法直接指挥、调度分散的专业救援力量，应急办的领导指挥效用和机构权威无法发挥。到场的参战队伍各自为战、单一作战，缺少统一领导指挥和综合协作沟通，无法形成及时、有效、迅捷的应急救援力量。

2. 高速铁路安全应急救援法律机制不健全

应急救援立法缺乏整体性和统一性，法律规范之间缺少对接、存在冲突，很大程度上弱化了法律应有效力。另外，该机制在法制根基、组织系统、运行制度、保障制度等方面仍存有诸多弊端，个别地方曾因应急救援机制不完善致使"小灾"演化成"大难"，引起社会的不稳定。

(三) 高速铁路安全文化建设不到位

1. 高速铁路安全文化教育缺失

安全文化建设是构建高速铁路安全体系的重要课题，完善的安全文化为高速铁路安全提供理论支撑和社会保障。安全文化建设具有指引功能、规范功能等独特优势，辅以文化的深远影响力、广大渗透力和持久扩张力，促使铁路运营企业打造以人为本、安全至上的氛围，从而为高速铁路运输安全奠定扎实的社会基础。[①] 但是，我国高速铁路安全文化教育严重缺失，导致社会安全意识淡薄、公众安全敏感度低、自我保护能力差，对高速铁路应急救援工作的开展增加了难度。高速铁路安全文化宣传、教育、培训多流于形式，没有完整的高速铁路安全文化管理制度和组织模式，加大了高速铁路应急救援机制建设的难度，给高速铁路应急救援机制建设带来更大的挑战。

2. 高速铁路安全应急教育缺失

2018年9月8日以"交通安全"为主题的"世界急救日"，显示出全世界对交通安全急救的重视，高速铁路作为现代高速交通的运输方式，其应急救援研究应当被重视。此前，曾有一则消息称：我国每年急救知识普及的受众约1000多万人次，应急教育普及率极低仅为1%，与发达国家

[①] 王志忠：《朔黄铁路公司安全文化建设探索与实践》，《现代国企研究》2018年第10期。

50%的平均普及率差距巨大,该组数据表明,我国应急教育仅是星星点点。① 此外还存在一个问题,应急教育更多地存在于理论教育上,实践演练教学少,理论与实践仍存在较多差距,纸上谈兵不能应急,实践中应急救援工作慌乱无序,耽误救援质效。

3. 安全风险意识淡漠

铁路运输安全是旅客最为关心的因素。2015年11月1日起,铁路部门为旅客推出了铁路乘意险,为公众铁路出行提供安全保障。2017年上半年国家铁路发送旅客14.78亿人次,乘意险保费收入为1亿多元,即大约4000万人次购买。这一冰冷的数据表明,仅有不足3%的旅客购买乘意险,只有极少数旅客购买。② 公众对铁路"乘意险"不看重的原因有两方面:一是公众主观上普遍认为铁路运营比较安全,相应的出行安全风险较低。二是公众大多没有认识到保险分散风险、补救的作用,对生活中无法预知的各种风险,缺少风险防范意识,保险意识过于淡漠。③

三 完善高速铁路安全应急救援的立法对策

(一) 树立科学的高速铁路安全应急救援理念

1. 树立预防为主的应急救援理念

"预防为主、以人为本、生命至上、安全第一"是建设服务型政府应该遵循的基本原则,也是应急救援的应有之意。预防是安全防范最有效的手段,它能将安全事故消灭在发生之前,使应急救援队伍掌握主动权,进而有效保护社会公众的人身和财产安全,是尊重生命至上、安全第一理念的直接体现。

2. 树立以人为本、生命至上的应急救援理念

我国应急机制建设经历了从粗放式到规范化再到全面精细化再到如今的人性化发展历程,四个阶段之间是逐步递进并不断完善的关系。这也说

---

① 董泽宇:《如何推进应急教育体系建设》,2014年8月11日,http://theory.people.com.cn/n/2014/0811/c40531-25441456.html,2014年8月25日。

② 《3元一份的高铁保险到底值不值得买? 仅一家险企承保》,2017年7月25日,http://insurance.jrj.com.cn/2017/07/25104722793257.shtml,2019年8月5日。

③ 刘卫红、尹冰艳、安世瑾:《关于完善我国铁路乘意险保险制度的思考》,《石家庄铁道大学学报》(社会科学版) 2018年第2期。

明社会越发展，越要尊重生命和人本身。事故灾难面前人人享有生存的权利。在救援时，摒弃狭隘的社会认同，抛弃社会表征标尺，将"以人为本、生命至上"作为指导思想，贯穿救援全过程。

（二）加强高速铁路安全应急救援队伍建设

高速铁路事故具有较强的破坏性，救援难度较大，往往需要大量的人员、物资、经济支持，若人员不足、力量分散、物资短缺、装备不精，应急救援工作难以推进。因此必须加快高速铁路应急救援力量建设。

1. 加强高速铁路应急救援机构建设

高速铁路应急救援要求具备较强的专业性，可与民航组织、海事组织等专业机构组建各司其职、各负其责又能够实现协同联动高效救援的机构。在全国建立一个统一的总领导机构，再在各地建立相应的分支机构，形成一套完整的高速铁路应急救援机构组织体系，并归属于应急管理部门和铁路监管部门双重领导。

2. 加强高速铁路应急救援队伍专业化建设

首先，从全国各地招募高速铁路应急救援人员，建立专业化应急救援队伍，实行准军事化管理。建立高速铁路应急救援演习制度，"养兵千日，用兵一时"，定期开展专业化、规范化、针对性强的演习，确保关键时刻"拉得出，打得赢"。其次，增加救援点与救援力量布置。在重要车站增设救援点，增加救援力量部署，一旦发生事故，调动最近救援点现有救援力量和资源，迅速展开救援工作，提高救援效率，减少事故伤亡和损失。

3. 加强高速铁路应急救援装备建设

工欲善其事，必先利其器。高速铁路应急救援尤其应该重视"器"的作用。首先，我国已经研制出高铁救援起重机，并且应用到高速铁路救援工作中，没有这些高精尖救援装备的帮助，救援人员只能"望洋兴叹"。其次，重要高铁站点增加备用内燃机车。在接触网供电系统故障的情况下，内燃机车能够发挥巨大作用，能够及时实施救援，并能够为高铁乘客提供足够的电力，使空调系统能够正常运转，保证广大乘客的生命财产安全。呼吁重要高铁站点增加备用内燃机车，全方位提高高铁应急救援综合能力。因此，高速铁路应急救援装备建设必须引起高度重视，在利用现有军事或民用装备的同时，加快应急救援专用设备的精进研发，提升救援的科学性和专业度。

(三) 建立健全高速铁路安全应急救援机制

1. 加强应急救援联席会议制度建设

区块化、多阶段、专业性的群体决策方法在实践应用中,能够使高速铁路突发事故得到有效控制,使救援人员在救援中发挥最大价值。通过召开联席会议,集合各方力量,共享安全应急救援信息,提供专业建议和多样方案,并统一优化应急救援方案,使应急救援队伍思想统一、行动明确,展开及时有效的救援工作。

2. 建立高速铁路应急救援报告和信息发布制度

明确应急信息的报送办法,打造快捷、高效的信息报告程序,发布的内容要客观真实和具有权威。同时,加大应急救援信息保护力度,预防事故现场状况以及应急救援信息的非官方泄露,避免陷入不实信息的舆论漩涡,阻挡非理性的舆论压力。

3. 建立高速铁路应急救援分级响应制度

在接到救援命令时,应立即与上级主管部门及离事故发生地最近的物资运输单位了解具体情况,掌握第一手资料,以确定具体响应级别。各级、各部门的专业应急救援指挥机构应当制定本级范围内应急救援的分级原则、响应制度及等级划分标准,明确响应程序,明晰事故的通报内容和处置方式。特别是在跨区域、跨部门的重大高速铁路安全事故发生后,应当根据实际情况,形成明确具体的响应方法和程序。

4. 建立高速铁路应急救援资金保障制度

基于高速铁路的特性,救援成本高,因此,充足的资金是顺利开展救援行动的重要保障。专项资金可用于应急救援技术研发和设备购置更新,给应急救援提供资金支持,满足应急救援的硬性要求,以便更好地开展应急救援工作。另外,通过设立专项资金,激励地方政府积极配合参与应急救援工作,提高地方政府保护高速铁路安全的积极性,维护路外安全。

(四) 完善高速铁路安全应急救援调度指挥机制

1. 明确安全调度指挥原则

调度指挥系统在高速铁路应急救援中发挥着重要作用,高速铁路应急救援应当坚持"统一指挥、行业指挥、逐级指挥、授权指挥"的原则。一旦发生铁路事故,指挥中心应当迅速启动应急预案,组织指挥综合应急救援力量赶赴救援现场，指导救援处置工作。若有特殊情况，政府组织可以授权现场的最高救援指挥员代为行使临场处置指挥权，采用"扁平化"方式有效指挥。

2. 统一指挥调度，组建现场救援指挥部

在统一调集专业救援力量，征集社会力量的同时，做好专业救援力量与社会力量之间的对接协调工作，使其明确分工，各司其职，各负其责，提高救援效用。交通部门负责疏通交通，必要时采取道路管制，保障救援通道畅通；治安部门应做好现场保护，既要保护事故中的证据，同时还要注重事故内外部分隔保护，防止发生偷盗、哄抢等次生事故；特别是铁路调度部门，必须迅速调整运行安排，对事故区域限行，防止发生二次事故。通过统一调度指挥，有序开展救援工作。

第七节　高速铁路安全反恐立法[①]

一　国内外铁路暴恐案件特点

近年来，我国铁路行业多次遭到恐怖主义的威胁，从 2014 年 3 月 1 日至 5 月 6 日短短两个多月的时间内，我国多地火车站发生暴力恐怖袭击案件，恐怖主义者多次妄图攻击我国铁路行业，其中最为典型的是在昆明、乌鲁木齐和广州三个火车站相继发生的恐怖袭击案件，表 13 为三起典型案例的基本情况。

表 13　　　　　　　　　三起典型案件基本概况

时间	地点	作案工具	伤亡人数	袭击目标
2014 年 3 月 1 日	昆明火车站	刀	29 死 143 伤	不特定平民
2014 年 4 月 30 日	乌鲁木齐火车站	刀、爆炸装置	3 死 79 伤	不特定平民
2014 年 5 月 6 日	广州火车站	刀	6 伤	不特定平民

---

① 在反恐方面，高铁与普铁差异性小，故本节内容从铁路角度研究，不特别区分高铁与普铁。本章主要内容发表于曹琪伟、亏道远《完善铁路安全反恐机制的思考》，《石家庄铁道大学学报》（社会科学版）2019 年第 3 期。

通过表13可以看出，针对我国铁路的暴恐案件有以下特征：其一，从作案工具来看，恐怖袭击的作案工具以刀具和自制爆炸工具为主。在昆明火车站暴力恐怖袭击案中，恐怖分子使用的作案工具是长刀和短刀；在乌鲁木齐火车站暴力恐怖袭击案中，恐怖分子在火车站出站口接人处持刀砍杀群众，同时引爆爆炸装置。其二，从形式来看，我国铁路恐怖袭击的形式主要是恐怖分子在铁路车站制造大规模群体性骚乱事件。昆明火车站暴力恐怖袭击案和乌鲁木齐火车站暴力恐怖袭击案均导致了人员的死亡，引发了群体性骚乱，造成了极其恶劣的影响。其三，恐怖袭击具有事先预谋性。恐怖分子在实施恐怖袭击前，并非仅仅是临时组织在一起或者是临时起意，而是蓄谋已久。在昆明火车站暴力恐怖袭击案中，恐怖分子依斯坎达尔·艾海提、吐尔洪·托合尼亚孜、玉山·买买提早在2013年12月就开始纠集他人形成恐怖组织，指挥组织成员为实施暴力恐怖活动在广东省、河南省等地进行暴力恐怖犯罪准备。其四，恐怖分子当中包括年轻人，呈现低龄化、家族化趋势。在昆明火车站暴力恐怖袭击案中，恐怖分子团伙共有8人，其中有一名女暴徒年仅16岁。在乌鲁木齐火车站暴力恐怖袭击案中，恐怖分子色地尔丁·沙吾提的同伙包括其妻子和兄弟。

尽管不同国家在铁路运输、治安环境等方面具有不同的国情，但这些国家在构思铁路反恐对策时，必须考虑其承担的国际义务，并结合国情摸索具有自身特点的有效做法，因此不同国家在铁路反恐对策方面具有一定的相似性、规律性和可借鉴性。[①] 分析国外铁路恐怖袭击事件的特点，对完善我国铁路反恐机制有学习和借鉴的意义。纵观国外铁路恐怖袭击案件，可以发现其主要发生在中东地区和南亚地区，这与当地复杂的政治形势、民族矛盾等因素有很大的关系。近年来，美国、俄罗斯和一些欧洲国家也成为了恐怖分子袭击铁路的目标地点。表14为国外典型的针对铁路行业的暴恐案件。

表14　　　　　　　　国外铁路恐怖袭击事件统计

时间（当地时间）	地点	作案工具	伤亡人数	袭击目标
2017年10月1日	法国马赛火车站	刀具	至少2人死亡	不特定平民

---

① 兰立宏：《铁路反恐怖的研究现状及对策建议》，《中国刑警学院学报》2017年第5期。

续表

时间（当地时间）	地点	作案工具	伤亡人数	袭击目标
2017年6月20日	比利时布鲁塞尔中央火车站	炸弹	未造成伤亡	不特定平民
2016年10月7日	巴基斯坦俾路支省一辆行驶至奎塔的列车	炸弹	7人死亡，20人受伤	乘客
2016年7月18日	德国巴伐利亚州一辆火车	斧头和刀具	21人受伤	乘客
2015年10月10日	土耳其安卡拉火车站	炸弹	至少95人死亡、246人受伤	不特定平民
2015年8月21日	荷兰阿姆斯特丹前往巴黎的国际高速列车	枪支、刀具	2人重伤、1人轻伤	乘客
2013年12月29日	俄罗斯伏尔加格勒火车站	炸弹	至少18人死亡、数十人受伤	不特定平民

从表14可见，国外铁路恐怖袭击案件有以下特点。其一，在袭击方式上，多采用爆炸袭击。与国内多采用刀具等冷兵器为作案工具不同，在国外，采取爆炸袭击是恐怖分子进行恐怖袭击的主要类型。爆炸袭击杀伤力强，且恐怖分子多选择人员密集的车站候车室、列车车厢，一旦得逞必定造成严重的人员伤亡。其二，在袭击区域上，跨区域特征明显。随着经济全球化的日益加速，世界越来越成为紧密的整体，这也导致了恐怖组织的影响范围从原先的周边国家或地区逐渐扩大，直至全球范围内均受到威胁。从近些年发生的国外铁路恐怖袭击案件中可以看出，并非只有在政治局势混乱、经济不发达、武装冲突多发、民族矛盾尖锐、宗教纷争多发的地区才会发生恐怖袭击案件，诸如欧美等发达国家也频频遭受恐怖主义的威胁。其三，在恐怖主义的发展方式上，现如今的恐怖主义更多地借助于现代技术，尤其是互联网平台。和以往不同，人员培训、袭击策划、模拟演练等未必非在恐怖营地进行，而是可以通过互联网进行，效率更高且更难防范，恐怖组织启动了线上招募、培训模式，通过互联网完成洗脑、煽动、指挥、策划等一系列行为。[①] 同时，互联网的便利使得恐怖信息易在全世界散播，互联网支付更是为恐怖分子募集资金提供了方便。

---

① 洪琳：《要比恐怖分子更重视互联网》，《京华时报》2015年1月14日第A09版。

二 恐怖主义青睐铁路行业的原因

(一) 铁路行业特点易吸引恐怖分子

铁路车站客流规模大,属于人员密集场所,恐怖分子在事发前极易混入人群中隐蔽,事发时攻击目标多、范围大,事发后又容易混入人群中逃脱。而且铁路车站空间相对封闭,在发生恐怖袭击后疏散群众困难,难以进行有效的组织救援。铁路列车行驶的线路漫长且固定,铁路线路是构筑铁路路网的基础,由于铁路的线路长,周围环境复杂多样,线路维护和安全保障方面的监控和管理需要各方面大量的投入,这些铁路线路上的任何微小差错都可能造成严重的后果。[①] 而当前我国在铁路线路安全防范上还存在不少薄弱的环节,这使列车极易成为破坏攻击的目标。由于出行的乘客大多不会也不允许随身携带防身工具,遭到恐怖袭击后只能依靠车站和列车的安保措施,而车站和列车需要保护的范围较广,警力有限,很难做到全面管控,容易出现疏漏,给予恐怖分子可乘之机。

(二) 攻击铁路容易达到恐怖分子的目的

作为铁路客运和货运的主要服务对象,乘客和货物都相对集中在封闭的列车上,一旦恐怖分子有机可乘,势必会对生命财产安全造成重大损害。此外,铁路作为国民经济的大动脉,是联系社会生产、分配、交换、消费的纽带。铁路线上的客运站因与城市轨道交通、公交汽车、长途汽车、出租车等交通方式紧密连接,不仅承担衔接内外交通任务,更融入到了城市内部交通体系,肩负衔接城市各种交通方式、实现不同交通方式之间换乘的重任。[②] 因此,一旦铁路遭受到恐怖袭击,不仅铁路设备、人员会受到损害,还可能会影响整个交通运转,甚至引发一系列的连锁反应,给国家带来不可挽回的损失。

(三) 我国铁路反恐防范工作存在缺陷

近年来,我国相继发生了多起针对铁路车站的恐怖袭击事件,从最初

---

① 王琦:《当前我国铁路防恐防爆对策研究》,《黑龙江省政法管理干部学院学报》2017年第1期。

② 刘民伟:《铁路大型客运枢纽站突发事件应急能力评价模型与方法的研究》,博士学位论文,北京交通大学,2008年。

的昆明到乌鲁木齐、广州等地火车站陆续遭受恐怖袭击，给我国的铁路发展蒙上了一层阴影。接连发生的恐怖袭击事件表明了现阶段我国铁路安全防范仍然存在着漏洞，在部门协作、人员配备、安全技能教育、安全环境培育、技术设备更新维护以及安全文化建设等方面都还不够完善，铁路安全反恐机制还存在不足，恐怖分子容易将目标瞄准铁路行业，寻找到铁路行业的薄弱环节并进行攻击，以达到其目的。

三 我国铁路安全反恐存在的问题

为了加强我国铁路安全反恐的防范工作，公安部与中国铁路总公司相继出台了一系列相应的与反恐怖工作有关的标准、规范性文件，明确了铁路人员应当承担的反恐怖主义职责和义务。2013年8月27日，国家反恐怖工作领导小组第一次全体会议在北京召开，国家反恐怖工作领导小组正式成立，随后各省反恐怖工作领导小组也陆续成立。反恐怖工作领导小组职能广泛，包含反恐情报预警、防范、应急处置、善后处理等具体业务领导职能，同时也包含对公民反恐知识的教育等职能。[①] 在法律层面，随着《中华人民共和国刑法修正案（九）》和《中华人民共和国反恐怖主义法》的制定和相继颁布，在反恐刑事政策和立法上，我国开始明显呈现出"以预防为导向"的趋势。[②] 由此可见，我国现阶段的铁路安全反恐防范工作已经取得了一定的成效，但在反恐意识、事先预防、人员配置、技术设备等方面还需要进一步提高。

（一）各部门间难以形成合力

铁路反恐工作需要多个部门的共同努力，牵涉众多的人力、物力、财力，如果不能协调得当，反恐工作将会受到极大的阻碍。具体而言，铁路运输企业与铁路公安之间、铁路公安与地方公安之间、铁路运输企业与地方政府之间都需要互相配合，严格履行各自的职责。但现实中各相关部门之间的关系互不交叉、信息互不畅通，因此想要形成合力较难。虽然目前全国各铁路局相继成立了反恐怖工作领导小组，在领导小组下设办公室作为其领导机构，但反恐办大多挂靠在治安部门、刑侦部门之下，成员也多

[①] 桂田田：《揭秘"反恐怖工作领导小组"》，《北京青年报》2014年5月26日第A03版。
[②] 何荣功：《"预防性"反恐刑事立法思考》，《中国法学》2016年第3期。

为其他部门人员兼职,其领导性、权威性明显不足,作用发挥受限。若各部门之间无法协同作战形成合力,而仅由一两个部门单打独斗,则铁路安全反恐工作很难有效推进。

(二) 各地防范能力参差不齐

在铁路车站的安检区域,由于极易形成人员的聚集,因此成为了安全风险点。一是安全防范标准差异大。当前,各地火车站的安全防范标准差异较大,大部分火车站的安全防范标准较为严格,但有些火车站的安全防范标准已经不能满足现有的反恐需求,有些虽然标准严格,但在落实上又大打折扣。二是防范设备差异大。由于各地的经济发展水平不同,受到资金、重视程度等方面的影响,大站和小站在防范设备上相差较大,不能达到统一标准。另外,部分站还存在反恐防范设备单一、设备数量不足的情况。三是安全检查人员素质差异大。各地对于安检人员选拔条件不一,安检员之间的文化素养、专业能力相差较大。部分火车站疏于对安检员的专业技能培训,严重影响了安检的效果。

(三) 铁路反恐人员配置短缺

警力配备不足是铁路安全反恐的重要隐患。当前我国铁路的运营总里程呈逐年上升趋势,但警力人员配备并没有随着运营里程增加的幅度而相应增加,这就导致运营线上的平均警力严重不足,迫使大多数警员长期超负荷工作,当真正遇到恐怖袭击案件时无法有效地投入。加之警员之间的职能分工不明确,反恐意识、专业能力不强,缺乏实战经验,导致第一时间遇到恐怖袭击时应对不足。在铁路安检人员方面,由于铁路客流量逐年加大,但安检通道依旧较少,每个安检人员每天都会有巨大的工作量,长时间高强度的工作难免会出现纰漏。而且,铁路安检人员的工资待遇普遍不高,但工作繁重,安检人员在工作时又难免出现懈怠情绪。

(四) 情报处理工作存在漏洞

近年来发生的铁路暴恐案件中,铁路公安往往是在案件发生后才进行相应的处理和补救,铁路安全反恐工作往往处于被动状态,难以做到有效预防。而且,受以往对反恐工作接触少的影响,部分警员对于涉及恐怖的基础知识、恐怖情报的掌握等方面不熟悉,即使发现恐怖活动迹象也无法进行有效防范。正所谓"知己知彼,百战不殆",事先获取准确的情报,可以提前预防潜在的暴恐威胁,对打击恐怖分子具有重要的意义。但现实的情况是，各地区、各警种之间对情报的收集往往处于各自为战的状态，获取的情报不能及时共享，使得情报无法形成完整的链条，导致情报分析工作难以有效开展。在搜集到情报后，对情报的分析研究至关重要，这就需要大量专业的反恐情报人员，但目前各地铁路公安的反恐情报人员能力差距较大，各地对情报人员的培训水平存在较大的差距，影响了对反恐情报的分析研究。

（五）反恐防范意识有待提高

近年来，经过多方努力，我国铁路安全反恐防范的意识在不断增强，但仍然有待提高。一是铁路公安的反恐防范意识有待增强。铁路公安是我国铁路反恐防范的主要力量，也是在遭到恐怖袭击后最先面对恐怖分子的专业队伍。但部分铁路干警在思想上仍旧缺乏应有的忧患意识和防范意识，认为恐怖袭击离自己很远，在工作中放松警惕。二是车站人员（包括但不限于安检人员）的反恐防范意识有待增强。车站人员的安全检查工作是铁路反恐防范的关键，及时发现可以把危害降到最低限度，但部分人员认为暴恐袭击属于极少数的特殊情况，由此放松了防范意识，在工作中马马虎虎，流于形式。三是火车站反恐意识有待增强。部分火车站认为自己不是大站、客流量不多，暴恐案件不会发生在自己辖区内，对反恐防范工作不够重视。此外还存在车站反恐区域划分不明确的情况，导致出现管控盲区。

四 完善铁路安全反恐机制的对策

恐怖主义在任何环境中都有可能滋生，在不同情况下，不同类型的恐怖主义可能源于不同的原因。尽管很难确定恐怖主义产生的原因，但在防范恐怖主义时，对造成恐怖主义可能蔓延的政治、社会和经济环境采取综合办法，有可能对打击恐怖主义带来丰硕成果。[①] 铁路安全是国家安全的重要组成部分，事关人民群众对美好生活的向往和追求，因此，完善铁路安全反恐机制至关重要。

（一）完善反恐工作机构，建立反恐防范体系

铁路作为一个特殊的治安空间，人员、物资高度密集，运输生产安全

[①] Mizrahi S., "Terrorism and homeland security", *Security Journal*, No. 3, 2015.

依赖于车、机、电等多个系统在高度精确的时间、空间内协调运作,这就决定了铁路反恐工作具有极强的专业化特点,其整体统筹和规划只能依靠铁路系统自身特点进行,其他部门只能起指导或辅助作用。[1] 因此,应当结合铁路安全反恐的现实需求,建立专门的铁路反恐工作机构,并明确该机构的职能,以便主动、积极和专业化地处理铁路暴力恐怖袭击案件,而非由其他部门临时拼凑、临时管理和被动处理。该机构应当具有权威性和专业性,既要有权专门处理铁路暴恐案件,还应当有权协调各部门共同完成铁路反恐工作,使各部门之间能够协同作战形成合力。另外,该机构还应当针对铁路反恐形势的变化不断完善相应制度,根据各地不同的反恐情况进行重点部署,使各部门之间权责分明,有效组织反恐工作。铁路反恐防范体系的结构具体如图2所示,在铁路反恐工作机构的领导下,以铁路公安为主要反恐力量,地方政府要积极配合铁路公安的反恐工作,铁路运输企业也要履行自身对乘客安全保障的职能,在宣传、培训、设备等方面做好反恐防范工作。此外,还要充分依靠社会公众的力量,保证举报渠道的畅通,积极宣传和鼓励社会公众参与铁路反恐工作。

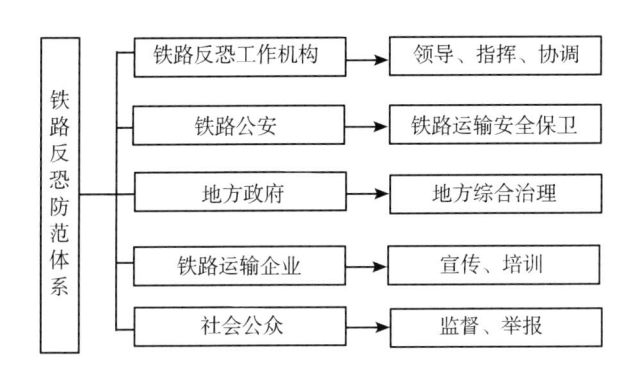

图2 铁路反恐防范体系结构

(二) 统一反恐防范标准,提升安检防范能力

铁路安检是反恐工作的重要一环,因此严格统一的安检标准至关重要。在现有法律法规总领下,铁路运输企业要制定更加详尽的安检标准,以适应各种各样的恐怖袭击类型。在车站候车室、售票处等重要部位应当

---

[1] 吕红戈:《铁路反恐工作的总体原则和策略》,《铁道警察学院学报》2018年第1期。

设立安检区域,将危险物品过滤在火车站外,将危险人员及时纳入监控视野。此外,还应当加强日常检查工作,保证安检标准的执行力度。在设备标准上,当遇到暴力恐怖袭击时,警员如果有良好的反恐设备作为辅助工具,将能更好地制服恐怖分子,保护民众安全,且利用强大的反恐设备也是短时间内提高警员反恐能力水平的一种方式。因此,铁路运输企业应当对反恐设备的具体功能、配置要求、安装位置、使用方法等标准进行明确规定。另外,设备在存放或使用过程中,难免会出现损耗甚至毁损,所以各地火车站应当定期对设备进行检查和维护保养,确保设备质量。除硬件设备外,还应当充分利用现代化科技手段,弥补人防无法企及的范围,克服人防局限性,以便配合硬件共同发挥作用。

(三) 加强人员培训教育,提高反恐队伍素质

暴力恐怖袭击一旦发生,第一时间最能有效制止恐怖分子的就是铁路公安,因此,警员的反恐专业能力和火车站警力的部署将是有效制止暴恐袭击、维护现场秩序的关键。铁路公安应当对人员的培训、部署等方面进行规范。首先,铁路公安要定期组织铁路公安民警学习铁路反恐防范标准,专门就铁路这一特殊行业的反恐进行针对性的培训;其次,铁路公安要定期开展反恐演习,积累经验,为今后可能出现的实战做准备。"凡事预则立,不预则废"。面对随时可能出现的恐怖袭击事件,铁路公安应当制定一套科学的应急预案。制定预案要做到简捷有效,充分结合铁路行业的特点,并采取模拟演练和定期评价的方式进行修改,始终保持科学性和有效性;最后,在警员部署上,铁路公安要结合各地火车站的具体情况进行合理部署,将既有的反恐力量有效整合,"好钢要用在刀刃上",突出重点领域,最大限度地弥补人员的不足,并加大日常巡逻的覆盖面,形成巡逻覆盖网,起到对恐怖分子的震慑作用。

(四) 重视情报收集研究,健全反恐预警机制

情报反恐,是指情报工作贯穿于反恐的全过程,用情报解释反恐环境、影响反恐决策、作用反恐效果。[①] 铁路公安应当在情报收集、情报共享与情报分析三方面进行规范。首先在情报收集上,铁路公安要充分利用公安信息技术,采取技术侦查等手段,运用一切可能发挥作用的情报渠

---

① 王沙聘:《我国面临的恐怖主义及情报反恐研究》,《中国软科学》2014年第2期。

道,加强情报收集。此外,铁路公安应当紧密联系群众,发动群众力量。其次,各地区铁路公安之间要定期通报,将收集到的情报进行筛选整合,形成情报链条。最后,要强化情报分析。一方面要加强对相关情报技术研讨工具的开发,减少人员的负担,使研讨结果更加精细化、准确化;另一方面要大力培训反恐情报分析人员,只有专业的情报分析才能保证收集的证据质量。此外,铁路公安要对收集到的情报进行深入分析研究,并建立风险评估机制来对可能发生的风险进行预判,事先做好相应的防范工作。

(五) 强化安全文化建设,提高全民反恐意识

防范和打击恐怖主义,离不开人民群众的集体智慧和群策群力。铁路运输企业要重视铁路安全文化建设,尤其加强反恐宣传和舆论控制,形成全民反恐的舆论氛围。通过强化铁路安全文化建设,发挥文化的内在力量,使人民群众自觉加入到铁路反恐防范工作当中。依靠反恐宣传教育,使人民群众掌握与反恐的有关知识和技能,提升对恐怖主义的防范和鉴别能力。具体而言,铁路运输企业可利用电视、微信、微博等媒体,通过在站前广场、售票厅、候车室等部位粘贴、发放安全提示等形式,详细宣传报道国家反恐政策与反恐基本常识,使广大旅客增强反恐意识,了解掌握逃生自救等应对恐怖袭击事件的基本常识和能力。[1] 在宣传教育过程中,还要妥善处理好民族、宗教关系,尊重各民族的文化传统,防止被恐怖主义者利用。除此之外,铁路运输企业应当完善反恐举报制度,将反恐奖励的内容、范围进一步细化,充分调动广大人民群众参与反恐的主动性、积极性。

---

[1] 臧建国:《当前铁路车站恐怖活动的犯罪态势及应对策略》,《湖北警官警院学报》2017年第6期。

第七章　高速铁路安全治理责任：强化社会公共责任[①]

安全是交通运输永恒的话题，是交通运输发展的前提，也是交通运输生命力的直接体现。截至 2019 年底，我国高速铁路营业里程达到 3.5 万千米以上。[②] 毫无疑问，高速铁路运输已经成为我国当前最重要的交通运输方式之一，尤其在中长途距离运输中它以高速、准时、环保、安全、舒适以及受天气环境影响小等优势越来越受到旅客的青睐。但是，由于高速铁路运输安全保障度高、发生事故概率小等原因，人们在大量选择乘坐高速铁路交通运输工具的同时，却容易忽视高速铁路的安全威胁。尤其是铁路系统之外的相关主体普遍存在认识误区，认为高速铁路比较安全，其安全保障责任是铁路内部的事，与自己关系不大。即便有些法律法规明确赋予高速铁路安全职责的主体，也怠于行使安全监管职权或只是形式上行使职权，对威胁高速铁路安全的危险源排除能拖则拖，普遍存在危险不会发生，尤其是不会在自己地段发生的侥幸心理。

2017 年 4 月 17 日和 21 日，中央电视台《焦点访谈》节目分别以《风景线上切莫煞风景》[③] 和《违建危及大动脉》[④] 为题报道高速铁路沿线"脏乱差"和安全隐患，节目中指出高速铁路周边有些路段周围垃圾遍地、私搭乱建成风、沿途沿线的非法市场和垃圾场此起彼伏，高速铁路

[①] 本章主要内容发表于亏道远、冯兆蕙《高速铁路安全的社会公共责任》，《河北法学》2018 年第 6 期。

[②] 中共交通运输部党组：《加快建设交通强国》，《求是》2020 年第 3 期。

[③] 《风景线上切莫煞风景》，2017 年 4 月 17 日，http://tv.cctv.com/2017/04/17/VIDE3TDv-ONCpzaUJCERdmL9Y170417.shtml，2017 年 9 月 20 日。

[④] 《违建危及大动脉》，2017 年 4 月 21 日，http://tv.cctv.com/2017/04/21/VIDEX0yO5xrW-dmVYknw76uTB170421.shtml，2017 年 9 月 20 日。

沿线甚至成为违章建筑和"脏乱差"的庇护所，危及高速铁路安全。另据媒体报道，2016年武汉铁路局全局共发生动车组与路外人员相撞事故五件，动车组径路上置障三件，高铁沿线烧荒八件。① 从以上这些现象可以看出，高速铁路沿线的安全保障环境不容乐观，影响和威胁高速铁路安全的因素并未得到完全控制，尤其是路外安全隐患较大。有高速铁路沿线企业危险行为导致的安全隐患，如山东济南高速铁路沿线工厂爆炸逼停多趟高铁列车事故②；有乘客危险行为导致的安全隐患，如南京南站一男子横跨股道遭列车挤压事故③；还有铁路沿线居民危险行为导致的安全隐患，如2016年8月1日沪蓉线宜昌两名学生在钢轨摆石子致八趟动车组被逼停，2016年7月22日沪蓉线长阳至巴东站间K1204+800处因烧荒造成坡体滑坡，影响动车组五列。④ 另据武汉铁路局局长汪亚平介绍除少数铁路职工违章作业外，一些危害铁路运输安全畅通的环境污染、非法施工，以及盗窃铁路运输物资、拆盗铁路运输设备等行为亦时有发生。⑤

以上这些现象说明，外部环境是目前维护高速铁路安全的软肋。由于高速铁路运输的速度大幅提升⑥，其运营安全风险增加，在普速铁路运输中技术上的瑕疵或运营中的失误可能只是导致列车的颠簸、出现不舒服的感觉，但在高速铁路运输中则可能就是车毁人亡、发生重大安全事故，导

---

① 郭晓莹：《人大代表建议加快高铁立法或修订〈铁路法〉》，2017年3月9日，http：//www.chinanews.com/gn/2017/03-09/8169796.shtml，2017年9月20日。

② 2016年11月29日上午9时30分左右，山东省济南市美里湖街道范庄工业园南区一家生产混凝土添加剂的工厂车间罐体发生爆炸，致相邻的京沪高铁桥接触网断电，一个近上百斤的机器零部件，被炸飞至京沪高铁桥桥墩下，另有一个直径近1米5左右的压力容器的金属盖，被炸飞至距离地面约30米的高铁桥的另一侧，并将桥上多个隔音板砸坏，跌落地面。此次事故造成多趟列车晚点，部分列车停运。发生爆炸事故的厂房离京沪高铁桥仅约50米。李继远等：《逼停京沪高铁的济南爆炸工厂：平时大门紧闭凌晨常见罐车出入》，澎湃网：http://www.thepaper.cn/newsDetail_forward_1570510，2017年6月8日访。

③ 柴会群、李倩：《致命"换乘"——还原南京南站横跨股道悲剧》，《南方周末》2017年4月13日。

④ 郭晓莹：《人大代表建议加快高铁立法或修订〈铁路法〉》，2017年3月9日，http：//www.chinanews.com/gn/2017/03-09/8169796.shtml，2017年9月20日。

⑤ 寇从清：《依法维护铁路绿色安全》，《检察日报》2017年4月24日第6版。

⑥ 《铁路安全管理条例》第107条规定：本条例所称高速铁路，是指设计开行时速250千米以上（含预留），并且初期运营时速200千米以上的客运列车专线铁路。

致伤亡和损失惨重。如1998年发生的德国艾雪德高速铁路事故因金属疲乏的车轮钢圈受损脱落引发，造成101人丧生、105人受伤；① 中国甬温动车追尾事故由于缺陷信号设备遭雷击，故障处置工作不得力和管理不到位引发，造成40人死亡、172人受伤，中断行车32小时35分钟，直接经济损失19371.65万元。② 因此，针对速度快、安全风险大的高速铁路运营，在铁路企业内部不断加强安全防范的同时，应该加强高速铁路路外安全环境治理。然而，高速铁路点多线长面广，路外安全环境较为复杂，仅靠铁路运输企业自身的努力难以确保高速铁路路外安全，需要高速铁路沿线地方政府、企业、居民、乘客和其他社会公众的共同努力，以社会共治的方式维护高速铁路安全。所以应该强化高速铁路安全的社会公共责任，对其进行系统研究，从内涵界定、内容细分、属性定性以及实现途径等方面系统阐释高速铁路安全社会公共责任，探索高速铁路安全治理的理论依据，以社会共治的方式，借助全社会力量共同维护高速铁路安全。

第一节　高速铁路安全社会公共责任的内涵界定

一　高速铁路安全社会公共责任是除铁路系统之外主体应承担的责任

高速铁路安全社会公共责任是指除铁路系统之外的主体在维护高速铁路安全中应该承担的责任，包括高速铁路沿线地方政府、高速铁路沿线企

---

① 1998年发生的德国艾雪德高速铁路事故，由于车轮钢圈金属疲乏，在列车以200千米时速向前行驶的过程中，一个车轮钢圈受损脱落，脱落的钢圈铲起一根铁轨刺穿第一节车厢，巨大的冲击力造成车厢后端车轮出轨，出轨的车轮撞上交汇点，迫使交汇点松开，第一节车厢后的所有车厢被导向错误的轨道，行走在当地的支线上，前方的车头仍然继续以200千米的时速前进，但后方的车厢逐渐减速离开主线而脱轨。车轮破裂约三分钟后，脱轨列车撞上艾雪德镇路桥酿成灾难。参见杨冰：《德国艾雪德列车出轨事故——德国史上最严重的高铁事故本可轻易避免》，《现代班组》2016年第10期。

② 国务院"7·23"甬温线特别重大铁路交通事故调查组2011年12月25日发布的《"7·23"甬温线特别重大铁路交通事故调查报告》指出："7·23"甬温线特别重大铁路交通事故是因列控中心设备存在严重设计缺陷、上道使用审查把关不严、雷击导致设备故障后应急处置不力等因素造成的责任事故。

业和居民、乘客以及社会公众等主体在维护高速铁路安全中应该承担的责任。高速铁路安全社会公共责任不同于企业社会责任,企业社会责任是指企业在谋求股东利润最大化之外所负有的维护和增进社会公益的义务。① 它包括企业对雇员的责任,对消费者的责任,对债权人的责任,对环境资源受益人的责任,以及对所在社区的责任和对社会福利、公共事业的责任。② 二者的责任主体不同,因此承担责任的内容也不同。

高速铁路安全社会公共责任属于公共责任范畴,但不完全等同于一般意义上的公共责任。公共责任伴随公共管理的发展而产生,是强调行政机关及其工作人员对公共利益保护的责任。有学者指出公共责任从狭义上理解是指国家的公务人员违反行政组织及其管理工作的规定,违反行政法规所规定的义务和职责时,所必须承担的责任;从广义上理解是指国家行政管理部门的行政人员,在工作中必须对国家权力主体负责,必须提高自身职责的履行,来为国民谋利益。③ 有学者则直接认为公共责任是对公共利益负责,对人民托付的财产妥善管理的义务。④ 二者都强调社会公共利益的保护,但强调的责任主体不完全相同,责任内容亦有所差异。

二 铁路系统之外主体承担高速铁路安全社会公共责任的理由

维护高速铁路安全是铁路系统内部主体的本职工作,因此,赋予铁路系统内部主体维护高速铁路安全责任无可非议,包括高速铁路建设企业、运输企业、设备制造维修企业、铁路公安以及铁路监管部门等都负有维护高速铁路安全的职责。但是,要让铁路系统之外的主体承担维护高速铁路安全的责任,需要有充分的理由,具体如下:

(一) 仅靠铁路系统内部主体难以完全保障高速铁路安全

高速铁路安全是个系统工程,涉及主体众多,涉及关系复杂,在高速铁路建设、运输和设备制造维修等各个环节,都包含着非常复杂的安全需

---

① 卢代富:《国外企业社会责任界说述评》,《现代法学》2001 年第 3 期。
② 王玲:《论企业社会责任的涵义、性质、特征和内容》,《法学家》2006 年第 1 期。
③ 江秀平:《公共责任与行政伦理》,《中国社会科学院研究生院学报》1999 年第 3 期。
④ 邓峰:《论经济法上的责任——公共责任与财务责任的融合》,《中国人民大学学报》2003 年第 3 期。

求关系。主要包括：其一，高速铁路建设中因安全需求产生的社会关系。主要有高速铁路勘察、设计、施工和监理主体及原材料的准入关系，过程监控与管理关系，以及交付验收关系等。其二，高速铁路运输中因安全需求产生的社会关系。主要有高速铁路运输企业内部管理关系，铁路行业安全监管关系，铁路沿线地方政府安全监管关系，护路联防关系以及与铁路沿线企业、居民的关系，与乘客的关系，与铁路公安之间的关系等。其三，高铁设备制造维修过程中因安全需求产生的社会关系。包括设备制造原材料准入关系，过程监控与管理关系，交付验收关系，以及后续设备维修关系等。这些关系又可以分为路内关系和路外关系两大类，其中路内关系主要由铁路系统内部协调，而路外关系则需要路内外主体共同协调。高速铁路安全复杂的影响因素导致了复杂的安全关系，同时也增加了维护高速铁路安全的难度，因此，从安全防范的视角分析，路内安全可以由铁路系统内部主体通过具体安全防范制度来实现，但是，路外安全仅靠铁路系统内部主体难以实现，尤其是在铁路运输环节的路外安全，铁路系统内部主体甚至会出现监控乏力或无力，唯有借助路外主体的力量才能有效防范路外安全，这是强化高速铁路安全社会公共责任的现实需求。

（二）高速铁路安全保护的是公共利益

在高速铁路安全领域，所有的安全因素都汇聚于高速列车运营环节，直接表现为高速铁路运输安全。高速铁路运输安全事关人民群众生命财产安全，事关社会稳定，事关党和国家工作的大局，[①]它运送的乘客不是特定主体，而是不特定的社会公众，其保护的是不特定主体的利益，而是属于社会公共利益。社会公共利益的保护既需要企业自身努力，同时也需要政府干预和帮助，更需要社会其他主体的配合与付出，只有借助全社会力量，才能维护好社会公共利益。因此，基于社会公众利益保护的需要，赋予铁路系统之外的主体承担维护高速铁路安全的责任无可非议。当其他任何个人利益或集团利益同公共利益相抵触时，都应无条件地服从于公共利益。[②]

---

① 张志刚：《运用法治思维和方式整治铁路安全环境外部风险隐患的思考》，《铁道经济研究》2015年第4期。

② 齐明山、李彦娅：《公共行政价值、公共利益与公共责任——政府公共权力科学运作的三维构架》，《学术界》2006年第6期。

（三）铁路系统之外的责任主体自身也是高速铁路运输的受益主体

从企业经营的角度分析，高速铁路的功能体现为运输企业通过提供运输服务实现赢利。但是，从社会经济发展的视角分析，高速铁路具有带动地方经济发展，为高速铁路沿线企业提供交通便捷的营商环境，为沿线居民提供快速便捷的交通运输工具等功能。因此，地方政府、沿线企业和居民等铁路系统之外的主体都是高速铁路运输的受益者。基于自身受益的理论逻辑，赋予高速铁路系统之外的主体承担维护高速铁路安全的责任具备充分理由。

三 高速铁路安全社会公共责任不排斥铁路企业的主体责任

高速铁路安全具有木桶效应，各个环节都是高速铁路安全的组成部分，任何一个环节出问题，都会导致安全风险，甚至导致安全事故。强调高速铁路安全社会公共责任是试图通过制度设计，赋予高速铁路沿线地方政府、居民和企业、乘客以及社会公众相应的义务和责任，借助外部力量来维护高速铁路安全；而高速铁路安全的主体责任是让高速铁路建设企业、运输企业和设备制造维修企业等相关主体通过内部制度设计来保障高速铁路安全。按照安全管理的基本规律，内生力量是主，外部力量是辅，所以高速铁路安全社会公共责任在维护高速铁路安全中只能起到辅助作用，是补充力量。因此，强化高速铁路安全社会公共责任不是否定维护高速铁路安全的主体责任，而是其内生力量的有益补充。但必须明晰的是，辅助力量并非可有可无，其产生的原因是内部力量无法完全保障高速铁路安全，但必须借助外部力量才能将高速铁路安全风险降至最低，所以强化高速铁路安全社会公共责任实属必要。

第二节 高速铁路安全社会公共责任的内容细分

要想清晰地认识高速铁路安全的社会公共责任，必须细分高速铁路安全社会公共责任的内容，依据涉及主体，可以细分为高速铁路沿线地方政府的社会公共责任、高速铁路沿线企业和居民的社会公共责任、乘客维护高速铁路安全的社会公共责任和社会公众维护高速铁路安全的社会公共责任。

一 高速铁路沿线地方政府的社会公共责任

高速铁路沿线地方政府是维护高速铁路安全的重要力量，包括政府本身、政府相关部门以及政府管辖的新闻媒体和学校等都是维护高速铁路安全的重要力量。但是，目前地方政府维护高速铁路安全的积极性不高，发挥作用有限，因此，要想充分发挥高速铁路沿线地方政府维护高速铁路安全的作用，需要进一步明晰其具体责任，主要包括护路联防责任、沟通协调责任、划定公告责任和宣传教育责任。

（一）护路联防责任

"护路联防责任制"是落实安全综合治理方针、解决铁路沿线安全保障方面存在的突出社会问题，维护铁路治安持续稳定的一项重要制度。[①] 护路联防责任制的重心在联防，核心区域在路外，它要求高速铁路沿线地方政府与铁路运输企业、铁路公安一起组建护路队伍，守护高速铁路安全。相对于普速铁路，高速铁路护路联防的责任更重，要求更严格，具体体现为：其一，防范无关人员擅自闯入封闭区的责任。高速铁路虽然实施全封闭化管理，但是，铁路线路长，地形地势复杂，在一些薄弱环节，偶尔会有人擅自进入高速铁路封闭区，或出于好奇心，抑或由于精神不正常等原因。但这些人进入封闭区后非常危险，需要护路联防队伍及时发现并制止其行为，确保高速铁路运营安全，也确保这些人员的人身安全。其二，防范破坏、盗窃高速铁路设施设备的责任。破坏和盗窃高速铁路设施设备是非常危险的行为，也是法律禁止的行为，但是高速铁路沿线居民素质参差不齐，一些人员对破坏和盗窃高速铁路设施设备的危险性认识不足，或出于泄愤，抑或出于蝇头小利，仍然会有人破坏和盗窃高速铁路设施设备。所以要求护路联防队伍及时发现并进行制止，维护高速铁路安全。其三，制止安全保护区范围内放牧、烧荒等危及高速铁路安全行为的责任。安全保护区是铁路线路安全的延伸，它是通过扩大保护范围来确保铁路线路安全。虽然安全保护区的大部分面积不在高速铁路封闭区域内，但是，在安全保护区内禁止从事放牧、烧荒等危及高速铁路安全的行

---

① 《〈铁路安全管理条例〉释义》，人民交通出版社2013年版，第34页。

为。所以要求护路联防队伍巡查和监控安全保护区域,一旦发现有人擅自在保护区内从事禁止行为,需要及时制止,确保高速铁路线路安全。其四,无线电干扰排除责任。高速铁路是依靠高精端无线电技术指挥、监测列车运行,如果有高速铁路沿线居民或单位使用了干扰高速铁路无线电的设备,就会影响高速铁路的正常运营,危及高速铁路安全,所以要求护路联防队伍更加专业化地监测和制止干扰高速铁路无线电工作的行为,确保高速铁路运营安全。其五,制止危及高速铁路桥梁安全的拦河筑坝、围垦造田等行为的责任。拦河筑坝、围垦造田是基层组织的权利,也是有利于生产生活的积极行为,本该鼓励。但是,如果拦河筑坝、围垦造田等行为危及高速铁路桥梁和线路安全,就必须及时制止,并要求恢复原状。所以要求护路联防队伍及时发现并制止危及高速铁路桥梁和其他设施安全的行为。

(二) 沟通协调责任

高速铁路路外安全涉及主体多,影响因素复杂,而且在路外,安全管理路内主体往往鞭长莫及。因此,维护高速铁路路外安全的主要责任主体是高速铁路沿线地方政府,只有地方政府才有能力协调各部门力量共同维护高速铁路安全。具体责任体现为:其一,领导协调责任。面对复杂的高速铁路安全,需要有总的领导协调,总领导协调是有效开展工作的前提。而能够行使总领导协调职能的主体是高速铁路沿线地方政府,而且是高层次的地方政府,《云南省高速铁路安全管理规定》第三条第一款[1],《贵州省高速铁路安全管理规定》第五条都规定了由省人民政府负责领导协调本省高速铁路安全的相关工作,贵州省还特别规定了要建立高速铁路安全联席会议制度,协调解决高速铁路安全管理重大问题。[2] 两个省的地方性立法明确了总领导协调责任,科学且具有可执行性,应该借鉴。其二,重大安全隐患、安全事故通报责任。信息共享是有效维护高速铁路安全的重

---

[1] 《云南省高速铁路安全管理规定》第三条第一款规定:省人民政府负责高速铁路相关安全工作的领导,协调解决高速铁路安全管理的重大问题,将高速铁路护路联防工作经费列入财政预算予以保障。

[2] 《贵州省高速铁路安全管理规定》第五条:省人民政府负责领导本省高速铁路相关安全工作,建立高速铁路安全联席会议制度,协调解决高速铁路安全管理重大问题,将高速铁路护路联防经费纳入财政预算。

要途径,尤其是高速铁路重大安全隐患和安全事故信息互通。基于能力和便捷优势,应该由高速铁路沿线地方政府建立信息共享平台,与相关主体互通信息,及时防范和救援。其三,应急协调和安全事故协调救援责任。当发生应急情况或安全事故时,只有地方政府有能力整合各部门力量进行应急处理和组织救援。因此,地方政府应该建立安全生产协调机制,承担应急协调和安全事故协调救援的责任。其四,协调作业责任。在高速铁路运营过程中,会有船舶通过高速铁路桥,也会有高速铁路桥的河流疏浚作业等相关业务,如果这些业务的开展会危及高速铁路安全,就需要地方政府的相关部门与铁路运输企业进行协调,共同制定有效的防范措施,确保高速铁路安全。其五,协调清理整顿秩序责任。高速铁路保护区内的非法建筑物和构筑物,高架桥下的私搭乱建、非法占地生产经营,以及高速铁路周围的非法乱倒垃圾等行为都会危及高速铁路安全,需要及时清理整顿。而有能力进行协调整顿的是高速铁路沿线地方政府,因此,应该由地方政府承担协调清理整顿责任。

(三) 划定公告责任

划定公告是地方政府维护高速铁路安全的重要责任。地方政府应该根据实际需求,进行科学测算,划定高速铁路路外安全保护区、地下水禁采限采区、采砂和淘金禁采限采区、低空飞行物禁飞区等区域,并明示在此区域内禁止从事的行为,通过禁止和限制相关行为来确保高速铁路路基和运营的安全。具体体现为:其一,高速铁路路外安全保护区划定公告责任。安全保护区是高速铁路线路安全保护的延伸,尤其是路外的安全保护区,沿线居民在保护区范围内放牧、烧荒等行为,从行为性质分析,他们并没有故意破坏高速铁路的安全,但是在保护区内放牧不仅会破坏高速铁路沿线的植被,还有可能导致牲畜进入线路封闭区内危及高速铁路安全;烧荒有可能导致行车瞭望障碍,或者破坏地下埋藏的相关线路,还可能会破坏铁路周边地质甚至会导致地质滑坡等风险,而且这些风险一旦发生则可能会危及高速铁路运营安全,甚至带来无可挽回的灾难。因此,应该由地方政府明确划定高速铁路安全保护区,在此区域内禁止相关行为,确保高速铁路运营安全。其二,地下水禁采限采区划定公告责任。高速铁路路基对地下水保有量有一定的要求,必要的地下水源是高速铁路路基平稳的重要保障,过度开采地下水会导致高速铁路路基沉陷或坍塌,也会危及高速铁路运营安全。因此,在高速铁路线路周围一定范围以及在地下水过度开采地区应该实行地下水禁采或限采制度。地方政府应该根据本地区地下水开采情况以及高速铁路的实际需求依法划定地下水禁采区或限采区,在此区域内禁止或限制开采地下水。其三,采砂、采矿、淘金禁采限采区划定公告责任。高速铁路线路漫长,往往会经过砂、矿和金等富藏区,如果在高速铁路周边一定范围内采砂、采矿和淘金有可能导致高速铁路路基不稳,甚至沉陷或坍塌。因此,地方政府应该根据高速铁路的实际需求,合理测算,划定采砂、采矿、淘金禁采限采区域,明示在此区域内禁止和限制从事采砂、采矿和淘金行为。其四,低空飞行物禁飞区划定公告责任。高速铁路附近居民放孔明灯,玩无人飞机、小型航空器和动力伞等低空飞行物属于个人爱好娱乐活动,本不应该由公权力干预。但是,如果在高速铁路附近一定区域范围内开展这些活动,会危及高速铁路安全,出于公共利益的保护,地方政府有权也应该根据高速铁路安全的实际需求,划定禁止区域,在此区域内禁止从事此类活动,确保高速铁路运营安全。《铁路安全管理条例》《云南省高速铁路安全管理规定》和《贵州省高速铁路安全管理规定》都做出了类似的规定,以确保高速铁路安全运营,应该借鉴。[①]

(四) 宣传教育责任

实现从"要我防范"到"我要防范"是维护高速铁路安全的最高层次,是从"他律"向"自律"的转变,是从外在行为约束到内心自我启发的转变,是被动向主动的转变。实现此转变的重要途径是将高速铁路安全的重要性注入社会公众的内心,让每个公民充分认识到自己是维护高速铁路安全的重要主体,自己有不实施破坏高速铁安全行为的义务、有制止和举报破坏高速铁路安全行为的责任。要实现此目的就必须广泛进行高速铁路安全的宣传教育,让社会公众,尤其是高速铁路沿线居民和企业、乘客等直接相关主体充分认识到高速铁路安全的重要性,从而实现"行为

---

① 《铁路安全管理条例》第五十三条第二项规定禁止在铁路电力线路导线两侧各500米的范围内升放风筝、气球等低空飘浮物体;《贵州省高速铁路安全管理规定》第十二条第二款规定:高速铁路线路路堤坡脚、路堑坡顶或者铁路桥梁外侧起500米内,禁止升放孔明灯、无人飞机、小航空器、动力伞等低空飞行物。《云南省高速铁路安全管理规定》第八条第三项规定在高速铁路线路安全保护区内不得放飞鸟类和飞行器、风筝、孔明灯等飞行物或者飘浮物体。

规制"到"内心自治"的转变。

开展高速铁路安全宣传教育的主要方式有组织高速铁路安全宣传教育活动、新闻媒体开展高速铁路安全的宣传教育节目以及各类学校开设相关课程宣传教育高速铁路安全的重要性，等等。虽然开展这些教育活动的具体主体不一定是地方政府，但要求和组织实施高速铁路安全宣传教育工作的责任主体是地方政府，只有地方政府才有能力组织和要求相关部门开展高速铁路安全宣传教育活动。因此，高速铁路沿线地方政府有组织和要求相关主体开展高速铁路安全宣传教育的责任。

二 高速铁路沿线企业和居民的社会公共责任

高速铁路沿线企业和居民是维护高速铁路安全的重要力量，是维护高速铁路安全的重要主体，因此，需要承担维护高速铁路安全的责任，具体体现为：

（一）不从事危害高速铁路安全行为的责任

1. 高速铁路沿线企业不从事危及高速铁路安全行为的责任。高速铁路沿线企业从事生产经营活动必须充分考虑到企业所处地理位置的特殊性，不得从事危及高速铁路安全的行为。具体为：其一，不得从事危及高速铁路安全的危险生产经营活动。危险生产经营活动本身具有高危险性，风险难以彻底消除和控制，所以在高速铁路附近从事危险生产经营活动极有可能危及高速铁路安全，如山东济南高速铁路沿线工厂爆炸逼停高铁列车事故。因此，基于高速铁路安全的公共性，高速铁路沿线企业不能从事危及高速铁路安全的危险生产经营活动，如果必须从事相关危险生产经营活动，须提前与高速铁路企业沟通并进行安全评估，确保风险能够控制的前提下，才能从事相关生产经营活动。其二，不得在高速铁路周围私搭乱建和违章建设建筑物、构筑物。在高速铁路安全保护区及其他高速铁路周围区域私搭乱建行为，以及违章建设建筑物和构筑物，没有经过科学的安全评估，一方面可能会阻碍高速列车司机行车瞭望，另一方面相关建筑倒塌可能会危及高速铁路安全。所以高速铁路沿线企业不得从事该类行为。其三，不得私自占用高速铁路沿线土地从事危及高速铁路安全的生产经营活动。高速铁路点多线长，铁路运输企业难以完全顾及和照管，沿线企业往往有可乘之机，私自占用高速铁路沿线土地从事非法生产经营活动，其不受监管和不规范的经营行为往往会危及高速铁路安全。所以基于高速铁路安全的公共性和重要性，沿线企业应该自觉遵守规定，不得私自占用高速铁路沿线土地从事危及高速铁路安全的生产经营活动。

2. 高速铁路沿线居民不从事危及高速铁路安全行为的责任。高速铁路沿线居民亦必须充分考虑到自己生活区域的特殊性，不得从事危及高速铁路安全的行为和活动。具体为：其一，不从事危及高速铁路安全的娱乐活动。在高速铁路周边放孔明灯，玩无人飞机、小航空器、动力伞等低空飞行物的娱乐活动，如果飞行物操作控制不当或失控飞入高速铁路封闭区域会危及高速铁路安全，所以沿线居民有不得在高速铁路周边从事危及高速铁路安全娱乐活动的责任。其二，不从事危及高速铁路安全的生产生活活动。在高速铁路附近放牧、烧荒、倾倒垃圾、排放污水等行为，如果控制和防范措施不到位可能会危及高速铁路安全，所以高速铁路沿线居民具有不从事危及高速铁路安全生产生活行为的责任。其三，不从事故意破坏高速铁路设施设备等危及高速铁路安全的行为。高速铁路沿线居民无论是出于好奇，还是出于其他目的，如果其擅自进入高速铁路封闭区则可能会危及高速铁路安全，同时也会危及自身安全。如果是故意破坏或偷盗高速铁路设施设备则危险更大，后果更为严重。所以，高速铁路沿线居民有不从事故意破坏高速铁路设施设备等危及高速铁路安全行为的责任。

（二）保护高速铁路安全的责任

不从事危害高速铁路安全行为是高速铁路沿线企业和居民的底线责任，除此之外，作为生活在高速铁路沿线的企业和居民，享受着高速铁路带来的便捷交通和经济社会的快速发展，出于中华民族优良道德传统和公民基本素质要求，应当树立高速铁路的主人翁精神，勇于担当高速铁路安全的责任。当发现有人破坏或偷盗高速铁路设施设备，或者擅自进入高速铁路封闭区从事危及高速铁路安全行为，抑或在高速铁路附近的禁止和限制区域内放牧、烧荒、挖砂、采矿以及进行其他娱乐活动时，应该进行及时制止，或者向有关部门举报，履行人人爱路护路的责任。

三 乘客维护高速铁路安全的社会公共责任

乘客是高速铁路运输的直接受益者，同时也是高速铁路安全的重要维护者。乘客的行为是影响高速铁路安全的重要因素，乘客不安全的行为是高速铁路安全事故的重要起因，包括进出站过程中的行为、上下车过程中的行为以及具体乘车过程中的行为，等等。因此，乘客在乘车过程中负有其行为不能危及高速铁路安全的责任，具体表现为：其一，不携带危险品、禁带品的责任。危险品、禁带品是危及高速铁路安全的重要危险源，虽然各个高铁站都会有安全检查，防止乘客带危险品和禁带品进站上车，但是，有的乘客会故意逃避安全检查，私自带违禁品上车；有的乘客则是安全意识淡薄，不知道自己所带物品为危险品或禁带品。无论是故意还是无意，从高速铁路安全的视角分析，不携带危险品和禁带品上车都是乘客维护高速铁路安全的责任。其二，不从事危及高速铁路安全行为的责任。安全乘车是乘客的重要义务，乘客从进站到出站整个过程中都会发生危及高速铁路安全的行为，尤其是在上下车过程中，乘客发生该类行为的概率最高。如为了便捷或赶车直接穿越轨道线①，在站台候车时嬉戏打闹，在站台候车时或上下车过程中只顾聊天或看手机不认真照看孩子导致孩子掉落列车与站台缝隙间，以及阻挡车门不让关闭②等行为，都会危及高速铁路安全。所以自身行为的管控是保证自己安全、他人安全以及高速列车安全的重要措施，无论是铁路运输企业工作人员是否监督和看管，不从事危及高速铁路安全行为是乘客的重要责任，需要自我约束。其三，不从事不文明乘车行为的责任。文明乘车是乘客的重要义务，乘客不文明的乘车行为，轻则有损自身形象，重则会危及高速铁路运营安全。如乘客在高速列车上吸烟，烟雾会导致高速列车自动报警系统报警，高速列车会自动启动

---

① 2017年3月26日下午，一个名叫杨尧的男子，在南京南站横穿股道时被驶来的D3026次动车夹住，后经多方抢救无效死亡。另外，2017年4月6日，广西柳州火车站一男子跳进铁轨，打算横过股道到对面站台去赶动车，站台一名乘客赶紧向该男子大声喊叫，对方走到铁轨中间时犹豫片刻及时返回站台，几秒钟后，一列动车已经从转弯处进站，该男子的行为非常危险。参见《男子走错站台横穿铁轨 跳下时列车驶来 幸好及时爬上台不然不敢想》，楚秀网：http://www.aihami.com/a/dangjian/zugong/204669.html，2017年4月8日访。

② 2018年1月5日，由蚌埠南开往广州南站的G1747次列车在合肥站停站办客时，一名带着孩子的女性旅客以等老公为名，用身体强行阻挡车门关闭，铁路工作人员和乘客多次劝解，该女子仍强行扒阻车门，造成该列车晚点发车。参见王晢、钟煜豪《合肥"高铁扒门"女子为一小学教师，区教育局：已停职检查》，澎湃新闻：http://www.thepaper.cn/newsDetail_forward_1942729，2018年1月9日访。

停车设备，导致无故停车，不但会导致列车延误，同时无故停车也会带来安全风险。又如在高速列车上吵架、打架等不文明乘车行为，既有损形象，也会对自己或他人造成伤害，如果情节严重则有可能引发群殴或恐慌，导致高速列车运营安全。所以，不从事不文明乘车行为是高速铁路安全运营的必要保障，也是乘客应该履行的重要职责。

四 社会公众维护高速铁路安全的社会公共责任

高速铁路安全点多线长，涉及因素十分复杂，仅靠一个部门或多个部门都很难保障高速铁路安全，只有举全社会共同之力才能将高速铁路安全风险降至最低，而社会公众是实现高速铁路安全社会共治的基础力量，是高速铁路安全的基础保障。并且，高速铁路安全涉及社会公共利益，维护高速铁路安全是全社会的公共责任，社会公众也不例外，应该在维护高速铁路安全中承担相应责任，主要体现在：其一，不从事危及高速铁路安全行为的责任。不从事危及高速铁路安全行为是社会公众的基本义务，无论任何人、什么身份都不能从事危及高速铁路安全的行为，包括不破坏高速铁路设施设备，不在高速铁路周围从事危及高速铁路安全的娱乐活动，不在高速铁路一定范围内放牧、烧荒，不在高速铁路周围一定范围内挖砂、采矿、淘金等行为，也包括不发布可能会造成恐慌或不良影响的虚假高速铁路安全事故信息等行为。[①] 不从事这些行为是全社会公民的基本义务，同时也是底线责任，不可逾越。其二，保护高速铁路安全的责任。不从事危及高速铁路安全是底线义务，除此之外，作为社会主义公民，对我国的重要交通大动脉，重要基础设施，人人都有爱护保护的义务和责任。当遇到破坏高速铁路安全的行为时，人人有责制止或举报，及时防止高速铁路安全事故发生，确保高速铁路运营安全。

[①] 2018年1月20日20点30分左右，新浪微博用户宋祖德发文称："西安开往昆明高铁行驶中因桥梁坍塌两节车厢掉入江中，目前伤亡人数不清"。经中国交通广播FM99.6记者向铁路12306客服中心核实，确认当时西安到昆明还没有开行高铁，此为虚假消息。当日20点55分，新浪微博用户宋祖德已"秒删"了此条微博。但该条微博引发网友广泛转发与关注。参见《有高铁坠桥？宋祖德被指造谣微博被禁言两月》，晚法网：http://www.fawan.com/2018/01/21/881304t185.html? kuaixun，2018年1月25日访。

第三节　高速铁路安全社会公共责任的属性定位

有学者将公共责任总结为三层含义：一是在行为实施之前，公共责任是一种职责（responsibility），负责任意味着具有高度的职责感和义务感；二是在行为实施的过程中，公共责任表现为主动述职或自觉接受监督（answerability）；三是在行为实施之后，公共责任是一种评判并对不当行为承担责任（liability）。[①] 还有学者更为具体地指出，公共责任具有多种表现形式和丰富内涵，既不是孤立的单纯道德意义上的责任，也不是完全法律意义上的责任，而是具有多种善恶价值判断，涉及国家、政府以及人民利益关系的责任，它是一种义务，是一种任务，是一种监督、控制和制裁行为，还是一种以外在的约束力为支撑力的个体或群体行为。[②] 从以上对公共责任的概括可以看出，公共责任并非单一范畴，其内容丰富，仅就其责任属性而言，它并非单一的只属于道德责任、政治责任或是法律责任，而是表现为综合性责任属性。高速铁路安全社会公共责任属于公共责任的范畴，具有公共责任的特征，所以应该从兼具道德责任、政治责任和法律责任的综合性责任属性进行理解和认识。

一　道德责任属性

《中国大百科全书》把道德责任解释为："人们在一定的社会关系中所应该选择的道德行为和对社会和他人所承担的道德义务。"[③]《中国伦理学百科全书》指出："道德责任是从道德上意识到的对他人、对社会的道德义务、道德使命。"[④] 有学者更为具体地概括指出，道德责任是指具有自由能力和认知能力的责任行为主体（包括个体、团体与国

[①] 周志忍、陈庆云：《自律与他律——第三部门监督机制个案研究》，浙江人民出版社1999年版，第24页。转引自邓峰《论经济法上的责任——公共责任与财务责任的融合》，《中国人民大学学报》2003年第3期。

[②] 江秀平：《公共责任与行政伦理》，《中国社会科学院研究生院学报》1999年第3期。

[③] 《中国大百科全书（哲学卷）》，中国大百科全书出版社1987年版，第131页。转引自章建敏《道德责任的界定及其实现条件》，《当代世界与社会主义》2010年第2期。

[④] 罗国杰主编：《中国伦理学百科全书》，吉林人民出版社1993年版，第341—342页。转引自章建敏《道德责任的界定及其实现条件》，《当代世界与社会主义》2010年第2期。

家）基于一定的道德认识和道德价值，以社会客观道德价值为评价标准，履行（包括非自觉自愿和自觉自愿两种态度）一定社会赋予它对他人、社会、自然的责任，对于自我行为或由其控制的行为所导致或可能导致的有利于或有害于他人和社会的行为后果承担相应的责任，以及自觉自愿履行责任所形成的良好道德品质。[1] 以上从不同角度对道德责任进行了界定，但无论是义务、使命还是道德品格，概括起来道德责任的功能主要表现为谴责和褒扬，即当相关主体从事的行为违背道德价值评价时会受到社会的谴责，当相关主体从事的行为符合道德价值伦理时会受到社会的褒扬。而且道德责任本身是一种社会现实中的责任，它根植于一定社会、民族和阶级阶层中，从来都不是抽象的，[2] 具体到高速铁路安全领域，高速铁路安全所体现的道德责任，既包含对相关主体从事危及高速铁路安全行为的谴责，也包含对保护高速铁路安全行为的褒扬。具体表现为：

其一，地方政府维护高速铁路安全的道德责任。当地方政府不履行维护高速铁路安全职责时会遭到道德的谴责，包括不履行或不恰当履行护路联防责任、沟通协调责任、划定公告责任和宣传教育责任都会受到道德的谴责，如果因此而导致高速铁路安全事故发生，则遭到谴责力度会更大。同样，当地方政府积极履行了维护高速铁路安全职责时会得到社会的褒扬，尤其是其积极维护高速铁路安全从而避免了高速铁路安全事故发生时会得到更大的褒扬。

其二，高速铁路沿线企业和居民维护高速铁路安全的道德责任。即当高速铁路沿线企业在高速铁路周围一定范围内从事危险生产经营，或是在高速铁路周围私搭乱建和违章建设建筑物、构筑物，以及私自占用高速铁路沿线土地从事危及高速铁路安全的生产经营活动时都会遭到道德谴责；当高速铁路沿线居民从事危及高速铁路安全的娱乐活动，或者从事危及高速铁路安全的生产生活活动，以及从事故意破坏高速铁路设施设备等危及高速铁路安全的行为时会遭到道德的谴责。相反，当高速铁路沿线企业和居民约束自己的行为，自觉维护高速铁路安全时则会得

---

[1] 郭金鸿：《西方道德责任理论研究述评》，《哲学动态》2008年第4期。
[2] 郭金鸿：《道德责任判断的三重根据》，《伦理学研究》2009年第1期。

到社会的褒扬。

其三，乘客维护高速铁路安全的道德责任。即当乘客携带危险品、禁带品进站上车，或者从事其他危及高速铁路安全行为和不文明乘车行为时会遭到道德的谴责。当乘客文明乘车、安全乘车尤其是在自觉维护高速铁路安全时会得到社会的褒扬。

其四，社会公众维护高速铁路安全的道德责任。当社会公众从事危害高速铁路安全的行为时会遭到社会的谴责，当社会公众主动自觉维护高速铁路安全时会得到社会的褒扬。

虽然道德责任一般不能以强制手段保障履行，但由于这些责任合乎在人们心中根深蒂固的道德观念，社会期望相关主体予以自觉履行，[1] 道德责任会以谴责和褒扬的约束力促使相关主体放弃从事危害高速铁路安全的行为，也会促使相关主体主动从事维护高速铁路安全行为，从而赢得社会的认可和褒扬。

二 政治责任属性

学界通常将政治责任理解为政府官员违反民意而承担的责任，[2] 它是指政治官员制定符合民意的公共政策并推动其实施的职责以及没有履行好职责时应承担的谴责和制裁。[3] 政治责任不仅是一种逻辑或理念，它需要在政治生活中通过一定的制度和方式得以实现。[4] 在高速铁路安全领域，政治责任的功能主要表现为谴责和制裁。承担政治责任的主体是高速铁路沿线地方政府，具体责任人是政府部门或其主要负责人，承担责任的形式是社会对政府部门的谴责或者撤销政府部门主要负责人的职务，也可能是让其引咎辞职。

高速铁路沿线地方政府在维护高速铁路安全中负有护路联防责任、沟通协调责任、划定公告责任和宣传教育责任，当高速铁路沿线地方政府不履行这些责任，导致重大高速铁路事故发生或者造成重大影响时，如果发

---

[1] 王玲：《论企业社会责任的涵义、性质、特征和内容》，《法学家》2006 年第 1 期。
[2] 俞德鹏：《政治法律责任：政治责任与法律责任的交叉域》，《宁夏社会科学》2017 年第 1 期。
[3] 张贤明：《政治责任与法律责任的比较分析》，《政治学研究》2001 年第 1 期。
[4] 张贤明：《政治责任的逻辑与现实》，《政治学研究》2003 年第 4 期。

生事故或造成重大影响的原因是地方政府未履行维护高速铁路安全的职责，这时就违反了民意的期待，也就是相关地方政府没有推动实施或履行好符合民意的高速铁路安全政策，此时，高速铁路沿线的地方政府将会受到社会的谴责；如果影响较大，情况较为严重，则相关地方政府的主要负责人将会受到制裁，轻则受到处罚，重则会撤销行政职务或要求其引咎辞职，以此来平息民愤和民怨。

三 法律责任属性

法律责任的功能是惩罚，其典型特征是能够以国家强制力保障其实现。① 法律责任是各种责任中最具有稳定性和执行力的责任类型，而且，当道德责任和政治责任通过立法程序将其法律化，它们也就具有了法律责任属性。维护高速铁路安全各类主体承担的社会公共责任通过立法程序将其法律化，高速铁路安全社会公共责任也就具有了法律责任属性，相关主体就需要承担法律责任。并且，在维护高速铁路安全的各种责任属性类型中，法律责任是最可靠的武器，它最具有可操作性、稳定性和威慑力。因此，维护高速铁路安全社会公共责任应该强化其法律责任属性，从立法层面进行责任明确和细化，以法治思维和法治方式维护高速铁路安全，具体表现为：

其一，民事责任属性。高速铁路安全社会公共责任的各类主体如果其不当行为给高速铁路企业或是其他主体造成损害，应当承担民事赔偿责任。如高速铁路沿线企业的危险生产行为造成高速列车停运或损害需要承担赔偿责任；高速铁路沿线居民在禁止区域内放孔明灯或其他低空飞行物导致列车停运或损害需要承担赔偿责任；等等。

其二，行政责任属性。高速铁路安全社会公共责任的各类主体如果从事禁止或限制行为，或者相关政府不当或怠于行使维护高速铁路安全的职责都会受到行政责任的处罚。并且行政责任的处罚是维护高速铁路安全社会公共责任中最为普遍适用的责任方式，它及时、灵活、高效且具有一定程度的威慑力。

其三，刑事责任属性。当高速铁路安全社会公共责任的各类主体其行

---

① 蒋建湘：《企业社会责任的法律化》，《中国法学》2010年第5期。

为触犯了国家刑事法律时，相关主体就应该承担刑事责任。刑事责任惩罚程度最高，威慑力也最强，但是使用的频率受到严格限制，一般只在相关主体严重危害高速铁路安全，甚至导致高速铁路重大事故发生时才会使用刑事责任。如高速铁路沿线地方政府怠于行使维护高速铁路安全职责导致重大安全事故发生，直接责任人可能会被追究刑事责任；再如高速铁路沿线居民偷盗高速铁路设施设备，严重危及高速铁路安全的会被追究刑事责任；等等。虽然刑事责任使用频率不高，但维护高速铁路安全社会公共责任必须包含刑事责任属性，只有完善的刑事责任追究制度才能威慑破坏高速铁路安全的不法分子，确保高速铁路安全。

第四节　高速铁路安全社会公共责任的实现途径

一　强化高速铁路安全立法，明示各类主体的社会公共责任

只有通过透明化公示，才能使相关主体的责任成为真正的"公共责任"，也才能使相关主体不仅仅是对上级负责，而是对所有利害关系人负责，向全社会负责。① 法律明示是落实责任的前提，要充分落实高速铁路安全社会公共责任制度，首先必须从立法层面明示各类主体的职权、职责、义务和责任，让每类主体都清晰地知道自己应该干什么、怎么干以及会承担什么样的后果。在很多领域，尽管国家已经制定了大量的成文法，人们却仍然感觉到有大量的领域好像缺乏规则，即使已有立法的领域，仍有不少法律的空白之处，或者是由于法律规定的交叉、冲突、重叠和矛盾而成为另一种形式的法律"空白"。② 目前在高速铁路安全领域，虽然《铁路安全管理条例》已经对各类主体承担维护铁路安全的义务做出了宣示，但不系统且缺乏专门针对维护高速铁路安全的规定以及有效的责任追究措施，具体实施效果并不理想。《云南省高速铁路安全管理办法》和《贵州省高速铁路安全管理规定》中也对各类主体维护高速铁路安全的社

---

① 虞维华：《公共责任的新概念框架——复合性公共责任理论及其意义》，《东南学术》2006年第3期。

② 虞维华：《公共责任的新概念框架——复合性公共责任理论及其意义》，《东南学术》2006年第3期。

会公共责任有所规定,对进一步完善高速铁路安全立法有重要的借鉴意义,但两部地方性法规依然缺乏系统性和具体责任追究性,并且立法层级较低,只能在本省区域内适用。因此,需要从高速铁路安全专门立法的层面对维护高速铁路安全社会公共责任做出明示,具体为:其一,立法明示高速铁路沿线地方政府维护高速铁路安全的职权、职责、义务和责任。高速铁路沿线地方政府是维护高速铁路安全最为重要的力量之一,要想让其充分发挥作用,首先必须立法明确授权其享有维护高速铁路安全的职权,包括护路联防职权、沟通协调职权、划定公告职权以及宣传教育职权。有职权必有职责,在明确职权之后应该根据地方政府维护高速铁路安全社会公共责任的具体内容明确具体义务,最为重要的是要明确如果地方政府不恰当或怠于履行职权应该承担的法律责任,主要包括行政责任和刑事责任。只有通过清晰的授权制度、义务制度和法律责任制度明示,才能充分发挥地方政府在维护高速铁路安全中的作用。其二,立法明示高速铁路沿线企业和居民、乘客以及社会公众维护高速铁路安全的义务和责任。立法明示沿线企业和居民、乘客以及社会公众的义务是让其充分发挥维护高速铁路安全作用的前提,明示责任是让其充分履行义务的保障。只有让他们明确知晓哪些行为是应当禁止的,哪些行为是应当限制的,他们才能有效遵守,并且才能对不遵守者进行有效惩罚。所以应该依据沿线企业和居民、乘客以及社会公众维护高速铁路安全社会公共责任的内容,分别立法明示他们各自的义务和责任,让他们在充分知晓的前提下从事生产经营和生活,进而有效维护高速铁路安全。

二 探索路长制,以综合治理方式层层落实高速铁路安全社会公共责任

地方政府是维护高速铁路路外安全最为重要的力量,只有地方政府充分认识到维护高速铁路安全的重要性和自己肩负的重要责任,并义不容辞地组织相关力量维护高速铁路安全,才能确保高速铁路路外安全。但是,处于自身利益的考量,维护高速铁路路外安全对地方政府来说是另外增加的工作,并且工作难度大,耗费精力多,从形式上看还几乎没有任何利益所得,所以地方政府维护高速铁路安全的积极性不高。要想充分落实沿线地方政府维护高速铁路安全的社会公共责任,需要有切实的抓手,层层施压,让地方政府

充分认识到维护高速铁路安全的重要价值以及肩负的重要责任，才能确保高速铁路路外安全，这种责任的实施可以借鉴"河长制"的经验。

"河长制"是江苏省无锡市处理蓝藻事件时的首创，后为各地纷纷采用，最后确定为国家治理河流湖泊的主要制度。[①] 所谓"河长制"，是指由地方党政主要负责人兼任"河长"，负责辖区内河流的水污染治理和水质保护。[②] 其本质是行政问责制，突出特点在于把责任落实到党政的主要领导，由各级党委、政府主要负责人担任"河长""湖长""库长"，把河流、湖泊、水库等流域综合环境控制等责任主体和实施主体明确到每位负责人身上，以确保水域水质按功能达标。[③] "河长制"集中统一了水环境行政管理权利，解决了长期以来困扰水污染治理的"九龙治水，水不得治"的难题；强化了政府水环境治理责任，解决政府环境行政不作为而逃避责任的问题；强化了水资源的综合管理，解决了水环境治理地方保护主义的难题。[④] 它的最大优势是利用地方首长的领导、协调和组织力量，通过层层施压，有效传递保护河流的任务和责任，从而发动各级地方政府采取有效措施保护河流。

高速铁路跟河流一样，点多线长，涉及各级地方政府的管辖范围，路外安全监管难度非常大，无论任何线路的任何路段出现问题，都有可能造成安全事故发生。并且高速铁路安全的重要性亦不亚于保护河流污染的重要性，高速铁路安全事关人民群众生命、健康和财产安全，涉及众多公众利益。因此，无论从高速铁路安全保护的重要性，还是困难程度和复杂程度，都可以借鉴河长制，让高速铁路沿线地方政府首长担任维护高速铁路安全的高速铁路路长，通过对地方政府首长施压，让其层层施压，有效传导任务和责任，让地方政府主动将高速铁路安全纳入地方综合治理范围，组织有效力量，切实落实沿线地方政府维护高速铁路安全的社会公共责

[①] 徐亚文、蔡葵：《技术创新引起的法律难题及解决路径——对快播、网约车营运等案的思考》，《河北法学》2017年第5期。
[②] 周建国、熊烨：《"河长制"：持续创新何以可能——基于政策文本和改革实践的双维度分析》，《江苏社会科学》2017年第4期。
[③] 傅思明、李文鹏：《"河长制"需要公众监督》，《环境保护》2009年第9期。
[④] 刘芳雄、何婷英、周玉珠：《治理现代化语境下"河长制"法治化问题探析》，《浙江学刊》2016年第6期。

任，确保高速铁路路外安全。

三 建设高速铁路安全文化，培育各类主体主动履行社会公共责任意识

要想充分落实高速铁路安全社会公共责任，必须解决相关主体的思想认识问题，只有让相关主体充分认识到维护高速铁路安全的重要性和自己肩负的重任以及承担责任的光荣使命，相关主体才会主动履行责任；也只有实现相关主体从"要我防范"到"我要防范"的思想意识转变，才能切实保障高速铁路安全。而实现相关主体意识转变不能仅靠完善惩罚制度，更为重要的是要建设高速铁路安全文化，通过营造良好安全文化氛围培育相关主体的主动防范意识。具体为：

其一，要建构高速铁路安全社会公共责任的文化情境，促使各类主体养成维护高速铁路安全的良好习惯。文化是主体观念层面的集中体现，是意识在一个社会中的普遍化存在状态。[1] 公共责任文化情境的构建是指通过构建公共责任的文化环境、社会环境等内容，促使具有民主心灵信念的主体重复、持续性接受刺激而使其行为成为一种稳定性、经常性的行为习惯，公共责任情境建构的关键环节是公共责任文化习俗化，而公共责任文化习俗化需要通过建立健全公共责任行为的奖励、惩罚机制，以对公民已形成的公共责任行为施加正面影响，从而促使该行为具有持续性、重复性特征，最终使公共责任信念内化为公民的公共责任行为习惯。[2] 高速铁路安全社会公共责任文化情境建构，就是要通过对维护高速铁路安全行为的激励机制和惩罚机制建构，包括积极履行维护高速铁路安全义务，尤其是积极履行维护高速铁路安全义务从而有效避免安全事故的行为进行物质奖励和精神奖励；同时对不履行维护高速铁路安全义务，尤其是因不履行维护高速铁路安全义务导致安全事故发生的行为进行合理地惩罚。通过具体的奖惩措施，对相关各类主体维护高速铁路安全行为施加正面影响，从而促使它们维护高速铁路安全行为具有持续性和重复性特征，最终将维护高速铁路安全的社会公共责任内化于心，让相关主体养成维护高速铁路安全

---

[1] 周恒、庞正：《法治社会的四维表征》，《河北法学》2018年第1期。
[2] 胡艳蕾：《论公民公共责任意识培育机制的路径建构——基于民主心灵习性的理论视角》，《武汉大学学报》（哲学社会科学版）2013年第3期。

的良好习惯。

其二,要进行高速铁路安全社会公共责任的信念教育,促使各类主体养成"我要防范"的意识。人的意识支配着人的行为,意识属于心理学范畴,是人所特有的一种对客观现实的高级心理反应形式,它作为一种高级心理反应形式存在于人的大脑,若无外界刺激,个体自身或他人并不知存在某种意识。[①] 要培育各类主体维护高速铁路安全的意识,必须刺激各类主体维护高速铁路安全的需求,而这种需求的产生来源于外界的压力。相关主体因为未履行维护高速铁路安全的义务受到惩罚,或是积极履行维护高速铁路安全义务得到激励表扬,都会对其他相关主体造成刺激,形成压力,从而产生维护高速铁路安全的需求。但这种需求可能是暂时的,可能瞬间即逝,要让这种需求保持持续性,必须进行高速铁路安全社会公共责任的信念教育,要通过对高速铁路安全事故及其危害的持续宣传,对维护高速铁路安全重要性以及各类主体维护高速铁路安全责任的持续教育,促使各类主体形成自己应该积极维护高速铁路安全的信念。信念产生理念,理念是行为的先导[②],它能触发意识的产生。在持续宣传教育的环境下,能够营造出维护高速铁路安全的文化氛围,使各类主体维护高速铁路安全的信念更加坚定,主动履行维护高速铁路安全社会公共责任的意识也更加牢固,在意识的支配下,履行维护高速铁路安全社会公共责任的行为也会自然产生。

四 坚持适度原则,将高速铁路安全社会公共责任限制在合理范围

在维护高速铁路安全的责任中,让铁路相关企业承担主体责任、让铁路公安承担安全保障责任和让铁路行业监管部门承担监管责任,这是它们各自的本职工作,无论如何强调其重要性都不为过。但是基于高速铁路安全的复杂性和系统性,仅靠铁路相关企业、铁路公安和铁路行业监管部门等路内主体的努力是难以实现高速铁路安全,所以需要以立法方式赋予铁

[①] 胡艳蕾:《论公民公共责任意识培育机制的路径建构——基于民主心灵习性的理论视角》,《武汉大学学报》(哲学社会科学版) 2013 年第 3 期。

[②] 齐明山、李彦娅:《公共行政价值、公共利益与公共责任——政府公共权力科学运作的三维架构》,《学术界》2006 年第 6 期。

路系统之外的其他主体承担社会公共责任,以社会共治的理念共同维护高速铁路安全。但是,必须清醒地认识到强化高速铁路安全社会公共责任是对铁路系统之外相关主体权利的限制和义务的增加,是增加其他主体负担的行为,必须谨慎从事。因此,赋予铁路系统之外的主体承担维护高速铁路安全社会公共责任必须把握好度,坚持适度原则,不能无限度扩张,需要进行必要的限制。具体为:一是要确实为了社会公共利益。为了社会公共利益是赋予铁路系统之外主体承担维护高速铁路安全社会公共责任的前提,只有确实属于维护高速铁路安全的责任才是为了社会公共利益的责任,所以应该将相关责任及责任主体限定在严格的范围之内。二是要实属必要。即要求赋予各类主体承担维护高速铁路安全的社会公共责任,必须是只有借助铁路系统之外主体力量才能实现的责任,是铁路系统内部主体无法通过自身努力实现,或者是即使能够实现但是需要付出巨大成本才能实现的责任。三是不能超越度的限制。要求赋予高速铁路安全社会公共责任必须坚持适度原则,不能超越度的限制,需要充分考虑到各类主体的承受能力,不能要求铁路系统之外主体像铁路系统内部主体一样付出精力和成本,只能适度要求。

维护高速铁路安全是系统性工程,它涉及高速铁路规划、设计、施工、设备制造维修、运营与监管等各个环节,影响因素十分复杂,治理困难较大。但是,时至今日,高速铁路安全已成为铁路行业发展无法回避且必须应对的问题,因为没有安全性的保障,高速铁路的发展便丧失了立足的根基。[①] 从宏观视角分析,强化铁路系统之外主体承担高速铁路安全社会公共责任只是维护高速铁路安全的一种方式,高速铁路安全是生产安全的重要领域,高速铁路安全治理属于社会治理范畴。因此,需要将高速铁路安全放在社会治理共建共治共享的总体格局内,从公共利益的角度出发,以降低高速铁路安全风险和满足人类对高速铁路运输的美好需要为目标,在法律范围内,依靠高速铁路路内外主体的共同努力,探索多元主体对高速铁路安全的全过程治理,[②] 以社会共治的法治方式实现高速铁路安全。

[①] 王思源:《论网络运营者的安全保障义务》,《当代法学》2017年第1期。
[②] 刘畅:《论我国药品安全规制模式之转型》,《当代法学》2017年第3期。

第八章　高速铁路安全治理路径：共建共治共享的法治化路径[①]

安全是社会发展永恒的话题，是人民日益增长美好需要的具体体现。没有安全，再大的发展也没有意义；没有安全，所谓的发展也不能成为发展。[②] 在交通运输领域，安全极其重要，它是交通运输持续发展的前提，是实现交通强国战略的关键。高速铁路是实现交通强国战略率先突破的重要领域。近年来，经过引进、消化、吸收、创新以及集成创新的发展，我国高速铁路发展实现了质的飞跃。据权威媒体评价，中国已经成为世界上高速铁路发展最快、系统技术最全、集成能力最强、在建规模最大、运营里程最长、运营速度最高、产品性价比最优的国家，中国高铁已然成为共和国闪亮的"外交名片"，和载人航天、载人深潜、登月工程、超级计算机、北斗卫星一起，成为创新型国家建设的标志性成就。[③] 然而，在分享高速铁路发展速度、规模与成就的同时，如何持续地维护大规模运营的高速铁路安全是新时代提出的社会问题。由于高速铁路安全影响因素复杂，涉及主体众多，仅靠高速铁路企业和铁路行业监管部门等系统内部主体难以实现高速铁路运营的持续安全，需要探索新的高速铁路安全治理模式，尤其是在全面依法治国的背景下，需要探索如何开展群众路线，依靠全社会力量，用法治思维和法治方式，实现高速铁路安全的共建共治共享治理路径。因此，深入研究法治背景下高速铁路安全面临的现实需求和困境，反思传统高速铁路安全治理路径的不足，进而系统论证高速铁路安全共建

---

① 本章主要内容发表于亏道远、冯兆蕙：《高速铁路安全共建共治共享的法治化治理路径》，《河北法学》2019年第6期。

② 龚维斌：《公共安全与应急管理的新理念、新思想、新要求——学习党的十九大精神体会》，《中国特色社会主义研究》2017年第6期。

③ 《推动中国高铁"走出去"》，《光明日报》2014年1月1日第6版。

共治共享的法治化治理路径，具有重要现实意义。

第一节 法治背景下高速铁路安全治理的现实需求

一 交通强国建设的现实需求

中华人民共和国交通运输部（以下简称"交通运输部"）认为交通运输是兴国之器、强国之基，从世界大国崛起的历史进程来看，国家要强盛，交通须先行，目前我国的交通基础设施网络规模稳居世界前列，运输服务保障能力名列世界前茅，科技创新达到世界先进水平，行业现代治理能力大幅跃升，已经成为名副其实的交通大国，要奋力从交通大国向交通强国迈进。党的十九大报告提出，要加强应用基础研究，为建设交通强国等提供有力支撑。在十九大精神的指引下，交通运输部规划分两步走建设交通强国，到 2035 年，基本建成交通强国，到本世纪中叶，全面建成交通强国。[1] 在交通强国战略的引导下，中国铁路总公司则提出"交通强国，铁路先行"的发展理念，树立了建立铁路强国的目标。

高速铁路是当前中国铁路发展最为重要的力量，也是交通强国战略实施的中坚力量，高速铁路的健康、快速和持续发展，是交通强国战略实现的关键。在高速铁路发展的基本因素中，安全是最为基础的因素，是高速铁路健康快速发展的前提，是高速铁路发展的灵魂和直接生命力体现。只有安全才有发展，这既是高速铁路发展的基本规律，同时也是整个交通运输发展的基本规律。因此，高速铁路安全治理是交通强国建设的具体环节，是交通强国建设的现实需要。而要建设高速铁路强国必须先打牢高速铁路安全的根基，从涉及安全的每个要素出发，稳扎稳打，以法治思维和法治方式厘清高速铁路安全的各种关系，以法治化的路径完善安全制度，实现安全管理过程中的相互制衡、相互监督，以健全的安全管理制度确保高速铁路的每个环节安全，进而达到高速铁路系统的整体安全。

二 全面贯彻总体国家安全观的现实需求

党的十九大报告指出要坚持总体国家安全观，坚持国家利益至上，

---

[1] 中共交通运输部党组：《奋力从交通大国向交通强国迈进》，《求是》2017 年第 20 期。

以人民安全为宗旨，以政治安全为根本，统筹外部安全和内部安全、国土安全和国民安全、传统安全和非传统安全、自身安全和共同安全，完善国家安全制度体系，加强国家安全能力建设，坚决维护国家主权、安全、发展利益。[①] 习总书记进一步指出要全面贯彻落实总体国家安全观，统筹发展和安全，坚持人民安全、政治安全、国家利益至上的有机统一。[②] 全面贯彻总体国家安全观重点是"全面"，要求从安全的各个领域着手构建安全制度，落实安全责任，排查安全隐患，切实构建起安全的栅栏。它要求以人民为中心，以人民安全为宗旨，从微观上防止安全事故发生，尤其是重大安全事故发生，从宏观上建立安全环境与秩序，确保国家安全，民族安全。交通运输安全是安全生产的重要组成部分，是安全生产问题的突出领域，是总体国家安全观贯彻落实的具体领域。交通运输部提出要坚持生命至上、安全第一，着力构建有效维护行业安全运行、有效支撑国家总体安全的交通运输安全发展体系。[③] 高速铁路安全是交通运输安全中技术智能化水平最高，影响因素最为复杂的领域，而且，高速铁路运输旅客客容量大，涉及不特定主体众多，事关广大人民群众生命健康安全。因此，高速铁路安全是安全领域关注的焦点，是人民安全的重要保障，是全面贯彻落实总体国家安全观的重要体现。只有每个领域都安全才能全面贯彻落实总体国家安全观，也只有靠法治化的安全治理途径，依靠制度建设，关注到安全的每个细节，才能确保国家总体安全，确保人民安全，所以高速铁路安全法治化治理是全面落实国家总体安全的现实需求。

三 全面依法治国战略实施的现实需求

党的十五大确立了依法治国是治国理政的基本方略，并于1999年载入宪法，党的十八大提出要全面推进依法治国。党的十八大以来，以习近

[①] 习近平：《决胜全面建成小康社会夺取新时代中国特色社会主义伟大胜利——习近平同志代表第十八届中央委员会向大会作的报告摘登》，《人民日报》2017年10月19日第2版。

[②] 习近平：《全面贯彻落实总体国家安全观开创新时代国家安全工作新局面》，《人民日报》2018年4月18日第1版。

[③] 乔雪峰：《交通运输部明确2035年进入世界交通强国行列》，2017年12月25日，http://politics.people.com.cn/n1/2017/1225/c1001-29727311.html，2018年4月8日。

平同志为核心的党中央高度重视依法治国工作，习近平总书记围绕全面依法治国发表了系列重要讲话，系统阐述了全面依法治国理论，并在党的十八届四中全会通过了《中共中央关于全面推进依法治国若干重大问题的决定》，对全面依法治国战略实施进行了具体部署。党的十九大报告继续提出要坚持全面依法治国，要把党的领导贯彻落实到依法治国全过程和各方面，要坚定不移走中国特色社会主义法治道路。[1] 在十九大精神的指引下，全面依法治国战略措施正在逐步落实，全面依法治国战略正在逐步实现。交通运输行业治理法治化是全面依法治国战略实施的重要领域，其中铁路行业治理法治化，尤其是高速铁路安全治理法治化是交通运输行业治理法治化的重要组成部分，是全面依法治国战略实施的具体体现。高速铁路安全治理涉及人、车、路以及安全环境和安全秩序，影响因素极其复杂，因此仅仅依靠行政手段和强化纪律难以确保高速铁路安全，需要以法治思维和法治方式维护高速铁路安全。因此，高速铁路安全治理法治化既是高速铁路治理本身的需求，同时，也是全面依法治国战略深入实施的具体需求，是高速铁路安全现代化治理与全面依法治国战略有效对接的直接体现，是在全面依法治国背景下有效提升高速铁路治理水平的具体举措。

第二节　高速铁路安全治理的现实困难

一　高速铁路安全隐患频现，安全事故难以彻底根除

消除安全隐患，防止安全事故发生是高速铁路安全治理的最终目标。但是，近年来，在高速铁路运营中安全隐患和安全事故都难以彻底根除，具体表现为：其一，安全隐患频出，不断刺激人们敏感的神经。如近期发生的"高铁列车设备故障导致冒烟事件"[2] "沪昆高铁贵州段出现质量问

---

[1] 习近平：《决胜全面建成小康社会夺取新时代中国特色社会主义伟大胜利——习近平同志代表第十八届中央委员会向大会作的报告摘登》，《人民日报》2017年10月19日第2版。

[2] 《青岛开往杭州东列车冒烟京沪高铁部分列车停运》，2018年1月25日，http://dw.chinanews.com/chinanews/content.jsp?id=8433071&classify=zw&pageSize=6&language=chs，2018年1月25日。

题事件①""京沪高铁周围路段脏乱差和私搭乱建被央视曝光事件"以及"安徽女子高铁扒门事件"等，都无不刺激着人们紧张的神经，加之有路内人士曝出一些危害铁路运输安全畅通的环境污染、非法施工，以及盗窃铁路运输物资、拆盗铁路运输设备等行为时有发生，② 更让人们对高速铁路安全运营产生担忧。其二，安全事故难以彻底根除，偶有发生，且损失惨重。1998年发生的德国"艾雪德高速铁路事故"造成101人丧生，105人受伤；2011年发生的"甬温动车追尾事故"造成40人死亡、172人受伤，中断行车32小时35分钟，直接经济损失19371.65万元。近年来，虽然特重大安全事故发生概率不高，并且近年来在一定程度上得到控制，但是，一般安全事故仍然偶有发生，如2016年发生的"山东济南高速铁路沿线工厂爆炸逼停高铁列车事件"，虽未发生人员伤亡，但造成多趟列车晚点，部分列车停运；2017年发生的"南京南站横跨股道遭列车挤压事件"，导致当事人抢救无效当场死亡。这些事件充分说明，在实践运营中，高速铁路安全隐患并未得到完全控制，安全事故亦未得到彻底根除，并且，一旦发生事故，损害大，影响面广。因此，如何防范安全隐患和安

---

① 报道称《中国铁路总公司关于沪昆高铁贵州段质量问题处理情况的通报（铁总建设函[2017]839号）》（以下简称《通报》）中称，通车不到一年的沪昆高铁贵州段个别隧道存在偷工减料与施工质量问题。其中，施工单位中铁二十局存在偷工减料、内业资料弄虚作假、违法分包等问题；中铁二十三局存在未按设计要求完成泄水洞全部工程、现场管理混乱、内业资料弄虚作假、违法分包等问题；中铁十七局存在泄水洞施工现场组织不力、进度缓慢等问题；中铁二十二局存在施工缝质量缺陷未整治到位等问题。《通报》对施工单位、监理单位、设计单位、第三方检测单位、建设单位提出了处理意见。其中铁二十局、中铁二十三局一年内停止接受参加铁路大中型建设项目施工投标，企业信用评价直接定为C级，承担相应质量问题直接经济损失的90%；中铁十七局、中铁二十二局企业信用评价总分扣2分；停止中铁二院参加满足其资格条件的铁路总公司建设项目设计投标4次；将山西三江工程检测公司清除出铁路建设市场。参见《沪昆高铁贵州段个别隧道被爆存严重质量问题》，央视网：http://m.news.cctv.com/2017/11/15/ARTIrMubqszHHzdzi7vsDvtr171115.shtml，2018年4月5日访。

② 寇从清：《依法维护铁路绿色安全》，《检察日报》2017年4月24日第6版。另外，武汉铁路局局长汪亚平在接受媒体采访时还指出，2016年武汉铁路局全局共发生动车组与路外人员相撞事故5件，发生动车组径路上置障3件，发生高铁沿线烧荒8件。2016年8月1日沪蓉线宜昌两名学生在钢轨摆石子致8趟动车组被逼停，2016年7月22日沪蓉线长阳至巴东站间K1204+800处因烧荒造成坡体滑塌，影响动车组5列。参见郭晓莹《人大代表建议加快高铁立法或修订〈铁路法〉》中国新闻网：http://www.chinanews.com/gn/2017/03-09/8169796.shtml，2017年9月20日访。

全事故是高速铁路安全治理面临的现实困境，需要给予足够重视和有效应对。

二　高速铁路安全因素复杂，安全运营规律难以准确把握

影响高速铁路安全的因素极其复杂，涉及与其相关的各个方面。从主体上看，既有各级政府，也有铁路企业、关联单位和个人；从内容上看，既有铁路运营和建设安全，也有铁路线路和装备安全；从管理方式上看，既有行政性的许可制度，也有技术性的标准管理制度；从管理性质上看，既有社会治安性的安全管理，也有铁路生产性的安全管理。[①] 概括而言，可以将其提炼为人的因素、物的因素、技术因素、环境因素和制度因素。人的因素包括相关人员，尤其是司机等关键人员的心理、行为、技能、职业素养，等等；物的因素包括车辆、线路、桥梁、隧道、供电设施、信号设施，等等；技术因素主要是指技术革新给高速铁路带来的安全或安全隐患。技术是安全的基础保障，从某种意义上说，高速铁路是技术创新的成果，安全必须依靠技术的保障，但是，我们在肯定技术创新安全保障成就的同时，必须充分认识到任何新技术都需要接受实践的检验，新技术的未知数是安全隐患的重要根源；环境因素是指高速铁路运营的安全环境，包括地质灾害、极端恶劣天气等自然环境，也包括破坏性盗窃、恐怖主义袭击、个别歹徒铤而走险报复社会[②]以及周边企业和居民带来的不确定因素，等等；制度因素是指高速铁路安全管理的制度建设、执行和效果，它是高速铁路安全治理法治化的核心载体，也是高速铁路安全的核心保障。高速度加复杂影响因素是高速铁路运营面临的真实环境，高速列车时速350千米时，速度每秒约100米，0.5千克的障碍物就可以产生500千克以上的撞击力，导致列车瞬间颠覆。[③] 因此，高铁列车在高速度和复杂环境中运营，其安全运营因素十分复杂，安全运营规律很难准确把握，且目前理论界和实践部门对高速铁路安全运营的把握仍然限于现象层面。

[①] 郑健：《安全：铁路改革与发展的永恒主题》，《铁道经济研究》2012年第2期。
[②] 李健：《必须加强我国高速铁路安全风险防范和应急管理》，《中国科技产业》2011年第3期。
[③] 李健：《必须加强我国高速铁路安全风险防范和应急管理》，《中国科技产业》2011年第3期。

三 高速铁路安全立法滞后，难以满足维护高速铁路安全需求

防止安全事故，根除安全隐患，应对"高速度＋复杂的安全运营环境"，确保高速铁路运营安全，既需要技术的不断创新，更需要健全的高速铁路安全法律制度。只有科学合理的高速铁路安全法律制度，从高速铁路安全的各个环节入手，以法治思维和法治方式实施安全保障措施，依靠规范的安全操作程序，才能确保高速铁路运营安全。目前维护高速铁路安全的主要法律依据是《铁路安全管理条例》，该条例主要从铁路建设质量安全、铁路专用设备质量安全、铁路线路安全、铁路运营安全、监督检查和法律责任等方面进行了规范，内容全面，基本涉及了铁路安全的各个方面。但是，该条例是铁路安全管理的一般性规范，只有极少部分条款专门针对高速铁路安全管理，① 而高速铁路与普速铁路在行车速度、行车密度、技术标准、危害后果、安全风险和法律责任等方面都有较大差异，一般铁路的安全管理制度无法满足高速铁路安全管理的现实需求。虽然有些地方政府针对高速铁路安全管理制定了相应的地方政府规章，如云南省政府制定了《云南省高速铁路安全管理办法》，贵州省政府制定了《贵州省高速铁路安全管理办法》，在高速铁路安全法治化治理路径上进行了有益的探索，但地方政府规章适用范围有限，效力层级不高，难以满足大规模的高速铁路安全运营管理需求。因此，应该加快高速铁路安全立法，从国家层面探索高速铁路安全治理的法治路径。

第三节 高速铁路安全传统治理路径反思

一 行政规制治理路径反思

长期的政企合一运营模式，使铁路行业形成了根深蒂固的行政规制思

---

① 《铁路安全管理条例》中专门规制高速铁路安全的条款主要有：第11条第三款规定了高速铁路建设工程实行工程地质勘查监理制度；第17条第四款规定了新建、改建高速铁路需要与普通铁路、道路、渡槽、管线等设施交叉的，应当优先选择高速铁路上跨方案；第27条特别规定了高速铁路安全保护区与其他铁路的不同要求；第35条专门规定了高速铁路周围禁采地下水制度；第77条规定了动车组上禁止吸烟的制度。

维，尤其是在铁路安全治理中，行政规制思维更加突出。近年来，虽然铁路行业进行了政企分开改革，并对中国国家铁路集团有限公司及其下属的18家铁路局（集团公司）进行了公司制改革，但是，铁路行业的行政规制思维并未得到彻底改善，尤其是安全治理领域更为明显。

（一）突击检查的安全治理路径反思

安全事故发生或安全隐患暴露后进行突击检查是铁路行业安全治理的传统路径，高速铁路安全治理亦很好地延续了该路径。毫无例外地在每次事故发生后或每次安全隐患暴露后进行全面检查，这种安全治理路径本无可非议，几乎每个国家都会采用，这既是事后弥补的积极表现，也是负责任的最佳诠释。但问题是，突击检查的行政治理路径只强调事后敏感时期的安全大检查，不注重安全防范治理的制度建设，不能将安全防范治理纳入法治轨道。所以，大检查之后亦会出现长期懈怠，安全防范重视程度回到原位。

（二）过度依赖领导重视的安全治理路径反思

领导重视程度直接决定着铁路安全治理效率的高低，这是安全治理的基本规律。但是，如果过度依赖领导重视进行安全治理，就会导致只有领导强调政治纪律，领导狠抓安全工作时才表现出积极作为，而领导不重视或不够重视时则将安全束之高阁。这种安全治理方式紧跟领导的注意力，极易导致形式主义泛滥，安全作秀过多，而实质性的安全隐患排查不够，安全保障制度建设不足。因此，过度依赖领导重视的安全治理方式难以确保高速铁路持久安全。

简而言之，突击集中检查安全治理和过度依赖领导重视安全治理都是行政规制的集中体现，其本质是人治，只能依赖安全治理领导和职工都具有较高的职业道德和职业素养，都能极为自觉地行使安全职责和积极探索安全治理途径，细致入微地排查安全隐患，才能将安全事故发生率降至最低，确保高速铁路安全。但是，现实与理想总是有差距，我们不能随意怀疑高速铁路安全治理中领导和职工的职业道德和职业素养。从风险的角度来看，行政规制体系再完善也不能杜绝安全事故的发生，[1]但我们应该相

---

[1] 胡帮达：《安全和发展之间：核能法律规制的美国经验及其启示》，《中外法学》2018年第1期。

信法治化的制度比人治的理想期待更为可靠。因此，高速铁路安全治理需要制度化和法治化建设，需要从义务和责任体系建设着手，层层防控，确保高速铁路安全。正如有学者指出，轨道交通事故和事件的复杂性和随机性使得不可能靠意志和口号来保证安全，轨道交通行业应摒弃运动式抓安全的思维，转向依靠法规和制度建设的途径。① 依靠法治治理铁路安全是世界各国铁路安全治理的主要方向，如欧洲铁路安全管理的最大特点是制定了系统完善的规范和制度，以欧盟颁布的《铁路安全指令》为中心，构建了安全技术和设备设施标准，并针对安全管理的组织机构、管理程序、监督检查、认证认可等方面形成了一套完备的安全管理制度框架。② 日本运输业的安全管理亦主要是依靠各类法令进行安全规制，如《关于铁路的技术基准》等，企业据此制定内部规范，政府以安全监察形式对运输企业进行监督检查。③

二 铁路系统单一治理路径反思

长期以来，铁路安全治理主要靠铁路系统内部力量，虽然铁路行业一直在努力探索借助外部力量，尤其是地方政府力量共同治理铁路安全，但始终没有得到满意的答案。《铁路安全管理条例》第四条原则性地赋予了地方政府维护铁路安全的义务，第七条原则性地赋予了社会公众维护高速铁路安全的义务和权利。但是，目前社会认识仍然存在普遍误区，认为铁路安全是铁路系统内部的事，或者干脆就是铁路企业的责任，与其他主体关系不大。尽管从大局出发，可以协助铁路企业治理铁路安全，但是也仅限于协助，涉及真正出钱出力时，不情愿的情绪就表现得淋漓尽致。虽然，在高速铁路安全治理中，已经有地方政府主动立法维护高速铁路安全的积极表现，如云南省政府制定了《云南省高速铁路安全管理办法》、贵州省政府制定了《贵州省高速铁路安全管理办法》，从地方政府视角主动探索高速铁路安全法治化治理的路径。但是，在高速铁路安全治理的实践中，认识的误区依然普遍存在，地方政府抵制、推脱或不作为的现象严

---

① 陈燕申：《欧盟铁路安全指令及其对我国的启示》，《中国铁路》2013 年第 11 期。
② 崔艳萍、马欣然：《欧洲铁路行业安全管理的启示》，《铁道运输与经济》2015 年第 4 期。
③ 孙晋麟：《日本铁路安全管理体制及启示》，《中国铁路》2011 年第 3 期。

重，沿线企业和居民、乘客以及社会公众破坏、干扰或不关心高速铁路运营安全的现象严重。高速铁路安全治理主要依赖铁路企业和铁路系统内部单一制治理路径并未得到实质性改变。但是，影响高速铁路安全的因素十分复杂，并非仅靠铁路系统内部的努力即可实现安全治理，因此，必须探索依靠全社会力量共同治理高速铁路安全的治理路径。有学者提出，在新形势下，解决高速铁路安全问题的思路，必须转变为要科学务实地构建人防、物防、技防"三位一体"安全保障体系，发挥党政工团各级组织的合力作用，借助地方政府部门的力量共保铁路安全，保证高速铁路的人员、设备和环境都始终处于正常状态，这是铁路安全工作应遵循的最基本工作思路。[①]

第四节　共建共治共享：高速铁路安全治理的新路径

针对高速铁路安全法治化治理的现实需求和困难，传统的行政规制路径和铁路系统内部单一治理路径都很难满足维护高速铁路安全的现实需求，需要探索新的治理路径。共建共治共享首先要通过共建共治凝聚起社会各界的智识与资源，再根据各自治理权限的大小合理分享相关的资源，由此实现资源的集约使用和有效利用，实现治理效果的最大化，其核心原则是共同参与，价值取向是公平正义，[②] 基础是公众参与的法治化治理机制。[③] 共建共治共享是新时代安全治理的路径革新，它为高速铁路安全治理提供了全新的治理思路，是集全社会之力量共同治理高速铁路安全的法治化治理路径。

一　高速铁路安全共建共治共享法治化治理路径的内容

（一）高速铁路安全共建的内容

1. 共建科学合理的高速铁路安全管理体制。安全管理体制建设是安全管理工作开展的总阀门，只有科学合理的管理体制才能有效开展高速铁

---

① 康高亮：《中国高速铁路安全保障体系研究与实践》，《铁道学报》2017年第11期。
② 江国华、刘文君：《习近平"共建共治共享"治理理念的理论释读》，《求索》2018年第1期。
③ 马长山：《法治中国建设的"共建共享"路径与策略》，《中国法学》2016年第1期。

路安全管理工作。共建共治共享的高速铁路安全治理路径,首先需要解决的是高速铁路安全共建共治共享的管理体制,该治理路径的管理体制与铁路系统单一治理的管理体制不同,它要求建设一种共同治理的联合机制。具体为:一是建立铁路行业监管机构、铁路运输企业和地方政府之间的联合协调机构,由该机构专门负责推动高速铁路安全共建共治共享的各项协调工作。二是明确划分该机构内部主体的职权和义务,使其明确职权,能够顺畅地开展维护高速铁路安全工作。三是要转变治理思路,在外部环境治理、应急救援等一些高速铁路安全治理环节中,应该以地方政府为主,并且要求纳入地方综合治理范围,统一协调安全治理工作;而在铁路内部安全环境治理中,应该以铁路行业监管部门或铁路运输企业为主,地方政府参与协调。

2. 共建明确规范的高速铁路安全责任体系。责任是安全治理有效推进的核心保障,没有责任就没有威慑,就失去了法律的惩戒功能和利器功效。高速铁路安全共建共治共享路径涉及主体众多,如果没有科学合理的法律责任体系设计,就很难有效推进安全治理工作。具体为:其一,企业的安全主体责任。包括高速铁路运输企业的安全运输主体责任,高速铁路规划、设计、施工等企业的安全建设主体责任,高速铁路车辆、供电、信号、通信等设施设备企业的安全主体责任,以及其他相关高速铁路企业的安全主体责任。其二,铁路行业监管部门的安全监管责任。包括高速铁路建设质量安全监管责任、高速铁路专用设备安全监管责任、高速铁路线路安全监管责任、高速铁路运营安全监管责任,等等。其三,地方政府安全保障责任。包括护路联防责任、沟通协调责任、划定公告责任和宣传教育责任,等等。其四,高速铁路沿线企业和居民的安全保障责任。包括不从事危及高速铁路安全行为的责任和积极保护高速铁路安全的责任等。其五,乘客安全保障责任。包括不携带危险品、禁带品的责任、不从事危及高速铁路安全行为的责任、不从事不文明乘车行为的责任,等等。其六,社会公众的安全保障责任。包括不从事危及高速铁路安全行为的责任和积极保护高速铁路安全的责任等。[①]

---

① 地方政府安全责任、沿线企业和居民安全责任、乘客和社会公众安全责任请参见亏道远、冯兆蕙:《高速铁路安全的社会公共责任》,《河北法学》2018年第6期。

3. 共建诚信自律的高速铁路安全文化。安全文化是安全理念、安全意识，以及在其指导下的各项行为的总称，主要包括安全观念、行为安全、系统安全、工艺安全等，这种全民安全文化的普及在很大程度上为降低铁路安全事故起到至关重要的作用。① 在高速铁路安全维护中，安全文化建设是基础，良好的安全文化可以有效促进高速铁路安全治理，恶劣的安全文化会阻碍高速铁路安全治理工作的有效推进。国内外实践证明，短期安全靠措施、长期安全靠管理和文化。② 因此，建设良好的安全文化是高速铁路安全共建共治共享路径的重要组成部分。具体为：其一，共建安全价值理念。通过安全文化建设，将生命至上、安全第一的价值理念融入高速铁路安全生产的各个环节，融入安全操作人员、安全维护人员及相关主体的血液，彻底实现从"要我防范"到"我要防范"的观念转变，有效解决是"先通车"还是"先救人"等困扰铁路安全的价值争议。其二，共建安全文化载体。高速铁路安全文化建设必须有具体的文化建设载体。一方面，应该建立高速铁路安全维护先进事例的奖励机制和安全事故的惩戒机制，定期对维护高速铁路安全做出突出贡献的人员进行表彰奖励，对不认真履行安全责任导致安全事故的人员进行惩戒。另一方面，重安全必须重教育，应该充分挖掘高速铁路安全维护的典型案例，并进行定期宣传教育，弘扬安全精神，培育安全氛围。

（二）高速铁路安全共治的内容

共治的主体是国家、人民以及社会组织，其公共治理性质的公共性要求所有共同体成员都应当参与到治理中来，否则其治理的有效性就无从依靠、无法实现，它反对"单治"，内在地要求"法治"。③ 共治的对象是行为和环境，是通过行为和环境的治理达到预期的目标，它与法治是治理的一体两面，其基本方式就是依法而治，依规则和制度而治，依社会公众普遍期待的目标而治。在维护高速铁路安全治理中，社会公众普遍期待的目标是高速铁路运输安全秩序，而安全行为和安全环境是安全事故的直接

---

① 张鹏、刘敬辉、吕峰等：《欧美铁路安全管理模式的分析及启示》，《铁道运输与经济》2014年第11期。

② 康高亮：《中国高速铁路安全保障体系研究与实践》，《铁道学报》2017年第11期。

③ 江国华、刘文君：《习近平"共建共治共享"治理理念的理论释读》，《求索》2018年第1期。

原因，是实现良好安全秩序的直接保障。因此，通过法治化的社会共治方式实现高速铁路安全行为和安全环境治理，进而实现良好的高速铁路安全运输秩序。

1. 共治安全行为。危及高速铁路的安全行为包括路内员工的安全行为、沿线企业和居民的安全行为、乘客的安全行为以及社会公众的安全行为，这些安全行为涉及主体众多，仅仅依靠铁路系统内部努力无法实现安全行为治理目标，无法确保高速铁路安全，因此，必须以共治思维和共治路径，充分调动各主体的积极性，共同维护高速铁路安全。一方面需要铁路行业监管部门和地方政府共同监管安全行为。需要不断完善联合监管机构，开展联合执法，尤其是对安全隐患突出领域的行为，如高速铁路安全保护区内非法占地经营、非法倾倒垃圾等安全隐患联合执法，及时清除。另一方面需要各相关主体积极自律，共同维护高速铁路安全。社会控制体系的顺利运行在很大程度上受到自我约束的影响，① 国家机关监督管理是他律行为，他律只能在一定程度消除安全隐患，而要彻底消除安全隐患，必须倡导和培育自律。只有通过相关主体的自律才能主动防范，主动清除隐患，提高安全治理效率。

2. 共治安全环境。高速铁路安全环境对高速铁路安全治理至关重要，它包括路内环境和路外环境，自然环境和人文环境，涉及空间辽阔，因素复杂，仅靠铁路系统内部努力难以实现安全环境的良好治理。因此，需要高速铁路安全相关主体共同努力，以社会共治的方式共同治理高速铁路安全环境。对于路内安全环境主要由铁路运输企业负责，其他主体协调治理；对路外安全环境治理应该主要以地方政府为主，协调各方主体进行安全治理。对于自然安全环境，包括地震、冰雪、洪涝等自然灾害的防范与救援，应该根据具体情况，成立专门指挥协调机构，明确各自职责，由地方政府、铁路行业监管机构、铁路运输企业和其他相关主体共同进行，协调组织的主要负责和领导机构应该以地方政府为主。对于人文安全环境治理，应该综合协调推进，各相关主体负责自己分内人文安全环境建设，共同的人文安全环境部分，应该以地方政府为主，其他主体参与配合进行。

---

① 潘静：《从政府中心规制到社会共治：互联网金融治理的新视野》，《法律科学》（西北政法大学学报）2018年第1期。

（三）高速铁路安全共享的内容

一般情况下，共享是目的，共建共治是途径和方式，共建是前提，共治是重要保障。[①] 在高速铁路安全治理领域，共建共治是基础，共享是共建共治的结果，但同时也会在共建共治中有所体现。高速铁路安全共享的内容主要体现为治理信息共享和治理成果共享，前者属于安全治理本身，后者属于安全治理的结果分享。

1. 治理信息共享。随着科学技术的发展，在各个领域治理中信息共享变得更加可能，在安全治理中，信息共享更为重要，因为信息是安全防范和救济的眼睛，只有及时充分地掌握信息，才能开展有效的防范和救济措施，才能将安全风险降至最低。在高速铁路安全治理过程中，信息共享包括高速铁路建设安全信息共享、专用设施设备安全信息共享、运输安全信息共享以及事故救济信息共享，等等。这些信息在各个主体之间的及时、充分和准确共享，将会在降低安全治理成本的同时，提高安全治理的效率。因此，通过信息化、网络化安全工程建设，打造高速铁路安全治理的信息共享平台，让相关主体之间通过信息共享平台及时知晓其他主体维护高速铁路安全的最新信息，可以避免治理精力的浪费，提高高速铁路安全治理效率。

2. 治理成果共享。共建美好生活是共享发展理念的根本要求，实现发展成果由人民共享是社会主义的本质特征。[②] 价值共享是创造或者整合社会资源来让社会全体成员共享，让社会价值的创造者同时也是社会价值的享有者。[③] 高速铁路安全治理成果共享包括安全秩序成果共享、安全环境成果共享以及安全运输成果共享等，它是高速铁路安全治理的最终目标，也是高速铁路安全治理的价值追求。通过高速铁路安全治理成果共享，可以促使相关主体更有动力地开展高速铁路安全治理工作，促进良性循环；也可以通过社会公众的安全感受，获得对高速铁路运输更高的认

---

① 龚维斌：《公共安全与应急管理的新理念、新思想、新要求——学习党的十九大精神体会》，《中国特色社会主义研究》2017年第6期。

② 翟绍果、谌基东：《共建美好生活的时代蕴意、内涵特质与实现路径》，《西北大学学报》（哲学社会科学版）2017年第6期。

③ 江国华、刘文君：《习近平"共建共治共享"治理理念的理论释读》，《求索》2018年第1期。

可，不断促进高速铁路更好地发展。因此，安全成果共享是高速铁路安全治理的再生力量，是高速铁路良性发展的重要保障。

二 高速铁路安全共建共治共享法治化治理路径实现保障措施

共建共治共享的治理路径的核心是借助全社会力量共同维护高速铁路安全，其实现基础是法治，它要求相关主体认真依法履行安全职责，切实承担起维护高速铁路安全的任务。但是，高速铁路安全涉及相关主体众多，每个主体都有自己的利益衡量，也都有繁杂的工作任务，在各自利益的驱使下，非铁路系统内主体自然会优先考虑自己的本职工作，出于各种原因，大部分主体只会从口头上和形式上确认高速铁路安全的重要性，但在实际执行中一般都难以具体落实。所以如果高速铁路安全共建共治共享路径没有具体有力的抓手，要求各类主体承担维护高速铁路安全职责的计划将会落空。因此，要切实从高速铁路安全监测评估、考核评价、诚信惩戒和举报受理等方面进行制度建构，建立起约束和监督各类主体履行维护高速铁路安全职责的法律制度，才能有效地推进高速铁路安全共建共治共享的法治化治理。

（一）建立高速铁路安全风险监测与评估制度

安全风险监测是发现安全风险的有效手段，它通过制定安全风险监测计划和实施方案，对重点领域进行安全风险监控，采集安全数据信息，经过科学分析研判后，将可能存在较大安全风险的信息及时告知相关主体进行安全风险防范。在高速铁路安全治理中引入安全风险监测，通过重点领域的安全信息采集研判，将分析结果及时传递给相关主体，有利于及时进行安全风险防范。具体为：其一，安全风险监测的主体。高速铁路安全风险监测主体应该具备两个条件，一是应当具有独立性，应当与责任主体分离，责任主体的监测属于其本质工作范畴；二是为保证安全风险监测工作能够顺利展开，高速铁路安全风险监测主体应当具有总体协调能力，应当具有足够的权威性。具备这两个条件的主体是国家层面的铁路行业监管部门，由国家层面的铁路行业监管部门对高速铁路安全风险监测，既与责任主体分离，又具有足够的权威性，具备总体协调监测的能力。其二，安全风险监测的对象。高速铁路安全风险监测对象主要是容易诱发安全风险的领域和因素，主要包括特殊地质路段、桥梁、隧道、车站以及其他薄弱环节和容易引发安全风险的具体因素。

安全风险评估是评价安全风险高低的有效手段，通过各种渠道获得的安全风险信息，不确定但重要且有必要进行进一步评估确认时，应该启动评估程序进行评估确认，为安全风险防范提供信息和依据。在高速铁路安全治理中引入安全风险评估制度，有利于高速铁路安全风险大小的及时研判，并以合理成本应对安全风险。高速铁路安全风险评估应该由铁路行业监管部门牵头设立高速铁路安全风险评估委员会，成员应该由相关责任主体、所涉地方政府相关部门和部分专家学者组成。安全评估的情形主要包括安全风险监测研判后认为需要进一步评估的情形，接到举报存在安全隐患的情形，需要研判某一因素或领域存在安全隐患的情形，等等。

高速铁路安全信息监测与评估都是发现风险和评价风险的手段，其主要职能是为各个主体进行高速铁路安全风险防范提供信息，帮助化解安全风险，并且如果相关主体知悉安全风险信息而未作为，则可能就会被追责。安全风险信息监测和评估制度的建立，不仅能够提高相关主体防范风险的能力，同时也会成为督促相关主体履行安全风险防范职责的压力，有利于高速铁路安全共建共治共享治理途径的更好实现。所以，我们应该重视风险预防，转变重处罚、轻预防的监管理念，[①] 承认"脆弱性"和"可靠性"是安保体系的两大指标，建立健全风险评估和监测体系，全程跟踪和控制风险发展，对可容忍的危害后果进行理性预判，通过各种后续补救预案和措施以快速恢复抵御各种安全威胁的"韧力"。[②]

（二）建立高速铁路安全考核评价制度

如前所述，复杂的安全影响因素致使高速铁路安全治理不能仅靠铁路系统内部努力，还需要集全社会力量以共建共治共享的路径实现。但是，要求铁路系统之外的主体主动履行维护高速铁路安全的职责，既需要宣传动员，强化重要性，使相关主体提高认识，同时更离不开他律的压力。考核评价是目前我国对党政机关、事业单位和国有企业等主体评价的重要手

[①] 刘畅：《论我国药品安全规制模式之转型》，《当代法学》2017年第2期。

[②] 李卫海：《中国海上航运的安保模式及其法律保障——以应对21世纪海上丝路的海盗为例》，《中国社会科学》2015年第6期。

段，是工作评价、职位晋升、绩效发放和问责处理等关键环节的重要依据，深受各级各类主体的高度重视。将维护高速铁路安全职责履行情况及绩效纳入相关主体的工作考核范围，通过考核评价手段督促相关主体认真行使维护高速铁路安全职责，是有效维护高速铁路安全的重要保障，也是实现高速铁路安全共建共治共享法治化治理路径的重要保障。具体为：其一，将地方政府履行维护高速铁路安全职责情况纳入地方政府及其相关部门工作考核评价范围。将高速铁路沿线地方政府是否主动、积极和认真地行使维护高速铁路安全职责作为工作评价、职务晋升、绩效发放和问责处理的重要依据，尤其作为国家支持地方铁路发展的重要依据，从外部约束监督地方政府积极主动地履行维护高速铁路安全的职责。其二，将铁路行业监管部门履行维护高速铁路安全职责情况作为考核其工作的核心指标。通过考核其维护高速铁路安全的主动性、措施的合理性和有效性，以及维护高速铁路安全的绩效性，来科学评价行业监管部门的工作业绩，作为其工作评价、职务晋升、绩效发放和问责处理的重要依据，促使铁路行业监管部门将主要精力集中到维护高速铁路安全工作之中，确保高速铁路安全监管工作不断创新完善。其三，将责任主体履行维护高速铁路安全职责情况作为其工作考核评价的关键指标。包括高速铁路建设主体、运输主体和专用设备设施制造维修等相关国有性质责任主体，通过考核它们维护高速铁路安全的主动性、创新性、合理性和有效性，作为其工作评价、职务晋升、绩效发放和问责处理的重要依据，从外部监督促使相关主体积极改善措施，从工作实际出发，不断创新，切实提高高速铁路安全治理效率。

（三）建立高速铁路安全诚信惩戒制度

对党政机关、事业单位和国有企业等"公"主体，考核评价极为有效，但对高速铁路沿线私营企业和居民、乘客以及社会公众等"私"主体，考核评价基本失灵。所以如何监督约束"私"主体的行为，使其能够自觉履行维护高速铁路安全义务，是高速铁路安全共建共治共享法治化治理路径必须解决的问题。任何监督都必须考虑监督对象的利益需求，利益需求是其关切的直接表现，诚信评价对各类"私"主体都极为重要，是各类"私"主体极为关心的问题，所以建立高速铁路安全诚信惩戒制度，以诚信惩戒的方式约束"私"主体自觉履行维护高速铁路安全义务，可以有效促进高速铁路安全共建共治共享法治化治理路径的实现。具体为：其一，建立高速铁路安全诚信档案。将各类主体破坏高速铁路安全的行为，以及在维护高速铁路安全中不积极履行义务的行为都记录在案，并且根据行为的严重程度，区别实施惩罚性措施。如在高速列车上吸烟不仅会受到公安机关的严厉处罚，而且还会被铁路部门记录在案，受到购票乘车限制；在高铁列车上"霸座"等行为亦会受到相关处罚，并作为失信人员记入铁路征信系统，在一定期限内限制购票乘车。① 其二，充分利用诚信档案，与其他部门联合建立失信联合惩戒机制。限购乘车是铁路系统惩治破坏高速铁路安全行为的重要手段，但力度有限，威慑力不足，它只有与目前国家正在大力推行的失信联合惩戒政策有机对接，充分利用诚信惩戒制度，从限制个人主体乘坐其他交通工具、限制企业主体市场准入等方式惩戒失信主体，才能有效促进"私"主体主动维护高速铁路安全，实现高速铁路安全共建共治共享的法治化治理。如有学者提出应推进高速铁路建设市场的诚信制度建设，制定统一的信用等级标准并对市场进行信用评价和分级，建立信用等级评价体系，并依据信用等级实施分级监管，对建设单位的安全管理和企业诚信资质实行联动管理监督，敦促各供应商及施工单位自觉进行自我监督，提高施工质量，保障我国高速铁路的建设质量。②

（四）建立高速铁路安全举报受理制度

举报受理是发现安全隐患和风险的重要信息来源，是充分发挥社会力量实现共建共治共享法治化治理途径的重要保障。高速铁路安全治理线路漫长，涉及主体众多，治理因素极其复杂，需要充分调动各种社会力量为高速铁路安全风险防范提供信息。建立安全举报受理制度为社会公众参与高速铁路安全治理搭建了有效平台，社会公众可以通过安全举报受理平台以最为便捷的方式将自己发现的安全隐患和风险信息传递给安全监管部

---

① 2018年8月，一趟由济南开往北京的高铁列车上，男性孙某强行霸占女乘客座位，不听列车工作人员劝阻，该事件曝光后，引发舆论关注。事后高铁"霸座"男孙某被处治安罚款200元，并在一定期限内被限制购票乘坐火车。详情请参见宋翠：《高铁"霸座"男被处治安罚款200元记入铁路征信体系》，人民网：http://sd.people.com.cn/n2/2018/0824/c386900-31973868.html，2018年8月25日访。

② 马啸、韩宝明：《高速铁路安全性影响因素分析及对策》，《铁路运输与经济》2018年第4期。

门，安全监管部门经过初步研判后将相关信息传递给责任主体，由责任主体具体落实安全防范措施。高速铁路安全举报受理制度的建立，就相当于为高速铁路安全治理安上了无数双眼睛，监管部门和责任主体通过受理收集到的信息，及时进行防范处置，能够极大地提高安全治理水平。但需注意：一是高速铁路安全举报中心需要设立在国家层面的铁路行业监管部门。只有将安全举报中心设立在国家层面的行业监管部门，才能在接到相关信息后，充分利用所处地位的权威性发挥协调和处理功能，及时将信息反馈给相关责任主体，并且能够受到责任主体的高度重视。二是要以便捷性为主，充分利用现代科技手段受理安全信息。如充分利用微信平台、电话中心以及公开邮箱等方式为社会公众安全举报提供便利。三是要对切实利于安全防范和安全事故化解的重要信息提供者进行奖励。包括物质奖励和精神奖励，物质奖励的额度不一定大，但需要注重奖励的及时性和公开性，使其产生广泛的激励绩效。

综上所述，人类社会本质上是一个充满非线性与不确定性、脆弱性与风险性的复杂性社会，风险无处不在，无时不在，泛化在社会生活的每一个角落，正在改变现代社会运行的逻辑与规则。[①] 在风险社会中，未知的、意图之外的结果成了历史和社会的主宰力量，[②] 风险问题与人类文明相伴而生，文明进化的历程一定程度上也是人类回应并控制风险的过程，但令人意外的是，人类为控制风险所做的技术革新，反而又滋生了新的风险类型，风险与发展由此成为永恒交织的主题。[③] 安全是风险的重要来源，而发展则必有风险相伴，在交通运输、食品药品经营、网络经营等领域，安全都极为重要。但是，安全价值具有相对性，它仅具有首要地位、基础地位，而不具有终极地位、最高地位，将"安全第一"的理念异化为"安全唯一"，追求绝对安全，不是一种正确对待风险的态度。[④] 因此，

[①] 范如国：《"全球风险社会"治理：复杂性范式与中国参与》，《中国社会科学》2017年第2期。

[②] [德]乌尔里希·贝克：《风险社会：新的现代之路》，张文杰、何博闻译，译林出版社2018年版，第8页。

[③] 宋亚辉：《风险控制的部门法思路及其超越》，《中国社会科学》2017年第10期。

[④] 张文龙：《城市社区治理模式选择：谁的治理，何种法治化？——基于深圳南山社区治理创新的考察》，《河北法学》2018年第9期。

在各行各业，我们在不断强化安全重要性的同时，需要以发展去化解和抵销冲突与矛盾，以发展获取更大的安全，在发展与安全的辩证关系中，安全不能淹没发展。但是，血的事实和教训告诫我们：安全必须得到足够重视，发展必须以安全为前提，即发展必须学会管控风险。

高速铁路是集技术创新和高速度、高密度运营的新时代交通工具，其本身的发展就与安全和风险相伴，虽然我们不能以安全为借口否定高速铁路的发展，但是在高速铁路安全与发展的问题上，我们必须给予安全足够的重视，将安全视为高速铁路发展的生命力，相信离开了安全，高铁就失去了存在价值的论断，[1] 不断强化安全的重要性，想尽一切办法持续降低高速铁路安全风险，使其达到人们可以接受的安全风险水平。然而，高速铁路安全涉及主体众多，影响因素极其复杂，安全治理难度较大，仅靠铁路系统内部主体难以实现，必须集全社会力量，以共建共治共享的法治化治理路径，协调推动各方力量共保高速铁路安全。而且，不仅仅高速铁路安全治理如此，包括整个铁路运输安全，乃至交通运输安全、食品药品安全、网络安全等涉及主体众多的安全领域治理，涉及因素都极为复杂，都难以靠单一治理路径实现，只有借助全社会共同力量进行安全治理，才能将安全风险降至最低。因此，共建共治共享的法治化安全治理路径是涉及主体众多，安全因素复杂领域的普遍有效治理路径。这种治理路径的基础是法治，它需要以法治思维和法治方式，通过安全治理管理体制共建、安全责任体系共建和安全文化共建，共治安全行为和安全环境，实现安全信息共享和安全成果共享，并借助外界助推力量，即需要在相关领域建立安全风险监测与评估制度、相关主体的考核评价制度、安全行为的诚信惩戒制度以及安全举报受理制度等，以他律的方式监督相关主体积极履行维护安全职责，约束自己的行为，集全社会力量依法共同治理安全。

---

[1] 余卫平：《中国高铁安全规制管理问题研究》，《学术交流》2013年第10期。

第九章　高速铁路安全治理的积淀：安全文化建设

文化作为一种信念的力量、道德的力量、心理的力量，具有导向功能、凝聚功能和激励功能，对一个人、一个民族乃至一个国家的长远发展有着至关重要的作用。在高速铁路快速发展的今天，我们要寻求更大发展空间，实现高铁强国之梦，就必须开辟一条具有中国特色的高速铁路文化发展道路，必须要建设和谐长久的高速铁路文化。在高速铁路文化建设的过程中，高速铁路安全文化建设至关重要。安全文化是人类在存在过程中为维护人类安全的生存和发展所创造出来的关于人与自然、人与社会、人与人之间的各种关系的有形无形的安全成果[1]，它作为安全管理的重要软实力，是安全风险防范的基础性和根源性力量。高速铁路安全影响因素极其复杂，涉及主体众多，仅仅依靠技术手段创新和严格监督管理只能尽量降低安全风险，很难面面俱到关注每个环节。因此，高速铁路安全治理的落脚点是安全文化建设，我们在不断强化技术创新和严格监督管理的同时，还应该加强安全文化建设，通过安全文化的涵养功能，营造人人主动保护高速铁路安全的良好氛围。

第一节　高速铁路安全文化的功能

高速铁路安全文化是高速铁路行业通过长时间运输生产实践所形成的经验总结，是以安全价值观为核心的各种安全行为准则、理念、意识与文化氛围等表现形式的总和，是高速铁路文化建设的重要组成部分，具有管

---

[1] 王秉、吴超：《安全文化的定义理论与方法研究》，《灾害学》2018年第1期。

理上的影响力、思想上的激励力、行为上的约束力和观念上的导向力①，也是高速铁路经过长时间安全生产实践过程中的层层积淀。其功能主要包括导向功能、凝聚功能和激励功能。首先是导向功能。高速铁路安全文化虽然不具有强制性，但却有水滴石穿的功效，无处不在又处处皆有，用时不觉其重要，离开却寸步难行。先进的安全文化可以潜移默化地影响各主体，指导规范各主体的安全行为。安全文化贯穿于高速铁路的始终，因此，务必将高速铁路安全文化建设覆盖高速铁路运营的全过程，在这漫长的过程中，政府、企业、有关社会团体以及乘客和社会公众都是关键治理主体。建设高速铁路安全文化，可以提高各主体的安全认识，激发各主体自觉维护高速铁路安全，发挥对各类治理主体的导向功能。其次是凝聚功能。建设高速铁路安全文化，重要基础是高速铁路各主体之间拥有共同的安全理想、安全目标以及安全使命感。高速铁路安全文化犹如一面屹立不倒的旗帜，将每一个主体牢牢凝聚在一起。良好的高速铁路安全文化建设，对铁路企业、铁路行业监管部门以及沿线地方政府等相关主体都会产生积极作用，能够在相关主体的工作人员之间形成对安全文化的渴望，从而使各类相关主体及其员工心往一处想，劲往一处使，形成一股极大的凝聚力，促使他们高度重视高速铁路安全工作，积极自觉地投身于高速铁路安全建设。最后是激励功能。先进的高速铁路安全文化可以激发各主体的工作激情，增强安全自觉性，明确安全重要性，提高安全防范主动性，积极审视自己的工作安全行为，思考安全工作的职责。高速铁路安全文化建设应当包含安全激励制度建设，即对高速铁路安全建设有突出贡献的人员给予适当物质奖励和精神表扬，树立维护高速铁路安全光荣的氛围，从而激发更多人员自觉投身于安全工作的热情，达到确保高速铁路安全运营的最终目的。

第二节 高速铁路安全文化的主要内容

对于高速铁路文化建设而言，安全文化的建设是根本，高速铁路安全文化是高速铁路文化的重要组成部分。高速铁路安全文化主要包括安全文

---

① 谭洪强、吴超：《安全文化学核心原理研究》，《中国安全科学学报》2014年第8期。

化理念、安全行为文化以及安全教育文化。

一 安全文化理念

安全文化理念是一种精神理念，是构建安全文化的基石和核心。安全文化理念是从安全角度衡量对错利弊的基本出发点，只有安全文化理念的方向正确，安全文化的建设才会有良好的开端。对于高速铁路安全文化建设而言，首先要树立"以人为本"的安全文化理念，形成统一的安全价值观。具体而言，要加强高速铁路企业三大队伍的建设。其一，要建设一支高素质、高品格的领导干部队伍，发挥模范榜样作用，带头贯彻安全文化理念。领导者对安全文化理念的重视程度往往会影响管理队伍和基层员工队伍对安全文化理念的贯彻，只有领导者重视起来，向下传递安全理念，基层员工才会更好地执行。其二，要建设一支高效率的管理队伍。管理队伍上接领导层、下接基层员工，需要做到及时领会上级精神，辅助上级做出正确决定，并且将上级的指令以合适的方式传达给下级。只有建设一支高效率的管理队伍，高速铁路的安全文化理念才会真正流动起来，做到从群众中来，到群众中去。使高速铁路安全文化理念贴近实际，得到基层员工的理解和认同，增强基层员工参与高速铁路文化建设的自觉性，更好地发挥主观能动性和创造性。[1] 其三，要建设一支能积极贯彻高速铁路安全文化理念的基层员工队伍。高速铁路安全文化最直接的建设者就是活跃在高速铁路一线的员工们，高速铁路的运营安全一定程度上取决于他们对高速铁路安全文化理念的贯彻。只有始终积极贯彻高速铁路安全文化理念，员工们在具体工作时才会更加理性谨慎，更加注重安全风险的预防。当高速铁路企业内部先做好安全文化理念的贯彻和执行时，安全文化理念才能向外部渗透，逐步形成全社会共同建设高速铁路安全文化的氛围，形成高速铁路安全文化的社会共治。

二 安全行为文化

安全行为文化主要针对高速铁路内部人员，具体包括安全生产文化和安全运输文化。安全生产文化，即高速铁路运营所需的基础设备在生产过

---

[1] 段吉泉：《铁路运输企业安全文化建设的思考》，《理论学习与探索》2015年第5期。

程中的安全文化。与普通铁路基础设备相比，高速铁路对设备的要求更高，对安全生产的标准更严，以往粗放型的生产方式已经不能适应高速铁路的飞速发展，必须采用更为现代化的生产方式。高速铁路的基础设备是高速铁路发展的硬件，基础设备的安全是高速铁路运营安全的前提。因此，要着力构建高速铁路安全生产文化，对基层员工的安全意识和思想产生潜移默化的影响。对基础设备的标准化和严谨性要反复宣传，加强对一线技术员工的安全教育，让员工逐渐形成工作严谨、设备自信的安全习惯。将基础设备达标率与员工自身利益联系在一起，增强员工对生产设备的责任感。要想把安全生产文化真正贯彻下去，深入人心，就必须采取员工喜闻乐见的方式，使员工容易接受和认可，让每一位员工真正认识到自己身上肩负的责任与国家的荣誉和利益有着紧密的联系。安全运输文化，即对高速铁路运输过程中的技术要求的安全文化，包括运输过程中遭遇突发状况后的应急处理。在高速铁路列车运输过程中，列车员对安全行车的保障，列车司机严格根据规定要求行驶列车、杜绝超速行驶等都应当在高速铁路安全运输文化中得以体现。构建高速铁路安全运输文化，要坚决摒弃"一点小毛病不可能出事故"的意识，明确安全运输的重要性和严谨性，包括列车员、乘务长在内的全体列车人员在各自岗位上都要始终保持清醒的头脑，用安全运输文化来指导、激励自己。

三 安全教育文化

安全教育文化主要针对高速铁路外部人员，包括乘客的安全教育文化和对社会公众的安全教育文化。对乘客的安全教育文化就是对乘客进行有关乘车安全、注意事项、遇险后的应急救援措施等方面的告知与讲解。由于列车速度的提高，导致高速铁路比普通铁路的安全防范难度增加，铁路运营企业应当更加重视高速铁路相关安全问题，尤其是乘客常见的一些安全问题。乘客由于不具备相关专业知识，高速铁路运营企业就应当承担起对普通乘客的高速铁路安全知识的告知和教育义务。告知的内容应当包括乘客在高速铁路运行过程中相关安全设施的放置地点和使用方法，对高速铁路相关安全设施的注意事项，对高速铁路的安全警示教育，对应急救援方法的教育，相关救援物品的所在位置，等等。此外，随着我国高速铁路的迅速发展，人们日常出行都会选择较为便捷安全的出行方式，高速铁路极大地满足了广大民众对于出行的要求，社会公众与高速铁路的联系日益紧密，因此，对社会公众进行高速铁路安全文化教育十分必要。社会公众普遍认为自己与高速铁路安全保障没有关系，也不愿花费时间专门学习有关高速铁路安全的知识，所以针对社会公众的安全教育文化应当做到普适性、一般性、简明性，安全教育要做到使社会公众简单易懂、一学就会，必须要具有实践性强、目的性强的特点，使社会公众掌握基本的高速铁路安全常识，发动社会公众的力量来维护高速铁路安全。

第三节　高速铁路安全文化建设存在的问题

随着高速铁路时速的不断提高，载客量和运营里程的不断增加，如何完善高速铁路安全文化建设成为高铁发展的应有之义。客观而言，我国的高速铁路硬件设备毫不逊色于其他发达国家的高速铁路，但在高速铁路安全行车率等方面仍有所欠缺，较日本、德国还有差距，原因就在于高速铁路安全发展的理念、队伍的素质、安全的管理、安全化服务等诸多软实力落后于这些发达国家。高速铁路的健康长久发展离不开高速铁路硬实力和软实力的共同发展，必须两手都要抓，两手都要硬，缺失了任何一个都会导致高速铁路发展的畸形。完善高速铁路的安全文化建设，是高速铁路发展的必由之路。当前，我国高速铁路安全文化建设还存在以下问题。

一　"以人为本"的理念没有完全确立

"7·23"动车事故后，"第一时间恢复通车论"和"无生命迹象论"遭人诟病，把高速铁路发生事故后先救人还是先通车的问题捅到了风口浪尖上。与1998年德国高铁事故的处理方式不同，我国的处理方式是仅搜救一天后就宣布已无生命迹象，并第一时间通车，而德国的处理方式是德铁全线降速，并停运所有同型号列车，事发路段六天后才恢复行车，时速减半。第一时间恢复通车，容易让人怀疑第一考虑的因素不是生命而是利益。对于乘客而言，生命安全才应当是最高利益。对于高速铁路的应急救援，我国始终没有一套完整且行之有效的救援机制，救援的理念和方式也存在问题和缺陷。对事故发生后的责任承担规定不健全，承担责任主体不明确。"7·23"动车事故的发生，必将推动我国高速铁路安全文化理念从"以物为本"向"以人为本"的转变。

二 未形成系统完善的安全文化体系

多年来，铁路企业也在不懈努力地探索着建设安全文化的途径和方法，形成了一大批具有铁路特色的安全文化，但与高速铁路安全文化建设的目标要求相比还存在着距离。在制度上，缺乏与高速铁路安全文化建设相匹配的有效评估体系和奖惩机制，缺乏有效的安全监督制度以及常抓不懈的长效机制；在人员认识上，部分人员认识不足，不注重安全文化的建设，有些站点甚至从未组织开展过安全文化建设工作或流于形式；在现实客观环境上，安全文化建设过多地融入了官本位、硬管理的内容，同时受国内经济影响，高速铁路行业在改革和发展中处于被动地位，未形成安全文化建设体系[1]。这些都是目前高速铁路安全文化建设中急需解决的关键问题。即使开展了多年的安全意识教育和大检查、大反思、大整改等，使"我要安全"的意识逐渐增强，但这些都是在强制的规章制度约束下建成的，并未形成从"要我安全"到"我要安全"的根本性改变。[2]

三 认识行动方式上的误区

在高速铁路安全文化建设的过程中，仍然存在着偏离以人为本，注重形式的误区。有些地方认为多开展活动就是建设高速铁路安全文化，用文艺演出、书画比赛等一般性职工娱乐活动代替高速铁路安全文化建设；有些地方则通过摆设景观的方式来诠释高速铁路安全文化；还有些地方机械地把高速铁路安全文化建设任务化，把安全文化建设看作政治任务，是贯彻上级精神。这些行为都进入了注重形式的误区，认为高速铁路安全文化是一成不变的，忽略了文化自身具有的开放性和创新性。此外，高速铁路安全文化建设的定位也不明确，有些地方宣传的安全文化价值理念并未突出高速铁路安全的特色，且宣传主要依靠规章制度等硬性方式，导致员工对安全文化的认同度较低，对安全文化的认知深度不够。高速铁路安全文化错误的建设方式无法将安全文化内化为员工内部共同的价值观，也就无

---

[1] 程学庆、蒋玉国、宋筱茜等：《高速铁路的安全风险文化建设与管理》，《综合运输》2015年第9期。
[2] 邓志远、王宇征：《对安全风险管理体系建设的思考》，《华北电业》2013年第4期。

法对员工产生影响，无法实现安全文化的作用。只有坚持正确的高速铁路安全文化建设方向，克服行为上的种种误区，高速铁路安全文化才能真正发挥它的价值。

四 安全教育程度不够

目前我国社会公众普遍存在着对高速铁路安全认识不足，缺乏对安全文化的理解，除了社会公众自身的因素外，铁路企业的宣传教育方式也是导致这种现象发生的原因。总体来看，目前铁路服务文化宣传建设中依然存在着缺乏顶层设计、整体性不足，缺乏践行动力、自觉性不足，缺乏创新活力、特色性不足等一些亟待解决的问题。[①] 在安全文化的宣传教育上，存在着安全文化与安全管理的概念相混淆，片面追求表面和形式的现象。高速铁路运营过程中，工作人员对乘客的安全教育力度远远不够，许多安全知识并不能有效传达给乘客。乘客自身也对高速铁路相关安全知识不清楚，一旦发生险情，乘客自身容易慌乱，可能会发生更严重的人群危害。针对铁路沿线及周围地区生活的居民，铁路企业在保障高速铁路安全时基本只会采用栏杆或隔离网等物理防护的方式，很少会贯穿安全文化的教育。一旦有人意识不到危害性，就会试图采取翻越栏杆或破坏隔离网的方式来穿越高速铁路线路，这时仅靠物理防护是远远不够的，安全教育文化的传递必不可少。铁路部门需要做好宣传工作，以公告等多种形式来告知社会公众维护高速铁路安全的重要性，包括安全精神文化、安全行为文化以及安全制度文化的传递。[②]

第四节 高速铁路安全文化建设的法治对策

一 牢固树立以人为本的高速铁路安全发展理念

针对目前在救援活动以及其他相关高速铁路建设、运输、安全文化教育活动中对以人为本思想的忽视情况，应当首先在法律层面上明确以

[①] 杨金英：《加强服务文化建设提升铁路企业软实力》，《人民铁道》2015年4月22日。
[②] 宋芬莉：《铁路企业安全文化体系的构建》，《铁道运营技术》2015年第3期。

人为本的安全发展理念。在具体的应急救援活动中避免出现先通车后抢救人的情况，不能仅考虑财产损失、车辆损失和交通影响等物质利益，必须将人民群众的生命健康安全作为重中之重，及时抢救相关伤员。在安全生产与运输活动中也要牢固树立以人为本的思想，明确安全大于天的意识，从安全行为的细节抓起，让员工从规章制度约束下的被动遵守逐步转变成自觉的主动遵守。在高速铁路安全治理中，责任主体应该充分挖掘积极主动维护高速铁路安全的典型案例，尤其是义务维护铁路安全并化解重大事故危机的典型案例，如河北来源羊倌卢伟冒死拦截火车使之避免了与泥石流相撞等典型案例，并借助主流媒体进行广泛持续宣传。通过主流媒体的广泛持续宣传，将积极主动维护高速铁路安全的行为上升为光荣使命，宣传以人为本的高速铁路安全发展理念，营造积极主动维护高速铁路安全光荣的氛围，充分调动各类主体积极主动维护高速铁路安全。

二 创新安全宣传形式使高速铁路安全理念深入人心

目前，我国在高速铁路领域每年举办且效果比较突出的安全文化活动是安全文化月活动。但是纵观近几年各地的安全文化月活动举办情况，大多是拉一些安全横幅，写一些安全警句，员工和社会公众都见怪不怪，不能引起思想上的重视。因此，转变宣传模式，加强宣传力度势在必行，让安全文化形式能够更好地沟通精神与现实，真正实现让高速铁路员工树立起安全意识的目的。如铁路企业可以举办企业内部各方代表座谈会的方式，进行各方面的交流，基层员工可以谈谈安全工作中的问题和经验建议，监管部门可以谈谈安全监管中遇到的多数、反复性的安全问题，相互吸取经验教训，做到互学互鉴；铁路企业也可以邀请各行业的志愿者来进行相关的安全文化宣传，为外界提供安全咨询；等等。总之，无论采取什么样的安全文化形式，关键在于真正发挥安全文化的作用，让高速铁路安全价值观入脑入心，成为员工的信仰，进入员工的思想，融入员工日常的工作，化为员工行动上的自觉。[1]

---

[1] 覃红：《对新形势下加强铁路企业文化建设的思考》，《理论学习与探索》2018年第4期。

三 通过违法行为及时适当惩处建立高速铁路安全规则的威慑效力

如果违反安全规则的行为得不到及时有效的惩处，则违法行为将会泛滥，成为大家都不在乎或敢于任意妄为的行为，所以，让违反安全规则的行为及时有效地受到惩罚是维护安全的重要保障。在高速铁路安全治理中，在安全保护区内放牧烧荒、偷盗和破坏铁路基础设施、违反规定擅自在铁路周边采矿、采砂、采石及开采地下水等行为都会严重危及高速铁路安全，如果这些行为得不到及时有效惩处，相关主体就会效仿，形成大家都不关心、不重视安全的文化氛围；相反，如果违反高速铁路安全管理规定的行为能够得到及时有效惩处，大家出于对惩处的畏惧，就不敢违反高速铁路安全管理规定，久而久之，大家就会养成遵守规则的习惯，形成主动维护高速铁路安全的文化氛围。

四 构建全方位的高速铁路安全文化体系

要积极推进高速铁路安全文化建设，不仅在铁路企业内部更要在全民层面形成安全文化氛围。高速铁路安全文化体系的构建，首先需要国家在法律法规层面进行宏观规定，然后铁路企业根据自己的现实需求进行具体规定，使国家层面与企业层面相衔接。国家层面上，可以采取完善高速铁路相关立法的方式来形成一套完整的安全文化生产、运输、教育体系；企业层面上需要各职能部门分别制定针对性的单位制度，在规则的指引下具体践行安全文化。铁路企业要开展相关的安全教育工作，杜绝流于形式的安全教育，要从深层次的思想方面树立安全意识，让每一名员工在工作中形成自身的安全生产观念。一旦铁路企业形成优秀的安全文化，铁路企业内部无论是管理者还是一线工人都会受到安全文化的熏陶，从而开始转变自己的思维方法和行为准则，在良好的安全文化环境作用下，铁路企业的安全氛围水平也随之提高，在安全氛围的中介作用下，员工的安全行为得到进一步改善。[1] 从国家到企业再到人员层层传递，由此形成全方位的高速铁路安全文化体系。

---

[1] 梅强、张超、李雯等：《安全文化、安全氛围与员工安全行为关系研究——基于高危行业中小企业的实证》，《系统管理学报》2017 年第 2 期。

参考文献

著作、译著类

程学庆、贾华强、唐瑞雪等：《高速铁路应急救援管理及预案研究》，中国铁道出版社 2015 年版。

贾利民主编：《高速铁路安全保障技术》，中国铁道出版社 2010 年版。

阚珂、蒲长城、刘平均主编：《中华人民共和国特种设备安全法释义》，中国法制出版社 2013 年版。

阚珂主编：《中华人民共和国安全生产法释义》，法律出版社 2014 年版。

李遐桢、詹瑜璞主编：《第二届国际安全生产法论坛论文集》，知识产权出版社 2016 年版。

林丹：《风险社会理论及其对中国的影响》，人民出版社 2013 年版。

钱立新主编：《图解国外高速铁路安全》，中国铁道出版社 2010 年版。

秦进主编：《铁路运输安全管理》，中南大学出版社 2011 年版。

石少华、杨庚宇主编：《全国安全生产法律制度实施与完善理论研讨会论文集》，知识产权出版社 2008 年版。

《〈铁路安全管理条例〉释义》，人民交通出版社 2013 年版。

佟立本：《高速铁路概论》（第五版），中国铁道出版社 2017 年版。

王明慧主编：《高速铁路质量安全事故案例》，西南交通大学出版社 2014 年版。

吴重光主编：《危险与可操作性分析（HAZOP 基础及应用）》，中国石化出版社 2012 年版。

于幼亮、王高新、岳青等：《高速铁路桥梁安全预警理论及其应用》，知识产权出版社 2015 年版。

张长青、郑翔：《铁路法研究》，北京交通大学出版社 2012 年版。

中国铁道学会安全委员会、《百年铁路安全大记事》编委会编著：《百年铁路安全大记事（1876—2008）》，上海交通大学出版社 2009 年版。

中国铁道学会安全委员会、沈阳铁路职工职业教育研究会编：《铁路安全管理新视觉》，西南交通大学出版社 2013 年版。

［美］巴鲁克·费斯科霍夫等：《人类可接受风险》，王红漫译，北京大学出版社 2009 年版。

［美］格来哲·摩根等：《不确定性》，王红漫译，北京大学出版社 2011 年版。

［德］乌尔里希·贝克：《风险社会：新的现代之路》，张文杰、何博闻译，译林出版社 2018 年版。

报刊文献

蔡立辉、董慧明：《论机构改革与我国应急管理事业的发展》，《行政论坛》2018 年第 3 期。

柴会群、李倩：《致命"换乘"——还原南京南站横跨股道悲剧》，《南方周末》2017 年 4 月 13 日。

陈艳申：《欧盟铁路安全指令及其对我国的启示》，《中国铁路》2013 年第 11 期。

陈阳：《铁路设备维修现状分析及改进建议》，《上海铁道科技》2013 年第 2 期。

崔艳萍、侯敬：《关于德国铁路改革的探讨》，《铁道运输与经济》2013 年第 7 期。

崔艳萍、马欣然：《欧洲铁路行业安全管理的启示》，《铁道运输与经济》2015 年第 4 期。

邓峰：《论经济法上的责任——公共责任与财务责任的融合》，《中国人民大学学报》2003 年第 3 期。

段吉泉：《铁路运输企业安全文化建设的思考》，《理论学习与探索》2015 年第 5 期。

范如国：《"全球风险社会"治理：复杂性范式与中国参与》，《中国社会科学》2017年第2期。

范伟庆：《铁路突发事件应急预案修正系统的研究》，《甘肃科技纵横》2011年第1期。

傅思明、李文鹏：《"河长制"需要公众监督》，《环境保护》2009年第9期。

高峰：《新常态下加强高速铁路反恐防范工作的思考》，《铁道警察学院学报》2015年第6期。

高海燕：《我国消防应急救援装备标准的现状分析》，《厦门科技》2018年第4期。

耿志修：《中国高速铁路安全技术体系》，《中国铁路》2010年第5期。

龚维斌：《公共安全与应急管理的新理念、新思想、新要求——学习党的十九大精神体会》，《中国特色社会主义研究》2017年第6期。

关宁宁、张长青：《国外高速铁路安全立法及其启示》，《铁道经济研究》2012年第2期。

桂田田：《揭秘"反恐怖工作领导小组"》，《北京青年报》2014年5月26日。

郭金鸿：《道德责任判断的三重根据》，《伦理学研究》2009年第1期。

郭金鸿：《西方道德责任理论研究述评》，《哲学动态》2008年第4期。

郝秀辉：《航空法律关系的思考与研究》，《中国民航学院学报》2004年第1期。

何荣功：《"预防性"反恐刑事立法思考》，《中国法学》2016年第3期。

洪琳：《要比恐怖分子更重视互联网》，《京华时报》2015年1月14日。

胡帮达：《安全和发展之间：核能法律规制的美国经验及其启示》，《中外法学》2018年第1期。

胡艳蕾：《论公民公共责任意识培育机制的路径建构——基于民主心

灵习性的理论视角》，《武汉大学学报》（哲学社会科学版）2013 年第 3 期。

黄刚：《如何加强铁路设备管理、使用与检修》，《哈尔滨铁道科技》2015 年第 2 期。

黄银霞、冯双洲：《国内外铁路技术管理规章对比分析》，《铁道技术监督》2016 年第 6 期。

江国华、刘文君：《习近平"共建共治共享"治理理念的理论释读》，《求索》2018 年第 1 期。

江秀平：《公共责任与行政伦理》，《中国社会科学院研究生院学报》1999 年第 3 期。

蒋建湘：《企业社会责任的法律化》，《中国法学》2010 年第 5 期。

康高亮：《中国高速铁路安全保障体系研究与实践》，《铁道学报》2017 年第 11 期。

孔涛：《浅析我国应急救援法律体系的发展及现状》，《湖北函授大学学报》2016 年第 1 期。

寇从清：《依法维护铁路绿色安全》，《检察日报》2017 年 4 月 24 日第 6 版。

兰立宏：《"丝绸之路经济带"铁路安全与反恐国际合作研究》，《公安研究》2017 年第 11 期。

李聪、王显光、孙小年：《德国交通管理体制变迁及特点》，《工程研究——跨学科视野中的工程》2013 年第 4 期。

李凤玲：《美国铁路安全管理法律法规体系及启示》，《中国铁路》2013 年第 11 期。

李凤玲、王晓刚：《美国铁路安全监管体制研究》，《中国铁路》2015 年第 4 期。

李健：《必须加强我国高速铁路安全风险防范和应急管理》，《中国科技产业》2011 年第 3 期。

李卫海：《中国海上航运的安保模式及其法律保障——以应对 21 世纪海上丝路的海盗为例》，《中国社会科学》2015 年第 6 期。

李文豪、罗健、张倩等：《高速铁路受电弓与接触网关系评价综述》，《电气化铁道》2009 年第 4 期。

李勇辉、刘仍奎、方圆等:《铁路局施工安全管理信息系统的研究与设计》,《中国安全科学学报》2007 年第 5 期。

凌晨:《简析德国铁路管理现状及经营模式》,《现代城市轨道交通》2016 年第 4 期。

刘畅:《论我国药品安全规制模式之转型》,《当代法学》2017 年第 3 期。

刘芳雄、何婷英、周玉珠:《治理现代化语境下"河长制"法治化问题探析》,《浙江学刊》2016 年第 6 期。

刘凤羽:《中国救援亟需装"翅膀"》,《重庆商报》2013 年 7 月 15 日第 A05 版。

刘俊:《日本铁路防灾系统对我国铁路的启示》,《铁道运输与经济》2011 年第 6 期。

刘少飞:《浅谈高速铁路外部环境安全管理》,《山东工业技术》2014 年第 24 期。

刘向、舒适:《国外如何保障列车安全》,《北京晚报》2011 年 7 月 25 日第 A03 版。

刘晓琴、王富章、吴艳华:《美国铁路应急管理模式分析及启示》,《铁道运输与经济》2015 年第 8 期。

刘宇:《高速铁路电力供电系统中新技术的分析与研究》,《科技创新与应用》2015 年第 35 期。

龙齐阳:《力求及时准确保密　做好公文办理工作——"4·28"胶济铁路特别重大交通事故的反思》,《办公室业务》2008 年第 9 期。

卢春房:《中国高速铁路工程质量管理创新与实践》,《中国铁道科学》2015 年第 1 期。

卢代富:《国外企业社会责任界说述评》,《现代法学》2001 年第 3 期。

陆东福:《交通强国铁路先行　为促进经济社会持续健康发展作出更大贡献——在中国铁路总公司工作会议上的报告（摘要）》,《中国铁路》2018 年第 1 期。

陆娅楠:《中国高铁追风逐梦（大数据里看中国）》,《人民日报》2017 年 11 月 9 日第 9 版。

罗郑军：《国外应急管理经验概介》，《辽宁行政学院学报》2012年第11期。

马长山：《法治中国建设的"共建共享"路径与策略》，《中国法学》2016年第1期。

马锡力：《铁路设备维修问题与对策研究》，《技术与市场》2013年第4期。

马啸、韩宝明：《高速铁路安全性影响因素分析及对策》，《铁路运输与经济》2018年第4期。

梅强、张超、李雯等：《安全文化、安全氛围与员工安全行为关系研究——基于高危行业中小企业的实证》，《系统管理学报》2017年第2期。

莫玲、李颖：《安徽省科技创新政策评估制度建设探析》，《管理观察》2014年第21期。

木易：《国外高铁的安全经验》，《兵团建设》2011年第16期。

潘静：《从政府中心规制到社会共治：互联网金融治理的新视野》，《法律科学》（西北政法大学学报）2018年第1期。

彭其渊、李建光、杨宇翔等：《高速铁路建设对我国铁路运输的影响》，《西南交通大学学报》2016年第3期。

皮勇：《网络恐怖活动犯罪及其整体法律对策》，《环球法律评论》2013年第1期。

平栗滋人、林之珉：《日本铁路设备状态监视检测新技术》，《中国铁路》2016年第2期。

齐明山、李彦娅：《公共行政价值、公共利益与公共责任——政府公共权力科学运作的三维构架》，《学术界》2006年第6期。

曲思源：《高速铁路运营安全保障体系研究》，《智慧城市与轨道交通2016》2016年4月。

宋芬莉：《铁路企业安全文化体系的构建》，《铁道运营技术》2015年第3期。

宋力榕：《我国铁路应急预案体系研究》，《铁道运输与经济》第5期。

宋亚辉：《风险控制的部门法思路及其超越》，《中国社会科学》2017年第10期。

隋建波、孙刚：《中美应急管理综合对比研究》，《中国减灾》2013年第1期。

孙晋麟：《日本铁路安全管理体制及启示》，《中国铁路》2011年第3期。

孙阳：《浅谈高速铁路外部环境治理难点及对策》，《科技创新与应用》2013年第5期。

孙有才：《法国铁路管理体制对河北城际铁路建设与管理的启示》，《科技与创新》2015年第6期。

覃红：《对新形势下加强铁路企业文化建设的思考》，《理论学习与探索》2018年第4期。

谭洪强、吴超：《安全文化学核心原理研究》，《中国安全科学学报》2014年第8期。

陶鹏：《高速列车交通事故应急救援对策研究》，《中国公共安全》2012年第3期。

《推动中国高铁"走出去"》，《光明日报》2014年1月1日。

汪场：《质量、安全，一个也不能少 TÜV南德：用经验助推中国铁路实现更多可能》，《交通建设与管理》2014年第9期。

汪军：《铁路建设单位绩效评价体系构建与实践》，《中国铁路》2016年第7期。

王炳红：《铁路项目安全质量管理要点研究》，《低碳世界》2016年第5期。

王春华：《1998年历史上第一例高铁出轨事故》，《生命与灾害》2017年第3期。

王峰：《高速铁路建设管理实践和探索》，《铁道标准设计》2011年第6期。

王玲：《论企业社会责任的涵义、性质、特征和内容》，《法学家》2006年第1期。

王思源：《论网络运营者的安全保障义务》，《当代法学》2017年第1期。

王彦学、沙贵君：《美国、欧盟应急联动系统模式及对中国的启示》，《中国人民公安大学学报》（社会科学版）2008年第1期。

习近平：《决胜全面建成小康社会 夺取新时代中国特色社会主义伟大胜利——习近平同志代表第十八届中央委员会向大会作的报告摘登》，《人民日报》2017年10月19日。

习近平：《全面贯彻落实总体国家安全观 开创新时代国家安全工作新局面》，《人民日报》2018年4月18日。

夏永波：《台铁普悠玛6432次列车脱轨事故剖析》，《消防界》2018年第20期。

邢会强：《相对安全理念下规范互联网金融的法律模式与路径》，《法学》2017年第12期。

徐静波：《日本新干线47年无重大事故背后》，《第一财经日报》2011年7月25日第4版。

徐亚文、蔡葵：《技术创新引起的法律难题及解决路径——对快播、网约车营运等案的思考》，《河北法学》2017年第5期。

徐忠：《加强安全文化建设 努力实现企业安全》，《求实》2012年第2期。

杨冰：《德国艾雪德列车出轨事故——德国史上最严重的高铁事故本可轻易避免》，《现代班组》2016年第10期。

杨金英：《加强服务文化建设提升铁路企业软实力》，《人民铁道》2015年4月22日。

杨小兵、杨光、秦挺鑫等：《公共安全事件中应急救援个体防护对策研究》，《专栏》2018年第7期。

叶红军：《我国水路运输法律体系中的一部"龙头法"——解读〈港口法〉》，《水路运输文摘》2003年第7期。

叶江：《高速铁路非正常行车组织的探讨》，《经济视野》2014年第3期。

于魏华：《中外应急管理模式的比较与借鉴》，《中国管理信息化》2015年第9期。

亏道远、冯兆蕙：《高速铁路安全的社会公共责任》，《河北法学》2018年第6期。

亏道远、冯兆蕙：《高速铁路安全共建共治共享的法治化路径》，《河北法学》2019年第6期。

余卫平：《中国高铁安全规制管理问题研究》，《学术交流》2013年第10期。

俞德鹏：《政治法律责任：政治责任与法律责任的交叉域》，《宁夏社会科学》2017年第1期。

俞展猷：《日本新干线铁路的安全技术》，《现代城市轨道交通》2009年第3期。

虞维华：《公共责任的新概念框架——复合性公共责任理论及其意义》，《东南学术》2006年第3期。

袁正兵：《131千米时速悲剧的背后——"4·28"胶济铁路特别重大交通事故调查》，《法制与经济》2008年第6期。

昝斌：《高速铁路电力供电系统中新技术的分析与研究》，《中国新通信》2016年第14期。

翟绍果、谌基东：《共建美好生活的时代蕴意、内涵特质与实现路径》，《西北大学学报》（哲学社会科学版）2017年第6期。

张克云：《提高高速铁路应急处置水平的思考》，《中国铁路》2017年第3期。

张鹏、刘敬辉、吕峰等：《欧美铁路安全管理模式的分析及启示》，《铁道运输与经济》2014年第11期。

张贤明：《政治责任的逻辑与现实》，《政治学研究》2003年第4期。

张贤明：《政治责任与法律责任的比较分析》，《政治学研究》2001年第1期。

张亚丽、安丽娜、彭碧波等：《美国和日本灾害医疗救援队模式对我国的启示》，《中国应急救援》2017年第3期。

张怡：《高速铁路运营安全保障对策的研究》，《铁道运输与经济》2014年第6期。

张震：《铁路建设工程质量管理探讨》，《科技传播》2012年第3期。

张志刚：《运用法治思维和方式整治铁路安全环境外部风险隐患的思考》，《铁道经济研究》2015年第4期。

章建敏：《道德责任的界定及其实现条件》，《当代世界与社会主义》2010年第2期。

赵博：《浅析新形势下的铁路设备管理》，《科技创新与应用》2014

年第 14 期。

郑健：《安全：铁路改革与发展的永恒主题》，《铁道经济研究》2012年第 2 期。

中共交通运输部党组：《奋力从交通大国向交通强国迈进》，《求是》2017 年第 20 期。

中国安全生产报编辑部：《国外铁路运输安全管理面面观》，《中国安全生产报》2011 年 7 月 28 日第 7 版。

中国铁路法律制度框架考察团：《日本和加拿大铁路法律制度建设》，《中国铁路》2006 年第 5 期。

中国铁路考察团：《日本和加拿大的铁路法律制度建设》，《中国铁路》2005 年第 1 期。

周恒、庞正：《法治社会的四维表征》，《河北法学》2018 年第 1 期。

周建国、熊烨：《"河长制"：持续创新何以可能——基于政策文本和改革实践的双维度分析》，《江苏社会科学》2017 年第 4 期。

朱梅、杨琦、徐力等：《国际国外高速铁路技术法规及标准体系分析》，《铁道技术监督》2011 年第 7 期。

Braithwaite A., "The Logic of Public Fear in Terrorism and Counter-terrorism", *Journal of Police and Criminal Psychology*, No.2, 2013.

Mizrahi S., "Terrorism and homeland security", *Security Journal*, No.3, 2015.

Tanabe M., Matsumoto N., Wakui H., et al., "Simulation of a Shinkansen train on the railway structure during an earthquake", *Japan Journal of Industrial and Applied Mathematics*, Vol.28, No.1, 2011.

电子文献

《风景线上切莫煞风景》，http：//tv.cctv.com/2017/04/17/VIDE3TDvONCpzaUJCERdmL9Y170417.shtml，2017 年 4 月 17 日。

郭晓莹：《人大代表建议加快高铁立法或修订〈铁路法〉》，http：//www.chinanews.com/gn/2017/03-09/8169796.shtml，2017 年 3 月 9 日。

《河南：高铁遭遇"轻飘垃圾"频频晚点》，http：//tv.cctv.com/2017/

02/26/VIDEocqPyt5GMNzrRaOeUPRV170226.shtml，2017年2月26日。

《沪昆高铁贵州段个别隧道被爆存严重质量问题》，http：//m.news.cctv.com/ 2017/11/15/ARTIrMubqszHHzdzi7vsDvtr171115.shtml，2017年11月15日。

李继远、欧阳李宁：《逼停京沪高铁的济南爆炸工厂：平时大门紧闭 凌晨常见罐车出入》，http：//www.thepaper.cn/newsDetail_ forward_ 1570510，2016年11月29日。

《陆东福：交通强国 铁路先行努力开创新时代铁路改革发展新局面》，http：//www.china－railway.com.cn/xwdt/jrtt/201711/t20171109_ 68085.html，2017年11月9日。

马学玲：《2020年中国高铁将达3万千米覆盖八成以上大城市》，http：//www.chinanews.com/gn/2018/01－03/8414765.shtml，2018年1月3日。

《男子走错站台横穿铁轨 跳下时列车驶来幸好及时爬上台不然不敢想》，http：//www.aihami.com/a/dangjian/zugong/204669.html，2017年4月9日。

乔雪峰：《交通运输部明确2035年进入世界交通强国行列》，http：//politics.people.com.cn/n1/2017/1225/c1001－29727311.html，2017年12月25日。

《青岛开往杭州东列车冒烟京沪高铁部分列车停运》，http：//dw.chinanews.com/chinanews/content.jsp？id＝8433071&classify＝zw&pageSize＝6&language＝chs，2018年1月26日。

沈阳铁路局：《精心养护维修确保高速铁路房建设备安全》，http：//www.chinanews.com，2015年9月24日。

盛勇军：《明确"三个到位"落实主体责任》，http：//www.gmw.cn，2018年1月4日。

宋翠：《高铁"霸座"男被处治安罚款200元记入铁路征信体系》，http：//sd.people.com.cn/n2/2018/0824/c386900－31973868.html，2018年8月24日。

王哿、钟煜豪：《合肥"高铁扒门"女子为一小学教师，区教体局：已停职检查》，http：//www.thepaper.cn/newsDetail_ forward_ 1942729，

2018年1月9日。

《违建危及大动脉》，http：//tv.cctv.com/2017/04/21/VIDEX0yO5xr-WdmVYknw76uTB170421.shtml，2017年4月21日。

严玉洁、党超峰：《外媒：英国57亿英镑买日本高铁首秀演砸，英国网友呼唤中国高铁》，http：//world.chinadaily.com.cn，2017年10月27日。

《有高铁坠桥？宋祖德被指造谣 微博被禁言两月》，http：//www.fawan.com/2018/01/21/881304t185.html？kuaixun，2018年1月21日。

张依：《铁路部门加强设备检修养护 确保运用稳定》，http：//www.peoplerail.com，2013年4月28日。

《中国铁路总公司工作会议在京召开》，http：//www.china-railway.com.cn/xwdt/jrtt/201801/t20180102_69589.html，2018年1月2日。

《中国铁路总公司工作会议在京召开》，http：//www.china-railway.com.cn/xwdt/jrtt/201901/t20190103_92232.html，2019年1月3日。

学位论文

刘民伟：《铁路大型客运枢纽站突发事件应急能力评价模型与方法的研究》，博士学位论文，北京交通大学，2008年。

罗远：《高速铁路建设项目质量管理绩效评价体系研究》，博士学位论文，北京交通大学，2016年。

后　　记

　　安全是交通运输永恒的话题。高速铁路因其具有高速度特征，所以将安全提升到至关重要的地位，是高速铁路健康快速发展的前提，加之我国高速铁路发展迅猛，具有大规模、长距离运营等特征，受路内路外复杂环境影响，所以仅靠铁路系统内部主体难以实现，需要充分调动全社会力量共同努力维护高速铁路安全。立法是高速铁路安全法治化的前提，因此，深入开展高速铁路安全立法问题研究具有重要的理论价值和现实意义。

　　国家铁路行业监管部门已经充分认识到高速铁路安全法治化的重要性，本书是国家铁路局科技与法制司委托课题《高速铁路安全立法问题研究》的主要研究成果。利用课题研究的机会，我们深入铁路行业监管部门、铁路运输企业、铁路公安等相关机构调研，并且充分利用各种学术交流机会，一是向同行专家讨教高速铁路安全法治化问题，二是利用各种机会宣讲高速铁路安全法治化的重要性。在具体的研究过程中，我们通过对国内外高速铁路安全的典型案例梳理分析，探究高速铁路安全的主要影响因素。在此基础上详细剖析普速铁路与高速铁路对安全需求的差异，梳理比较分析普速铁路运输、道路运输、水路运输、航空运输的立法现状，寻找出高速铁路安全立法存在的问题。在借鉴日本、德国、法国、西班牙、欧盟、美国等高速铁路（包括部分国家的普速铁路）安全立法经验后，从高速铁路建设质量安全、专用设备质量安全、线路安全、运营安全、监督管理、应急救援、反恐安全等方面提出具体立法建议，同时提出维护高速铁路安全应该在加强高速铁路安全文化建设的基础上，强化社会公共责任，走共建共治共享的法治化路径。

　　本书得以出版首先要感谢国家铁路局科技与法制司的王平先生、江水长先生、段景女士、王朔女士、许晨先生、孙昊先生和高远先生，感谢他们在研究过程中的精心指导，为课题研究提出了很多非常中肯的建议。同时还要感谢北京交通大学的张长青教授、北京大学的湛中乐教授和中国政法大学的柯庆华教授等课题开题报告、中期检查、结题验收专家们的中肯建议，使课题研究得以更加深入，观点得以修正完善。另外还要感谢石家庄铁道大学的刘卫红教授、窦竹君教授、于彩辉副教授、王晓云副教授和张兰芳等老师们的帮助和支持，使课题得以顺利完成。感谢中国社会科学出版社任明老师，是他的辛勤付出，本书才能得以顺利出版。

本书第一章、第五章、第六章、第九章由亏道远、曹琪伟、杨丹撰写，第二章、第三章、第四章由冯兆蕙、杨丹、王佳、杨新贺撰写，第七章、第八章由亏道远、冯兆蕙撰写。亏道远、冯兆蕙分别撰写10万字以上，全书由亏道远统稿，负全责。

亏道远

2020 年 4 月 10 日